現代満州族シャーマニズムに関する文化人類学的研究

―シャーマンの神話・成巫過程・儀礼を中心として―

楊 紅 著

大学教育出版

まえがき

　本書の完成にあたっては、まず優れた恩師の名古屋大学文学研究科の嶋田義仁先生に感謝を申し上げたい。

　6 年間（2002 ～ 2008）の留学生活の中、嶋田先生の驥尾に付して、先生の厳正な学風に触れ、多くの点で啓発を蒙る恩典に浴した。嶋田先生は、日ごろから、筆者を暖かく見守り、本書の執筆段階で勇気を与え、倦まずたゆまず原稿をくり返し読んでくださった。本書の各章に対して厳しくかつ的確なコメントをしてくださったのも、嶋田先生であった。そして、嶋田先生が筆者の処女論文から博士論文まで、日本語の表現や文法を丁寧に修正してくださった。それが先生の多くの貴い時間を費やした。そのことによく不安を抱えていた。学問の道で筆者のほんの少しの進歩は嶋田先生の心血を含んでいる。

　嶋田先生の他人の世話を煩わしく思われない広大な度量や精神的なご支援によって、筆者は学業を続けることができた。このような優れた恩師のお世話がなければ、筆者が今どこにいるか分からない。嶋田先生に対する感謝の気持ちは、筆舌で尽くしがたいものがあるが、この場を借りて、重ねて表したい。

　さらに、名古屋大学文学研究科比較人文学講座の教授陣の和崎春日先生、阿部泰郎先生、佐々木重洋先生から多くの点でご指導や貴重なご助言をいただき、たいへん勉強になり、筆者の視野を広げた。本書の草稿段階で、千葉大学の児玉香菜子先生に原稿を読んでいただき、貴重なコメントをいただいた。

　いつも比較人文講座の先輩や後輩の方々から暖かい応援をいただいた。特に、博士論文の修正段階で、ご協力をしてくださった島本みどり氏、川田桂氏、高村美也子氏、中村亮氏、木村葉子氏、佐藤純子氏、松平勇二氏、中村節子氏などの方々にお礼を申し上げたい。

　本書に不可欠なフィールドワークを遂行するにあたって、富士ゼロックス小林節太郎記念基金（2004 年度）、日本科学協会（笹川財団）研究助成（2006 年度）、大阪経済法科大学アジア研究所若手サポートプログラム（2006 年度）の資金面のご援助をいただいた。深く感謝する次第である。また、入学以来、授業料を免

除してくださった名古屋大学学長にお礼を申し上げたい。

　また、2002年初めの調査にあたって、調査地の斡旋およびお世話をして下さった遼寧省民族研究所の何暁芳副所長、新賓満州族自治県誌弁公室の曹文奇先生をはじめとする方々に、感謝したい。吉林省の調査地の斡旋の富育光先生や孫運来先生、郭淑雲先生などの諸先生に多大のご協力をいただいた。特に、調査地の王文波、関建華シャーマン、関雲徳氏族長は、食住を提供してくださっただけではなく、筆者を方々へ案内し、多くの資料や情報を紹介してくださった。また、吉林省民族研究所の富育光先生、上海社会科学院の王宏剛先生からの貴重なコメントをいただいた。日本宗教学会や「宗教と社会」学会で、窪田忠先生、池上良正先生、長谷部八郎先生、華立先生、玄善允先生、塩月亮子先生などの先生方からもたくさんのアドバイスをいただいた。

　上記の方々ひとりひとりに多大なるご指導やご支援をあらためて厚くお礼を申し上げたい。

　さらにずっと支持をしてくれた夫に感謝したい。

　「千里の行も足元に始まる」というのは、筆者の座右の銘である。今後、「学問は一生のこと」という筆者を学問の道に連れていった嶋田恩師からの教えを心に銘記し、研究を発展させていきたい。これが応援をしてくださった方々への恩返しではないかと考える。

　しかし、言うまでもなく、本書の主張に対する責めはすべて筆者が負うものである。

　最後に、本書の出版は2014年広東省創新強校日本語総合改革試点プロジェクトのご援助をいただいた。改めてお礼を申し上げたい。

　2016年5月吉日

　　　　　　　　　　　　　　　　　　　　　　　　　　筆者　湛江にて

現代満州族シャーマニズムに関する文化人類学的研究
― シャーマンの神話・成巫過程・儀礼を中心として ―

目　次

まえがき ……………………………………………………………………… i

序　論 ……………………………………………………………………………… 1
　　1.　本書の目的、方法、構成　*1*
　　2.　従来のシャーマニズム研究とその問題点　*7*
　　3.　現代中国におけるシャーマニズム研究の問題点　*14*
　　4.　満州族シャーマニズムの原型復元の試み　*21*

第1部　満州族の歴史と文化

第1章　古代の満洲 ………………………………………………………… *28*
　　1.　満洲の呼称　*28*
　　2.　中国東北部の自然　*29*
　　3.　満洲の原初形態　*32*
　　4.　古代諸国家の進出と満洲の諸部族　*33*

第2章　現代の満州族 ……………………………………………………… *43*
　　1.　言語　*43*
　　2.　満州族自治県　*45*
　　3.　満州族の人口　*45*

第3章　経済生活 …………………………………………………………… *48*
　　1.　生業　*48*
　　2.　衣　*49*
　　3.　食　*51*
　　4.　住　*53*

目　次　v

第4章　社会生活 ··· 57

1. 社会組織　*57*
2. 族譜　*58*
3. 相続制度　*60*
4. 年中行事　*60*
5. 人生儀礼　*64*

第2部　満州族シャーマンの神話

はじめに　*68*

第1章　柳神話 ··· 70

1. 柳の神話　*70*
2. 柳祭　*74*
3. 柳と満州族の生活　*81*

第2章　創世神話「天宮大戦」 ······················· 83

1. 「天宮大戦」とシャーマニズム　*84*
2. 「天宮大戦」の内容　*86*
3. 「天宮大戦」神話の意味する世界観　*93*

第3章　創世女神阿布卡赫赫の神話 ············· 95

1. 創世女神阿布卡赫赫の神話　*95*
2. 愛新覚羅族譜のなかの神話　*97*
3. 神話にみる特徴　*99*

vi

第3部 満州族シャーマンの成巫過程

はじめに　*102*

第1章 シャーマンとは何か …………………………………………*103*

1. シャーマンの語源　*103*

2. 歴史のなかのシャーマン　*104*

3. 現代のシャーマン　*107*

4. 本書のシャーマンの分析視点　*113*

第2章 シャーマンになる過程 ………………………………………*116*

1. シャーマンになる動機　*116*

2. シャーマンの成巫過程　*117*

3. 事例1—瓜爾佳氏族シャーマンの「擡神」儀式　*120*

4. 事例2—石氏族シャーマンの「擡神」儀式　*124*

5. 事例3—羅関氏族シャーマンの「擡神」儀式　*129*

6. 事例4—張氏族シャーマンの「擡神」儀式　*131*

7. 「擡神」儀式に対する考察　*133*

第3章 満州族シャーマンのライフヒストリー …………………………*136*

1. 石氏族におけるシャーマンたちのライフヒストリー　*136*

2. 瓜爾佳氏族におけるシャーマンのライフヒストリー　*142*

3. 羅関氏族におけるシャーマンのライフヒストリー　*143*

4. 張氏族におけるシャーマンのライフヒストリー　*145*

5. 胡氏族におけるシャーマンのライフヒストリー　*146*

6. 呉氏族におけるシャーマンのライフヒストリー　*148*

7. シャーマンのライフヒストリーの考察　*150*

目　次　*vii*

第4部　満州族のシャーマニズム儀礼

はじめに　*154*

第1章　従来の満州族シャーマニズム儀礼の分類の問題点 ·················*155*

　1.『欽定満洲祭神祭天典礼』の中の儀礼　*155*

　2. 富育光の分類　*156*

　3. 石光偉・劉厚生の分類　*157*

　4. 筆者の分析視点　*158*

第2章　祈祷型儀礼 ··*159*

　1. 本章の目的　*159*

　2. 事例1 ─ 瓜爾佳氏族の焼香儀礼　*160*

　3. 事例2 ─ 石氏族の焼香儀礼　*181*

　4. 事例3 ─ 羅関氏族の焼香儀礼　*193*

　5. 事例4 ─ 愛新覚羅氏族の儀礼　*207*

　6. 祈祷型儀礼にみる特徴　*214*

第3章　憑依型儀礼 ··*219*

　1. 本章の目的　*219*

　2. 石氏族のシャーマン　*220*

　3. 石氏族の跳大神儀礼の構造　*220*

　4.「清宅儀式」　*246*

　5. 跳大神儀礼に見る特徴　*247*

第4章　憑依型儀礼 ─ 火祭 ─ ·······························*248*

　1. 本章の目的　*248*

　2. 火の神話　*249*

　3. 火への崇拝の歴史　*249*

　4. 清朝時代の火祭　*250*

viii

5. 2004 年の石氏族の火祭　*252*

6. 火祭にみる特徴　*256*

第5章　憑依型儀礼 ―― 漢軍八旗シャーマンの儀礼 ――　……………………*258*

1. 本章の目的　*258*

2. 村落概況　*258*

3. 張氏族のシャーマン　*259*

4. 張氏族の儀礼の構造　*260*

5. 漢軍八旗シャーマンの儀礼の特徴　*272*

結　論…………………………………………………………………………*273*

1. 問題の所在 ―― 現代中国におけるシャーマニズム研究のむずかしさ ――

273

2. 結論　*276*

引用文献………………………………………………………………………*280*

現代満州族シャーマニズムに関する文化人類学的研究
―シャーマンの神話・成巫過程・儀礼を中心として―

序　　論

1．本書の目的、方法、構成

1.1　本書の目的

　満州族は近代中国の基礎となる清王朝を建設した民族であるが、その前身は騎馬民族・狩猟民族として知られた女真族である。1616年、建州女真の首長のヌルハチは女真を統一し、後金国を建設した。次いで、1636年、ヌルハチの子ホンタイジが、後金を清朝に改め、清朝初代皇帝となった。1644年、2代順治帝が盛京（瀋陽）から北京に遷都した。ヌルハチ時代、民族名は従来どおりジュシェンすなわち女真であった。ところが、1635年に至り、ヌルハチの跡を継いだホンタイジは、自らの民族名として女真と称するのをやめ、満州の呼称を用いるようになった。それ以降は「満州族」と称するようになった。清王朝崩壊後、満州族の名称は、「満族」と簡略化される。中華人民共和国においても、「満族」が正式の名称となった。

　満州族は南方ツングース語族に属する女真族が、八旗制度によって、漢民族、モンゴル族、朝鮮族などを吸収し、これらの民族との長期の雑居を経て形成された複合民族集団である。漢民族以外の異民族による中国統治の期間は、清代が一番長い。

　現在、満州族の居住地は、中国東北部の遼寧、吉林、黒龍江の3つの省を主としている。満州族の人口は、2000年の国勢調査で1,000万人と報告され、中国55少数民族の中でチワン族に次いで第2番目の規模である（国家統計局：2003：2－3）。

2

満州族の伝統宗教は、シャーマニズムである。56 民族のひとつである満州族の宗教世界がどのようなものであるかということは、多文化・多宗教の中国文化のなかのきわめて重要なテーマである。

本書の目的は、中国東北地域に居住する満州族のシャーマンの神話（2 部）、シャーマンの成巫過程（3 部）およびシャーマニズム儀礼（4 部）を取り上げ、満州族シャーマニズムの全体像を論ずることである。これによって、中国文化の重要な一側面を明らかにする。

1.2　研究の方法

本書の方法は、基本的に現地調査に依拠しているが、これまでのシャーマニズム研究にも大きく依存している。そして、清王朝時代（1747 年）に頒布された『欽定満洲祭神祭天典礼』の分析も、本書の重要な柱となった。

筆者は 2002 年から 2006 年末まで 5 年間にわたって、中国東北地域の吉林省と遼寧省（図序-1）で断続的にフィールド調査[1]を行ってきた。調査地（図序-2）は吉林省吉林市永吉県の韓屯村、弓通村、九台県の腰哈村、東哈村を調査し

表序-1　調査村とシャーマン

地域	村	氏族	シャーマン		
			名前	年齢（2007 年）	性別
吉林省	①韓屯	瓜爾佳	JH（大）	67	男
			XB（小）	27	男
		胡	★ BX	60 代（未詳）	男
		趙	なし		
	②東哈	石	ZX	67	男
	③腰哈村	羅関	YD（ムコンダの聞き取り）	59	男
	弓通村	張	★ ZH	68	男
遼寧省	④腰站村	愛新覚羅	なし		
	勝利村	同愛新覚羅	なし		
	木奇村		★ DC	73	男
	新賓鎮		漢族シャーマン 3 人（Z、W、H）		

（筆者作成）

た。そのうえ、遼寧省新賓満州族自治県の腰站村、勝利村、木奇村、新賓鎮の 8 つの村である（表序-1）。

　★　BX、ZH、DC の祖先は、漢族であったが、清朝時代に八旗に編入されたので、満州族として登録された。そのため、彼らの儀礼も本書の対象とした。なお、新賓鎮で調査した 3 人のシャーマンはすべて漢族なので、本書の対象外とする。

　これらの調査のなかで、重点的に調査を行ったのは以下の 4 つの村である。
① 韓屯村（ハントン）。
　瓜爾佳（グワルギャ）氏族シャーマンの儀礼を調査した。
② 東哈村（ドンハ）。
　石克特立（漢名「石（シ）」）氏族のシャーマンの儀礼を調査した。
③ 腰哈村（ヨウハ）。
　羅関（ラカン）氏族シャーマンの儀礼を調査した。

　満州族は氏族制度を有する。満州族のシャーマニズム儀礼は氏族を単位として伝承されてきた。清代における満州族の中国全土への分散・雑居や長期の

図序-1　中国地図

図序-2　調査地の位置づけ

歴史変動にわたり、満州族の氏族制度が満州族の文化とともに崩壊した。しかし、吉林市の松花江沿岸に生活している韓屯村、東哈村、腰哈村の満州族の氏族組織が辛うじて保存されていた。本書では、氏族という観点から、これらの氏族のシャーマニズム儀礼を考察してある。

④　腰站村。

遼寧省新賓満州族自治県腰站村に居住する愛新覚羅王族の後裔のシャーマニズム儀礼を調査した。ヌルハチのふるさととしての新賓満州族自治県は清朝の発祥地であるが、漢化が著しい。氏族制度がほとんど崩壊してしまった。

しかし、腰站村には衣食住などの生活習俗、年中行事においては、満洲族的な色彩が濃厚である。そして、愛新覚羅の族譜が保存されていた。それにもかかわらず、シャーマンはいなく、シャーマニズム儀礼も行われていない。祖先を祀る儀礼にシャーマンの儀礼の残存が認められる程度であった。このこと自体が、本書の進展につれて、シャーマニズムの基本的問題を明らかにする。

1.3　本書の構成

本書は、第1部「満州族の歴史と文化」、第2部「満州族シャーマンの神話」、第3部「満州族シャーマンの成巫過程」、第4部「満州族のシャーマニズム儀礼」からなる。

第1部では、「満州族の歴史と文化」と題し、満州族シャーマニズムを形成する背景としての満州族の歴史と文化を概観する。

古代の満洲（1章）では、古代の諸国家と満州族の諸部族を考察する。

現代の満州族（2章）では、満州族の言語、自治県、人口の変遷を論ずる。

経済生活（3章）では、満州族の生業、衣食住を述べる。

社会生活（4章）では、社会組織、族譜、相続制度、年中行事、人生儀礼を詳述する。

第2部「満州族シャーマンの神話」では、3種類の満州族シャーマンの神話である「柳神話」（1章）創世神話、「天宮大戦」（2章）、「創世女神阿布卡赫赫の神話」（3章）に分けて、詳述し、満州族神話の特徴を考察する。これによって、満州族神話とシャーマニズム儀礼との関連を明らかにする。

第3部「満州族シャーマンの成巫過程」では、歴史を踏まえながら満州族

シャーマンの入巫式を中心として、シャーマンになる過程を明らかにする。シャーマンの入巫過程は、満州族神話とどのような関係があるかを読み取る。

「シャーマンとは何か」（1章）では、シャーマンの語源、歴史のなかのシャーマン、現代のシャーマンの様子、シャーマンの役割、シャーマンの分類などを考察する。

「シャーマンになる過程」（2章）では、シャーマンになるプロセスを明らかにする。

「満州族シャーマンのライフヒストリー」（3章）では、シャーマンたちのライフヒストリーを詳述し、彼らのシャーマンとなる経緯を考察する。

第4部「満州族のシャーマニズム儀礼」では、さまざまなシャーマニズム儀礼を考察する。

「従来の満州族シャーマニズム儀礼の分類の問題点」（1章）では、これまでのさまざまなシャーマニズム儀礼の分類に関する問題点を指摘し、筆者の新たな観点を提出する。

「祈祷型儀礼」（2章）では、瓜爾佳氏族、石氏族、羅関氏族、愛新覚羅氏族の儀礼の事例を中心として、祈祷型儀礼の特徴を論ずる。

「憑依型儀礼」（3章）では、石氏族のシャーマンで行われた憑依型儀礼を取り上げ、憑依型儀礼の特徴を考察する。

「憑依型儀礼 ―火祭 ―」（4章）では、石氏族の火祭の事例を通じて、火祭の特徴を分析する。

「憑依型儀礼 ― 漢軍八旗シャーマンの儀礼 ―」（5章）では、満州族の八旗制度に帰属した張氏族の儀礼の事例を考察し、満州族の憑依型儀礼と比較し、満州族として登録した漢族のシャーマンの儀礼構造を明らかにする。

これらシャーマニズム儀礼を考察することによって、明らかになるのは、次の4点である。

第1に、満州族シャーマニズム儀礼は第2部で論じたシャーマニズム神話と構造上深く連関していることである。

第2に、「脱魂」現象、「憑依」現象がある満州族シャーマニズム儀礼は、その背景となる社会、政治との緊張関係のなかで変容をとげてきたという事実である。

序　論　7

　第3に、中国の他地域、他民族において、シャーマニズムあるいは類似のシャーマニズムが存在する。しかし、神話、イニシエーション、神歌、儀礼などにおいて、比較的完全に整って今日に伝えられているのは、満州族だけである。

　第4に、中国の他民族のなかで、氏族を単位としてシャーマニズムを伝承してきたのも、満州族だけである。

　本書はシャーマンの神話、成巫過程、儀礼という3つの観点から満州族シャーマニズムの全体像を論ずることを試みる。

2.　従来のシャーマニズム研究とその問題点

2.1　脱魂説と憑依説をめぐる類型論

　20世紀前半から現在まで、世界各地のシャーマニズム研究は大きな進展を見せた。その分布地域は、地球のほぼ全地域に及んでいることも明らかになった（桜井:1987:13）。しかし、シャーマニズムとは何かをめぐっては様々な議論がある。その中心となってきたのは、脱魂説と憑依説の対立とその折衷の第三説である。ここで、「脱魂説」と「憑依説」および第三説について整理する。

（1）エクスタシー＝脱魂説

　シャーマンがトランスに入ると、その霊魂は、シャーマン自身の身体を離脱して（脱魂と呼ばれる所以）天空を飛翔遊行し、あるいは地下の冥界へ下降し、そこに鎮座する神霊や死霊などの超自然的存在と直接に交流する。これがエクスタシー現象である。このエクスタシーこそシャーマニズムの典型的特徴だとみるのが脱魂説である。

　脱魂説の代表的な研究者は、アメリカのシカゴ大学教授であったルーマニア生まれのM・エリアーデ（1907〜1986）である。エリアーデはシャーマニズム研究の最大の影響力を持つことになった著書『シャーマニズム』（2004）において、シャーマニズムとは「エクスタシー技術」（＝脱魂技術）である、という有名な定義を行っている。彼の主張の要点は、おおよそ次のようである。

　①　シャーマニズムは古代的なエクスタシー（Ecstasy）の技術であり、同時にそれはミスティシズム（神秘経験）であり、呪術であり、もっとも広い

意味における"宗教"である。

② エクスタシーとは、トランス状態の間にシャーマンの霊魂がその肉体を離脱し、天に上昇したり、地下に下降したりする状態である。

③ シャーマンはかかる神秘的旅行をそのイニシエーション（入巫）において初めて経験するが、のちにはこれを病人の霊魂を捜したり、供犠動物の霊魂を天に運び、神々に捧げ、神々の恩恵を求めたり、月をはじめ、他の天体を訪ね、あるいは死者の霊魂を地下の冥土に届けるために行使する。

④ エクスタシーは苦悩、夢、想像などと同様に、人間の本質的部分を構成すると考えられるため、その起源を特定の文化や歴史に求める必要はない。この意味において、エクスタシーは非歴史的現象である。

⑤ 憑霊も古代的現象であるが、それはエクスタシー経験から展開した二次的経験である。すなわち、シャーマンの霊魂が天上界や地下界に旅行している間に"精霊"がその身体に憑依する。

以上のように、エリアーデのシャーマニズム論において、最も重要な概念は"エクスタシー"であり、それは端的に"魂の旅行"を意味する。彼は"憑霊"の現象に注目しないわけではないが、それを二次的な現象として位置づけた。

しかし、世界各地に展開するシャーマニズムには極めて多様性があり、エリアーデの概念は狭すぎると批判された（佐々木：1985：31）。特に、シャーマニズムを「憑依」（Possession）と見る立場からの批判が強かった。しかし、エリアーデは次のごとき、反論を展開している。

シャーマニズムのなかには、もちろん顕著な憑依現象がみられる。それを当然無視することはできない。しかし、憑霊は、エクスタシー経験から展開したものである。シャーマンの霊魂が天上界や地下界を遊行している間に、諸々の精霊がその肉体に憑依するものである。しかし、その逆のプロセス、すなわち、憑依からエクスタシーへ展開するとみることは、どのようにしても不可能である（同上：33）。

エリアーデによれば、憑霊もまた脱魂と同様に、神秘的体験という立場からいって「原初的」な現象である。ただ、シャーマニズムは、憑霊体験からでは〈演繹〉されえない（同上：34）。憑霊現象が自然に発生する地域（メラネシア、ポリネシアなど）もあるが、それは、シャーマニズムと関係をもたない「聖界の

序　　論　9

専門家たち」の地帯だという。これに対し、典型的なシャーマニズムが支配する
シベリアのような諸地域では、憑霊は、第二次現象だ、というのである。

　以上のごとき脱魂型シャーマン説に対して、憑依型シャーマン説は、どのよう
な立場をとっているのであろうか。

（2）　ポゼッション＝「憑依説」

　シャーマニズムには精霊が附随しやすい。ただそれをシャーマンの最も本質
的な属性とみるかどうかで意見が分かれているといってよい。シャーマンの古典
的規定では、両方の要素を含めて述べているケースが少なくない。その1人に
マッカロック（J.A. MacCullock・桜井：1987：19）をあげることができる。彼は
主としてウラル＝アルタイ諸族の巫俗現象に基づいて、シャーマニズムの特徴を
論じた。すなわち、元来シャーマンの役割は、治療と卜占を主とするが、それは
シャーマンが超自然的世界との密接な関係を結ぶことによって、効力をあらわす
ものだとみる。つまりいくらかの精霊が彼を助け、その身体に憑依し、彼の命令
に従って働く。このようにシャーマンは諸精霊と肉体的にも精神的にも直接に交
通し、実際に霊界へ接近することができる。そうして通常の人間よりも優れた知
識や能力を獲得し、それによって、敵対的な精霊や呪力を制圧し駆除する。こう
した力能を行使している間、シャーマンは明らかに平常とは異なった精神状態に
置かれている。

　マッカロックの定義は、トランスをエクスタシーとするか、ポゼッションとみ
るかの学説的討論を経験しない時期のものであった。それゆえ、憑依が脱魂かと
いう問題については十分な整理がなされているとはいえない。例えば、全般的に
憑霊現象に注目し、それを重視しながらも、「シャーマンのもろもろの精霊と肉
体的にも精神的にも交通し、実際に霊界へ接近することができる」と、脱魂現象
を思わせる特徴をも指摘している。

　この点の曖昧さを精算したのは、ハンガリーのハーパー（1942 生, E.B.
Harper・桜井：1987：19）であろう。彼のフィールドは南インドであるが、彼は
調査報告書のなかで次のように述べている。この地方のシャーマンは、憑依状態
（a state of possession）を実現するために一定の儀礼を行うが、ここで最も重
要なのは、シャーマンが沐浴後、守護霊を拝した後、〈守護霊、来なさい〉と言
うと、茫然自失の失神状態におちいり、憑依した守護霊が、シャーマンを通して

語るとした点である。こうした守護霊の憑依によってシャーマニズムが成立すると説く彼の定義は、ポゼッション説の典型だといってよかろう。このような茫然自失の異常心理状態に入った呪術宗教職能者に、神霊をはじめ、諸々の精霊（保護霊）が外部世界からやってきて、その身体に憑着して虜にする。それがシャーマニズムの特質であるとみるならば、日本の民間巫女における「神懸かり」などは、まさに典型的な憑依型シャーマニズムだと断定できるであろう。朝鮮半島で活躍する降神入巫のパターンをもつムーダンなども、この類型内に包括しうる（桜井：1987：19-20）。

　また、I.M. ルイスは、1920 年代に満州族を調査したロシア学者である S.M. シロコゴロフ（Shirokogoroff）の研究を参考にしつつ、「トゥングース族の証拠に照らして、シャーマニズムと精霊憑依とはまったく異なった現象であり、この 2 つは必然的に別個の宇宙論的体系と史的発展における別々の段階に属するものだ、という仮説は、明らかに何ら根拠のないものである」と述べ、そもそもトゥングース族においてさえ、シャーマンの巫儀での状態を憑依と見たほうが良いと述べる（ルイス：1985：57-59）。そして、シャーマンという語を「精霊に憑依されて霊感を授かる人、自発的に憑依状態になれる人」という含みを持たせながら「精霊使い master of spirit」の意味で用いるとして、「シャーマンはすべて霊媒である」とした（同上：60）。

（3）第三説

　こうした論説に対して、脱魂も憑霊もともにシャーマンが入巫する際に示す重要な要素であるから、それを一方的に固定しようとする分類の仕方や定義規定のやり方は、正しいとはいえないとする立場もある。その代表は、佐々木宏幹（1985）、ハルヴァ（Uno Harva：1989）らである。

　佐々木によれば、「現実には憑霊が支配的な地域、脱魂が濃厚な社会、両者が併存しているところなど、実にさまざまな様相が見られ、しかも脱魂であれ、憑霊であれ、またそれらの併存であれ…それらは等しく"神や精霊との直接的接触・交流の仕方"である」とし、「脱魂や憑霊を"シャーマン"の超自然的存在への直接的な接触・交流の型、として理解し、それぞれを"脱魂型シャーマン"、"憑霊型シャーマン"と呼ぶことができよう」とする（佐々木：1985：32）。さらに、その憑霊や脱魂において、シャーマンがいかなる心理あるいは身体的状態に

あるかについて、「脱魂とか憑霊というのは、トランスやエクスタシーに表象された、その社会の呪術―宗教的観念（＝文化）に他ならない」（同上：34）と述べる。しかし、シャーマニズム研究においては、エクスタシーという語が脱魂の意味で、憑霊を表すポゼッションに対立するものとして用いられるようになり、またトランスが両者の根底をなす「より基本的な心理状態を意味する語として」用いられていることから、これらの概念の相互関係を次のように図式化する（同上：35）。

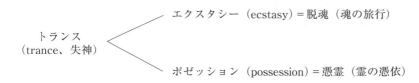

その上で、シャーマニズムを「トランスのような異常心理状態において、超自然的存在と直接接触・交流し、この過程で予言、託宣、卜占、治病行為などの役割を果たす人物を中心とする呪術―宗教的形態」（同上：41）と定義する。そして、そのトランスの現れ方、評価の仕方が、文化、地域によって異なるため、シャーマンの特徴として脱魂型、憑霊型、あるいはその併存という形が存在すると考えるのである。このような第三説は今日広く受け入れられている。

2.2 満州族シャーマニズムの研究史

文化大革命終了後の1982年の中国新憲法は、民族間の平等と民族の風俗習慣の維持の保証を明言した。このような少数民族尊重政策が確立されたとともに、満州族研究が復興した。これにともない、満州族研究の専門機関も以下のように開設された。

遼寧省民族研究所（1982）、遼寧省古籍整理研究室（1983）、納蘭性徳研究会（1985）、遼寧省瀋陽市満族聯誼会（1987）、承徳市満族発展協会（1987）、大連市満族文化研究会（1989）、北京社会科学院満学研究所（1991）、北京満学会（1993）、中央民族大学満学研究所（1993）、遼寧社会科学院満学研究中心（1996）、新賓満州族自治県満学研究所（1997）、吉林省満族文化研究会（2000）などで、満州族の研究が進められている。満州族文化の研究には、言語[2]、歴史[3]、

社会組織 [4]、文学 [5]、音楽 [6]、生活習俗 [7] では幅広い民族誌的な蓄積がある。そのうち、近年満州族シャーマニズムをめぐっては新しい展開が見られる。

　満州族シャーマニズム研究史においては、1920 年代に中国東北部で長期にわたる精力的な現地調査を行ったロシア学者の S.M. シロコゴロフの『満州族の社会組織』(1924) が最も古くかつ最も詳細な研究である。そのなかで、シャーマンが氏族の保護者であることが指摘されている。

　「脱魂」、「憑依」をめぐるシャーマニズム議論で欠けているのは、シャーマニズムをシャーマンの心理状態に注目しすぎて、それをより広い社会的、文化的コンテキストの中に、位置づけることを怠ってきたことである。この点、シロコゴロフの指摘が重要であり、本書もシャーマニズムを基本的に氏族儀礼として理解してゆくことになる。

　日本人による満州族シャーマニズム研究としては、秋葉 (1933)、石橋 (1934)、赤松 (1935)、大山 (1941)、赤松・秋葉 (1941) などの研究を挙げられる。これらも、シャーマニズムを氏族儀礼として論じている。特に、赤松・秋葉の『満蒙の民族と宗教』(1941) は、1935 年、東北地域におけるモンゴル族、オロチョン族、満州族、ホジェ（赫哲）族、漢民族の宗教を調査し、まとまった論文集である。そのうち、黒龍江省瑷琿、吉林省の満州族のシャーマニズムに関する報告が 4 編収録されている。しかし、赤松・秋葉の研究も、戦時状況の中で政治的な要求によって成し遂げられた研究であることを指摘せざるを得ない。そのうえ、戦後は、日本学者が中国で現地調査を行うことは困難であった。そのため、これらの研究は引き継がれることなく、終わっている。

　また、これらの研究も、エリアーデの『シャーマニズム』(1951) 以前の研究であるため、シャーマニズム論の中心となる脱魂問題と憑依問題についてほとんど論及されていない。

　中国人による満州族のシャーマニズム研究は、1950 年代に始まった。1958 年に公表された莫東寅の「清初満族的薩満教」は、清代初期の満州族シャーマニズムを論じた論文である。これは中国人による満州族のシャーマニズム研究の最初の成果であった。その後、文化大革命（1966 ～ 1976）が生じ、少数民族の文化が否定され、満州族シャーマニズム研究が停滞する。

　1980 年代以降、中国諸民族の伝統文化の研究が再開し、現在に至っている。

序　　論　*13*

秋蒲（1985）の『薩満教研究』は、中国の各民族のシャーマニズムを概観した研究であり、1980年代のシャーマニズム研究の初の成果である。

　満州族のシャーマニズムの研究の中心になったのは、吉林省民族研究所の富育光である。1933年に黒龍江省の満州族の名家に生まれた富は、1958年に大学を卒業後、小学校の教師であった父親が1930年代に採集した満州族の神話などの口承文学の研究に従事し始めた。富は、1980年代初めに吉林省社会科学院文学研究所東北民族文学研究室主任に着任した。そして、1987年に満州族のシャーマニズム研究が国家社会科学基金会の重点プロジェクトとなると、富を中心に、王宏剛、郭淑雲が精力的な研究を行った。富は、1989年から吉林省民族研究所に移るが、満州族などの中国東北部の少数民族に対しても、長期にわたって、精力的な現地調査を行った。

　1988年、富は吉林省民族研究所で全国的なシャーマニズム研究会を開催した。それは、全国でシャーマニズムをテーマとする初の研究会であった。全国研究会は1990年にも行われた。この2度の研究会の発表を内容とする論文集『薩満教文化研究』（1990）が出版されている。

　富は、満州族神話の研究（1990）、シャーマニズム儀礼の研究（1991）、シャーマニズム女神に関する研究（富・王：1995）、シャーマニズムに関する理論的な研究（2000）などをあいついで出版した。

　満州族出身である石・劉（1992）と中国社会科学院の宋・孟（1997）は、満州族のシャーマンの満州語の神歌を漢語に翻訳した。彼らの研究は、満州族シャーマニズム儀礼を理解する上で重要な研究である。

　劉・定の『薩満教與東北民族』（1990）は、北方の諸民族のシャーマニズムの歴史人類学的研究である。

　姜の『神秘的清宮薩満儀礼』（1995）は、1747年に頒布された『欽定満洲祭神祭天典礼』を分析し、清朝宮廷における祭礼の全体像を明らかにした。

　女性では最近郭淑雲が満州族シャーマニズム研究に邁進している。その『原始活態文化―薩満教透視』（2001）は、民俗の角度から、シャーマニズムと伝統的文化との関係を論じた研究である。

　王宏剛には、オロチョン族のシャーマニズムに関する研究（1999）、満州族の民俗とシャーマニズムとの関係に関する研究（2002）、満州族の舞踊の象徴と

シャーマニズムとの関係についての研究（2002）などがある。

こうした満州族研究の盛り上がりを受けて、2004年8月21日から25日まで長春市で第7回国際シャーマニズム学会が開催された。日本、韓国、ベトナム、ロシア、アメリカ、ギリシア、オーストラリア、ドイツ、イタリア、中国などの世界各国の学者たちが参加した。国際シャーマニズム学会は、それ以前にロシア、ハンガリーなどで行われたが、中国で開催されたのは初めてである。

シャーマニズム世界大会の前日（8月20日）に、シャーマニズム文化研究センターが長春大学で開設された。その大会の直後（26日）にも、もうひとつのシャーマニズム研究センターが長春師範大学に開設された。2001年2月に設立された中国社会科学院のシャーマニズム研究センターを加えると、中国では、シャーマニズム研究の専門機関が3ヶ所開設されたこととなる。この3ヶ所のシャーマニズム研究センターは、満州族、モンゴル族、オロチョン族などの北方少数民族のシャーマニズムを対象として研究している。

このような中国の満州族シャーマニズム研究の問題点のひとつは、シャーマンとは何かを論ずる際の核心である脱魂と憑依問題について、ほとんど議論されずに終わっていることである。それはエリアーデの『シャーマニズム』がまだ中国語で翻訳、出版されていないことと関係がある。

さらに、中国のシャーマニズム研究は、宗教民俗学的研究に偏り、宗教と政治、宗教と社会の関係という現在のシャーマニズム復興の背景となる問題について、踏み込んでいない。そして詳細な事例研究に基づいた実証的な研究という点でも不足がみられる。

3. 現代中国におけるシャーマニズム研究の問題点

本書は、こうした問題意識に基づいて、1980年代から復興しはじめた満州族のシャーマニズムの実証的研究に立脚しつつ、シャーマニズムが成立する政治的背景や満州族のシャーマニズムの脱魂問題と憑依問題に留意し、満州族シャーマニズムの特徴を論ずる。本書の問題意識をもう少し具体的に述べるならば、以下のようになる。

3.1　少数民族宗教としてのシャーマニズム

　中国は、多民族、多文化、多宗教が共存している国家である。しかし、「民族」という定義は、中国では曖昧で多義的に用いられてきた。中国における「民族」という概念は、1899年、近代の代表的啓蒙的学者である梁啓超（1873～1929）によって日本から導入されたもので、これは、nationの概念の訳語であった（横山：1989：105）。

　「民族」という言葉は、漢語では大別して次の2つの意味がある。

　1つ目は、西欧語でいう「国民」nationや「市民」citizen, citoyenにあたる。国家主権を担う者を指す。それゆえ、中国国籍を持つものは「中華民族」と呼ばれる。この場合の「民族」は、「公民」や「人民」とも置き換えられる。

　2つ目は、少数民族をさす場合である。例えば、「民族問題」、「民族政策」、「民族幹部」などのそれである（松本：1999：4）。

　最近、中国ではエスニック・グループの訳語として「族群」が、エスニシティの訳語としては「族群性」が頻繁に使用されるようになった。そして、納日（2003：120）は「族群」を「情感—文化共同体」と位置づけ、「民族」を「情感—政治共同体」と位置づけ、その著書の中で「ethnic group」や「ethnos」を「族群」に、「nation」や「nationality」を「民族」と訳すことを提案した。

　その結果であろうが、中国政府は、最近「民族」の英語訳を「nationality」から「ethnic group」に改め、「国家民族委員会」を「State Nationalitics Commission」から「State Ethnic Commission」に改正した。これは、英語において通常「国家・国民」に関連して使用される「national, nationality」を「民族」に用いるのがおかしいという西側学者らの批判に応じたものである（赫瑞：2000：282）。中国語のローマ字表記「Minzu」で「民族」を表記しようという提案もある。しかしそれが漢字文化圏の言語表記慣習に不適合であることなどから、受け入れられていない。中国語の「民族」は、翻訳に際して、難しい問題をかかえている（納日：2003：12）。

　中国全土には漢族を除いて、55の少数民族がいる。例えば、チワン族、満州族、チベット族、モンゴル族、回族、ミャオ族、タイ族、ウイグル族、トールン族などの宗教、言語、文化、習俗がさまざまに異なる民族がいる。彼らの人口の総数は、約1億人である。彼らの居住している地域は、多くが国境近くの辺境を

中心にしているが、全土の60%を占める。それぞれの民族が独自に伝承している文化は、多様で複雑で豊富である。中国文化は、漢民族の文化だけでなく、多数の民族によって形成された文化である。そのひとつひとつの特徴を押さえなければ、中国文化の全体像を明らかにすることができない。

　現代中国は、失業、農民生活、環境、民主主義などの問題群に直面しているが、これからは、民族や国家統合をめぐる問題も大きな課題になるであろう。1億の人口を有している少数民族は、13億総人口のなかのマイノリティであるが、絶対数が大きい。民族問題は、決して軽視できない政治問題である。

　1950年代に中国政府によって55の少数民族が公認された。しかし、彼らの居住地は、いずれも経済的後進地域であることが、問題を複雑にしている。チベット、新疆などの辺境諸民族は、「民族分裂主義」の傾向を示して、しばしば政治不安をもたらしている。少数民族問題に関して中国政府自身もその存在を否定していない。中国政府は、1950年代からの「ゆるやかな民族政策」、1980年代の「民族区域自治」によって、民族問題の解決を試みてきた。経済的にも、援助や投資を行ってきた（可児・ほか：1998：427）。

　満州族の場合も1984年に、民族区域自治法によって、遼寧省、吉林省、河北省で満族自治県が13県成立された。しかし、満州族は、清代から現在に至るまで、著しい漢化を経験し、満州語はほとんど死語と化している。満州語は、満州族のシャーマンに歌われる神歌に辛うじて残る程度である。しかも、その意味は、一般の満州族にはほとんど理解できない。筆者の取り組む満州族のシャーマニズムとは、このようにほとんど漢化した満州族の内に復興しつつある宗教現象である。

　現在、中国では、「宗教」と呼ばれているものは、明白な教義、教主、教派、創始者、執事を有するものに限られる（渡邊：2003：4）。儒教、仏教、道教、キリスト教、イスラム教は、この宗教の概念に当てはまり、中国政府に公認されている。

　しかし、このような「宗教」概念に相当せず、中国政府に公に認められていない「宗教」もある。その代表がシャーマニズムである。現在中国では、シャーマンを「薩満」、シャーマニズムのことを「薩満教」と表記する。満州語で「察瑪」（cama）と呼ばれる「シャーマン」は、儀礼のときの状態から「跳大神的」とも

呼ばれる。シャーマニズムは、「迷信的な活動」とみなされ、未だ中国政府に認められない。しかし、現代中国は少数民族の習慣尊重の政策を取っているため、少数民族の伝統宗教がリバイバルし始めている。シャーマニズムに対しても、法的規制が次第にゆるやかになってきている。

7.5億人の農村人口（総人口の6割）を抱えた中国では、医療問題が深刻である。ほとんどの農民が「無保険医療」状態にある。農民たちにとって、衣、食、住の基本支出が90％以上を占めている。そのため、高額の治療費支払い請求を恐れる農民は、シャーマンによる治療を求める傾向がある。シャーマンは伝統医の役割になってきたのである。こうしたことも、シャーマニズムのような民間信仰が復活している理由のひとつである。

3.2　多様なシャーマニズム

中国ではシャーマンの呼称は、地域や民族によってさまざまである（表序-2）。そのうえ、少数民族語による呼称も、多種多様である（表序-3）。

このように、中国ではシャーマンの呼称は、地域や民族によって、千差万別

表序-2　中国各地域におけるシャーマンの名称

地域	呼称
東北	察瑪、大仙、老仙児、算命先生、先生、巫医
上海市	仙姑、仙人、太々
江蘇省	関亡、関亡婆、先生、尫姨（アンイー）、仙姑、仙好婆
浙江省	渡仙、渡仙婆
福建省	童乩、乩童（キートン）、尫姨、上身、保馬、舞神
安徽省	花々、花姑、花婆、仙姑
河南省	先生、神婆、活判子、童婆、神医、堂婆、鬼堂路仔
河北省	神婆、神母、師婆、端公、馬公、香差、土医生、明眼、炉口
山西省	神婆、神漢
湖北省	馬脚、携童、付馬、馬童、馬子、陰婆子
湖南省	巫師、仙姑
江西省	仙家、仙姑、花馬、発馬
その他	看香的、収米的、明口、跳大神、明眼、千里目

（佐々木：2003を参考）

表序-3　中国の各少数民族によるシャーマンの呼称

少数民族		呼称
満州・ツングース族	満州族（Manchu）	「察瑪」（cama）
	赫哲（Hhzhen）	薩満（saman）
	錫伯（Xibo）	
	鄂温克（Ewenki）	
	鄂倫春（Oroqen）	
モンゴル族		奥徳根（女性、odegen）勃額（総称、boge）
ダウール（達斡爾）族		雅徳根（yadegen）
突厥族	維吾爾（Uygur）	巴克西（bakexi）
	哈薩克（kasak）	
	柯爾克孜（Kirgiz）	
	烏孜別克（Uzbek）	
南方民族	彝族（Yi）	畢摩（bimo）
	納西（Naxi）	東巴（dongba）
	哈尼（Hani）	貝瑪（bema）
	苗（Miao）	巴代（badai）
	壮（zhuang）	師公（shigong）
	徳昻（De, ang）	達斡（degan）

（郎[8]：2005：42 を参考）

である。郎（2005：42）は、中国のシャーマニズム概念を狭義と広義に分けている。狭義のシャーマニズムは、中国北部アルタイ語系（突厥族、モンゴル族と満洲・ツングース族を包括する）における民族の信仰である。広義のシャーマニズムは、南方（長江以南の地域）民族の巫術信仰をも包括する。

　こうした狭義のシャーマニズムの規定では、シャーマンをツングース族に見られる特有な呪術宗教職能者とみる。したがって、シャーマニズムをツングース族の部族社会のみに働く特殊な宗教現象に限定する。つまり、この社会以外の他民族や他地域では、類似を見出すことのできない独自な宗教生活の特殊な形態とする考え方である。

　しかし、すでに触れたように、調査が進むにつれて、同じ現象は、ツングース社会に限らず、他民族の他地域にもみられることが分かってきた（桜

井：1987：12-13)。これは広義のシャーマニズムの定義に相当する。狭義の
シャーマニズムと広義のシャーマニズムの違いをどのように理解したらよいか。
郎の見解によると、他民族の他地域にみられる同じような現象は、結局ツングー
スのシャーマンを源流とし、それが伝播し、出現したものと考える。本家はあく
までも、満州族のようなツングース族であって、他地域でのシャーマニズムは、
その分家・分流だといってよい（郎：2005：42)。筆者も郎の観点に賛成する。

3.3　シャーマニズムと政治

　シャーマニズムの特徴が「脱魂」であれ、「憑依」であれ、脱魂も憑依も政治
的にみた場合、政治的秩序にとっては、危険な要素を含んでいることをはっきり
認識する必要がある。シャーマニズムが憑依の宗教だとすると、他力の宗教にな
る。つまり、神々や精霊と交流するのは、シャーマンの意図や修練によるのでは
なく、神々や精霊の側の働きかけによることになる。本書でも満州族のシャーマ
ニズムに見られるのは基本的に憑依だという立場に立つが、これは現実の社会秩
序にとってはきわめて由々しいことになる。突然そのあたりの普通の若者が憑依
してしまうからである。ただ単なる精神錯乱の状態や、単なるモノツキといわれ
るような憑依なら、社会の周辺現象として社会的には単に軽蔑の対象になるだ
けである。しかし、明確なメッセージを神の名で語りだすと、それは社会を改変
するような宗教パワーを発揮することになる。その意味で、憑依の宗教というの
は、社会にとっては危険で、社会がコントロールしにくい宗教だと考える。

　もちろん、シャーマニズムの憑依にはさまざまなレベルがある。これに応じ
て社会との緊張関係が異なる。いずれにせよ、社会にはこれを何らかの形でコ
ントロールしようとする動きが発生する。しかし、社会にコントロールされた憑
依は、本来の憑依ではないわけで、憑依としての宗教力を失う。そこであらた
めて、あらたな憑依現象が社会にとってはきわめて危険な形で発生する。そも
そも、宗教とは集合的社会意識に基礎をおくものだというのがエミール・デュル
ケームの考えであり、以来、社会学あるいは社会人類学における宗教理解は、宗
教を社会秩序の維持のための一手段とする理解が多いのであるが、シャーマニズ
ムは、これとかなり異なった宗教のありかたを示している。

　本書では、満州族シャーマニズムにみられるのは脱魂的な要素だとする立場に

立つと、「脱魂」現象は、「憑依現象」と同様に、社会にとっては危険で、社会がコントロールしにくい宗教現象でもある。なぜなら、シャーマンが脱魂状態に入ると、社会もシャーマン自身もシャーマンをコントロールできなくなるからである。

このように、現在においてシャーマニズムを研究する場合には、シャーマニズムとその背景となる社会との緊張関係に十分留意しなければならない。

「脱魂」・「憑依」が存在する満州族のシャーマニズムは、歴史的に見ても、しばしば国家権力に左右され、大きく変化してきた。清代（1644～1912）、中華民国時代（1912～1949）、中華人民共和国成立後の1950年代の大躍進時代（1958～1961）、文化大革命時代（1966～1976）、そして、現代の改革開放時代とそれぞれの時代の政治情勢に応じて、満州族シャーマニズムは変容をとげてきた。まず大きな変化は、清王朝時代の1747年の『欽定満洲祭神祭天典礼』の頒布であった。『欽定満洲祭神祭天典礼』とは、6巻からなり、最初に満州語で編纂されたものであるが、その後、大臣の阿桂、于敏中によって、漢語に翻訳されて、1780年に出版された。それは、清朝の皇帝たる愛新覚羅姓の典礼を根幹に据えつつ満洲の典礼を集大成したものであった（原島：1993：292）。『欽定満洲祭神祭天典礼』において、祝辞を中心として、儀礼の作法、供物、祭器の種類、太鼓を鳴らす回数、参加人数、日付などの祭神、祭天の様式が定められたのである。その中で、重要なのは、シャーマンが祝辞を唱えることを中心とするようになったことである。これによって、『欽定満洲祭神祭天典礼』には「憑依現象」がすでに見られなくなることが示された。

清朝を倒して成立した中華民国時代は、満州族排撃の時代であり、これにともない、シャーマニズムが弾圧を受けられた。

次いで、文化大革命時代において、シャーマンは「迷信の活動家」として批判され、シャーマンの活動は全く停滞してしまった。文化大革命以降、中国政府は、改革開放政策を実施しはじめ、1982年に制定された新憲法では、民族間の平等と少数民族の風俗習慣の維持などが認められ、少数民族の伝統文化が復興の傾向にある。そのなかで、満州族シャーマニズムも復興しつつある。

4. 満州族シャーマニズムの原型復元の試み

4.1 シャーマニズムへの多角的アプローチ

現在の中国において、「脱魂」や「憑依」を特徴とするシャーマニズムを研究することは、きわめて困難な状況にある。少数民族文化を保存するという国家政策の前提の下で、シャーマニズム儀礼の復興が試みられている。本書で報告する事例もすべてがこうした国家政策の下で、復興されたシャーマニズム儀礼である。しかし、そうした状況下のシャーマニズム儀礼でも、「脱魂」や「憑依」の痕跡が認められることを本書は明らかにするであろう。

しかし、これでは不充分である。それゆえ、本書では、シャーマニズムをきわめて多角的な角度から研究することを試みた。すなわち、満州族シャーマンの神話（2部）、満州族シャーマンの成巫過程（3部）満州族のシャーマニズム儀礼（4部）という3つの角度から、シャーマニズムの全体像を復元することを試みる。そのなかで、明らかになってきたシャーマニズムの共通する信仰がある。それは柳の信仰である。より正確には柳を基本的にモチーフとしたシャーマニズム世界観である。

4.2 柳崇拝としてのシャーマニズム世界観

満州族は、山や水、樹木や石、雨や風、天、人間、動物の霊魂などに神を認め、崇拝の対象となってきた。そのうち、柳に対する崇拝は、満州族シャーマニズムの世界観においてきわめて重要である。

古代の満州族の観念によれば、人類の始祖母は長白山の上にある1本の柳から変身してきたので、彼女によって世間の生命万物が創造されたという。したがって満州族は柳を人類の始祖母としているのである。この文化的観念は今日に至るまで依然として満州族の精神生活のなかに残っている（江帆：愛新覚羅・江守：1996：215）。

柳は満州族の生活のさまざまな側面において、重要な木である。水を得るのは、満州族にとって、生存のための必須条件である。柳は、水源があるところに成長する木である。伝統的な病気治療、食物、家具、衣服などの素材にも柳は使

われた。さらに、満州族の人生儀礼の誕生、結婚式、墓参りにも柳と密接にかか
わっている。

このような柳が神話にも、シャーマンのイニシエーション儀礼にも、シャーマ
ニズム儀礼にも登場する。

柳葉の外形の特徴が女性の性器に似ていることによることから、柳葉によっ
て、人間創造、世界創造の神話がある。

そして、満州族シャーマンの入巫式である「撻神」儀式において、シャーマン
の候補者がトランス状態に入り、柳木の柱や木槌を用いることにより、天に行く
観念がある。このことから、柳崇拝的な要素がみられる。

さらに、満州族シャーマニズム儀礼においても、柳が重要な役割を果たしてい
る。

① 祭壇と柳

シャーマニズム儀礼に用いる祭壇の祖宗板や香炉は、柳木で作られたもの
である。

② 「換索」儀式の中の柳

5歳以下の子供のために行われる「換索」儀式には、「子孫縄」を柳枝に結
んでいるのである。

③ 「背灯儀式」なかの柳

「背灯儀式」は電灯を消し、夜中に行われる儀礼もシャーマニズムの重要な
女神である仏托媽媽を祀るためである。仏托媽媽の語源は柳女神の意である。

④ 祭天儀式のなかの柳

天神を祀る「祭天」儀式の場合、柳の幹は神竿として重要な役割を果たし
ている。柳崇拝の観念が、儀礼にも潜んでいるであろう。

このように、さまざまな場合に登場する柳は、満州族シャーマニズム文化の世
界観を反映しているかもしれない。本書では、満州族シャーマンの神話（2部）、
満州族シャーマンの成巫過程（3部）、満州族のシャーマニズム儀礼（4部）を論
じ、柳崇拝に基づいた満州族シャーマニズムの原型をつきとめられるだろうと考
えられる。

序　　論　23

注
1) ① 2002 年 8 ～ 9 月、中国東北部の新賓満州族自治県における満州族王族愛新覚羅家の故
地となっている腰站村でフィールド・ワークを行った。
② 2004 年 2 ～ 3 月、中国の東北地方における新賓満州族自治県に対して、追跡調査を実
施した。満州族シャーマニズム的な儀礼が保存されている地域である吉林市烏拉地区の
満州族の居住地においては、満州族のシャーマニズムの現状について現地調査を行った
（2004 年富士ゼロックス小林節太郎記念基金）。
③ 2004 年 7 ～ 9 月まで、両地域の満州族シャーマニズムの儀礼などについて現地調査を
行った（2004 年富士ゼロックス小林節太郎記念基金）。
④ 2006 年 1 ～ 3 月、新賓満州族自治県において、追跡調査をしつつ、吉林市烏拉地区の
シャーマニズム儀礼調査を実施した（平成 18 年度笹川科学研究助成）。
計、延べ 294 日。
2) 中華人民共和国の成立後、満州族研究を深めるために、中国社会科学院などは、満州語専
門の学生を募集し、満州語研究者の養成教室を開設したが、小規模の教育にとどまった。
1955 年、中国社会科学院近代史研究所は 3 年制の 20 人のクラス、1961 年、中央民族学院
言語学部は、5 年制の 21 人のクラス、1975 年、故宮博物院明清档案部は 3 年制の 21 人のク
ラスを開設した。
そして、1980 年代、中国人民大学清史研究所、中央民族大学歴史学部、内蒙古大学古史研
究所、遼寧大学歴史学部、東北師範大学明清史研究所、北京満文書院および吉林伊通満族自
治県などは、断続的に満州語の夜間クラスなどの形で満州語の人材を養成しようとした。し
かし、満州族は清朝時代から漢族文化の影響を深く受け、次第に漢語を広く使うようになり、
満州語が日常生活に使用されなくなっているため、受講者が少なく、現在満州語の教室はほ
とんど閉鎖された。満州語が理解可能な人材の不足は満州族研究にとって、大きな問題であ
る。
満州語研究は、口語、文法、教材の編集、辞書の編纂のような成果がみられた。1960 年代
に、内蒙古大学、中国社会科学院民族研究所は黒龍江省の富裕、愛琿両県内の村で満州語の
口語の使用状況について調査を行った。
その成果は、文化大革命終了後、陽の目を見た。その成果のひとつとして、金啓孮『満族
的歴史與生活 ― 三家屯子調査報告』（1981）がある。これは黒龍江省の富裕県三家屯子村に
おける満州語の使用状況の研究である。
その他、満州語の口語研究について、趙杰『現代満語研究』（1989）、季永海・白立元の『現
代満語八百句』（中央民族出版社：1989）、清格尔泰の『満語口語語音』（民族出版社：1998）な
どの研究があいついで出版された。
満州語の文法の研究については、季永海・劉景憲・屈六生の『満語語法』（民族出版
社：1986）、関嘉禄の『簡明満文文法』（遼寧民族出版社：2002）が出版された。
満州語学習のためのテキストとしては、屈六生の『満文簡明教材』（新疆人民出版

社：1991）、趙杰の『現代満語與漢語』（遼寧民族出版社：1993）、愛新覚羅瀛生の『速成自学満語基礎講義』（民族出版社：1988）、金遂の『満語語学研究』（中央民族学院博士論文：1992）などがある。

満州語の辞書編集の成果としては、劉厚生の『簡明満漢辞典』（河南大学出版社：1988）、商鴻達の『清史満語辞典』（上海古籍出版社：1990）、安双成の『満漢大辞典』（遼寧民族出版社：1993年）、胡増益の『新満漢大辞典』（新疆人民出版社：1994）などがある。

3) 王鐘翰『清史雑考』（中華書局：1963）、満族簡史編集グループ『満族簡史』（中華書局：1979）、李鴻彬の『清朝開国史略』（斉魯書社：1979）、周遠廉の『清朝開国史研究』（遼寧人民出版社：1981）、戴逸『簡明清史』（人民出版社：1985）、李燕光『清史経緯』（遼寧大学出版社：1987）、王思治『清史論稿』（巴蜀書社：1987）、商鴻達『明清史論著合集』（北京大学出版社：1988）、滕紹箴『満州族発展史初編』（天津古籍出版社：1990）、孫進己等などの『女真史』（吉林文史出版社：1999）、李燕光・関捷の『満族通史』（遼寧民族出版社：2003）などもある。

満州族歴史研究の論文集としては、鄭天挺『探微集』（中華書局：1980）、『清史研究集』（中国人民大学清史研究所：1980）：『清史論叢』（中国社会科学院歴史研究所：中華書局：1982）、『満族論叢』（遼寧大学歴史学部：遼寧大学出版社：1986）、王鐘翰の『満族史研究集』（中国社会科学出版社：1988）、金基浩の『満族研究文集』（吉林文史出版社：1990）、閻崇年『満学論集』（民族出版社：1999）、閻崇年の『満学研究』（吉林文史出版社：1992）、金啓孮『沈水集』（内蒙古大学出版社、1992）、莫東寅の『満族史論叢』（三聯書店：1997）などがある。

地方誌の編纂の成果としては、『瀋陽満族誌』（1990）、『広州満族簡史』（1994）などがある。

満州族歴史人物研究の成果には、以下のものがある。

閻崇年の『努尔哈赤伝』（北京出版社：1982）、孫文良・李治亭の『清太宗全伝』（吉林人民出版社：1983）、馮尓康の『雍正伝』（人民出版社：1985）、孫孝恩の『光緒評伝』（遼寧教育出版者：1985）、周遠廉・趙世瑜の『皇父摂政王多袞全伝』（吉林文史出版社：1986）、『順治帝』（周遠廉）、関文発の『嘉慶伝』（吉林文史出版社：1993）、高翔の『康雍乾三帝統治思想研究』（人民大学博士論文：1993）、徐徹の『慈禧大伝』（遼海出版社：1994）、孟昭信の『康熙評伝』（南京大学出版社：1998）、『溥杰自伝』（中国文史出版社：2001）、王思治の『清代人物伝稿』（中華書局：1984：1-9）、『満州族研究』などである。

歴史資料に関する研究は、中国社会科学歴史研究所清史研究室編『清史史料』（1-7号）、中国人民大学清史研究所編の『清入関史料選輯』（年代未詳）、遼寧大学歴史学部編の『清初史料叢刊』、李樹田の『先清史料』（1986）と、『海西女真史料』（1987）、黄潤華・屈六生の『全国満文図書資料連合目録』（書目文献出版社：1991）、富麗の『世界満文文献目録』（1983）などである。

宮廷に関する研究は、万依・王樹卿・劉路の『清代宮廷史』（遼寧人民出版社：1990）、万依・王樹卿・陸燕貞の『清代宮廷生活』（百花文芸出版社：2004）などである。

序　　論　25

4)　満州族の社会組織に関する研究は、孟森の『八旗制度考実』（中華書局：1959）、楊学琛・周遠廉の『清代八旗王公貴族興衰史』（遼寧人民出版社：1986）、定宜庄の『八旗駐防制度研究』（天津古籍出版社：1994）、姚念慈の『満族八旗制国家初探』（北京燕山出版社：1994）、杜家翼『清皇族与国政関係研究』（五南図書出版公司：1998）、劉小萌の『満族从部落到国家的発展』（遼寧民族出版：2001）、支運亭の『八旗制度与満族制度』（遼寧民族出版社：2002）などである。

5)　満州族文学の研究は、趙志輝の『満族文学史』（第1巻：沈陽出版社：1989）、鄭偉の『満族文学史』（第2巻：1989）は、満州族文学研究の最初の研究成果である。また、張佳生の『清代満族詩詞十論』（遼寧民族出版社：1993）、路地の『満族詩人詩選』（民族出版社：1991）、魏鑒勛の『雍正詩文注解』（遼寧古籍出版社：1996）などである。
　　満州族の作家、作品に対する評論は、張菊玲の『清代満族作家文学概論』（中央民族学院出版社：1990）、張秉戌の『納蘭詞箋注』（北京出版社：1996）、関紀新などの『当代満族作家論』（春風文芸出版社：2004）である。
　　満州族の口承文学の研究としては、『黒竜江民間文学』が多くの民間で採集した神話・伝説を掲載した。その他、『満族民間故事』（春風文芸出版社：1981-1983）、烏丙安の『満族民間故事選』（上海文芸出版社：1983）、宋徳胤の『紅羅女』（春風文芸出版社：1984）、富育光の『七彩神火』（吉林人民出版社：1984）、張其卓の『満族三老人故事集』（春風文芸出版社：1984）、傳英仁の『満族神話故事』（北方文芸出版社：1985）、『寧安県民間故事集成』（寧安県民間文学集成委員会：1987）、孫英・啓坤の『罕王的伝説』（遼寧民族出版社：2003）などは、神話・伝説の研究である。

6)　劉桂藤の『満族薩満教楽器研究』（遼寧民族出版社：1999）、『単鼓音楽研究』（春風文芸出版社：1991）、万依・黄海の『清代宮廷音楽』（中華書局：1985）、石光偉の『満族音楽研究』（人民出版社：2003）などは、満州族音楽研究である。

7)　食文化の研究としては、宮廷の料理を論じた呉正格の『満族食俗与清宮御膳』（遼寧科学技術出版社：1988）、林永匡・王熹両氏の『清代飲食文化研究』（黒竜江教育出版社：1991）などがある。満州族婚姻に関する研究は、楊英杰・趙玉宝『四季漂香 ― 清代節令与佳肴』（遼海出版社：1997）、張杰の『満蒙聯姻 ― 清代宮廷婚俗』（遼海出版社：1997）、定宜荘の『満族の婦女生活与婚姻制度研究』（北京大学出版社：1999）などがある。

8)　郎櫻「中国少数民族のシャーマン ― どのようにシャーマンは誕生するのか―」国学院大学21世紀COEプログラム『神と神を祀る者 ― 東アジアの神観念 ―』（2005）42-51。

第 1 部

満州族の歴史と文化

第 1 章

古代の満洲

1. 満洲の呼称

　日本では、中国の東北部、あるいは東北地方のことを「旧満洲」と表現している。かつて満洲という呼称を、現在の東北地方の地名として使っていたからである。西洋人が満洲人の土地という意味でマンチュリアと称したので、その影響を受け、日本では19世紀の初めから幕末頃にかけて、満洲という言葉を地名として使うようになった。しかし、中国では、満洲という言葉は、地名としてほとんど使われない。清朝時代には、三海関の東にあるから、「関東」あるいは「関外」と呼ばれた。中国の東の方に位置するため、東省もしくは東三省などと呼ばれてきた。今日では専ら「東北」と呼ばれている（神田：1992：4）。

　満洲とは、マンジュの発音を写した漢字である。満殊とか曼殊とかいうような文字もときに使われる。このマンジュは、通説では女真族間に盛んだった文殊菩薩（マンジュリ＝梵語 Manjusri）信仰に由来するといわれる。ヌルハチは建州女真を統一してマンジュ国と称したが、民族名は従来どおりジュシェンすなわち女真であった。ところが、1635年に至り、ヌルハチの跡を継いだホンタイジは、自らの民族名として女真と称するのをやめ、満州の呼称を用いるよう命令を下したので、それ以降は「満州族」と称するようになった。

　なお、満州族の名称は、清王朝崩壊後、「満族」と簡略化される。中華人民共和国においても、「満族」が、正式の名称となった。しかし、本書では「満州族」という名称を使うことにする。

　古来、中国東北地区ではツングース系、モンゴル系などアルタイ系語族に属す

る諸民族や漢民族が住み、お互いに対立したり、融合同化したりして暮らしてき
た。高句麗、渤海、金、清は、いずれもツングース系民族によって創建された王
朝である。ここでいうツングース系民族とは、満州（女真）族、ダフール（達斡
爾）族、シボ（錫伯）族、オロチョン（鄂倫春）族、エヴェンキ（鄂温克）、ホ
ンジェン（赫哲）族などである。ツングース系民族とモンゴル系民族とは言語や
生活形態で類似する点が多く、古くから相当親密な混血関係が成立してきた。

　満州族の祖先は、最古が先秦時代の粛慎（しゅくしん）人までさかのぼると考えられる。そ
して、秦漢時代の挹婁（ゆうろう）人、魏晋時代の勿吉（ぶつきち）人、隋唐時代の靺鞨（まつかつ）人も、満州族の祖
先で、それが遼、宋、元、金、明王朝時代の女真人になったと考えられている
（表 1-1-1）。

表 1-1-1　満州族呼称の変遷

名　称	時　　代	紀　　元
粛慎	商周	前 16C 〜前 221
挹婁	秦漢	前 221 〜 220
勿吉	魏晋	220 〜 420
粛慎	南北朝	420 〜 589
靺鞨	隋唐	589 〜 907
女真	遼、宋、元、金、明	907 〜 1644
満州族	清	1644 〜 1912
満族	中華民国、新中国成立以降	1912 〜現在

（田畑久夫ほか：1992 を参考）

2．中国東北部の自然

　中国東北部は、アジア大陸の東部にあり、西は大興安嶺を境として中央アジア
から続いてきたモンゴル草原と接し、北から東にかけて黒龍江、ウスリー江（烏
蘇里江）を境としてシベリアの森林・ツンドラ地帯と接する。そして南は長白山
脈を隔て、朝鮮半島と接し、わずか南端の一部、遼東半島の地域が海に面してい
る（図 1-1-1）。

30　第1部　満州族の歴史と文化

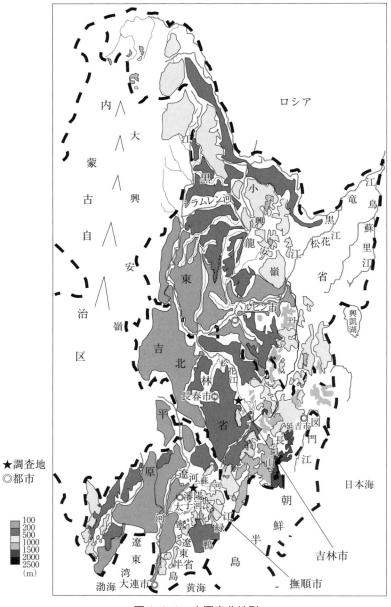

図 1-1-1　中国東北地形
（筆者作成）

この地域のほぼ中央部を占めるのは東北平原である。この平原の西部を大興安嶺が、北部を小興安嶺が、東部を長白山脈が囲んでいる。大興安嶺は、南北の長さが800km、東西の幅が200 〜 300 km、標高が1,000 〜 1,400mである。小興安嶺は、東西の長さが800km、平均標高は600 〜 1,000mである。長白山脈は、ロシア沿海州地区と朝鮮民主主義人民共和国の国境を走り、最高峰は白頭山で2,744mである。

東北平原は、南北方向が1,000km、東西方向が400kmで、面積は35万km^{2}である。日本全土の面積にあたるほどの大きさをもつ中国最大の平原である。この平原を潤しているのが、黒龍江（ロシア境内ではアムール川と呼ばれる）である。黒龍江はシベリアの東南部を東流し、日本海に注ぐ。中ソ国境上に2,000kmの黒龍江とその支流のウスリー江（烏蘇里江）が800 kmにわたり流れる。また中朝国境に444 kmの図們江（豆満江）と795kmの鴨緑江が走っている。

黒龍江の最大の支流は松花江で、全長1,840km、流域面積は52万km^{2}である。東北地方第2の大河は 遼 河で、全長1,430km、その大部分が遼寧省を流れている。

東北地方の冬の気温はきわめて寒冷で、平均してマイナス15度以下のところが多い。そのため、北部を流れる黒龍江や松花江は、実に5〜6ヶ月間も結氷し、南部を流れる鴨緑江や遼河でも冬季3ヶ月は氷で閉ざされる。夏季の平均気温は20度前後である。東北地方の年降雨量（図1-1-2）は、平均500 〜 600mmで、それらは夏の季節風によるもので、6 〜 8月の3ヶ月間に60％がもたらされる。

東部の小興安嶺一帯には、温帯落葉広葉樹林帯が分布し、カエデ、トド、ニレ、カバなどの樹種の混合林をなす。西部地域は、多年性の禾本科を主とする大草原である。そして標高1,000 〜 2,500mの長白山脈には、寒帯針葉樹が分布し、その種々の主なものはチョウセンゴヨウマツ、カラマツ、エゾマツ、ヨーロッパアカマツなどである。森林地帯には、シカ、テン、キツネをはじめとする多種類の野生動物が生息している。黒龍江流域の水産資源はきわめて豊富で、コイ、フナ、タナゴ、ケツギョ、ミゴイをはじめとし、サケの仲間やイトウオの仲間などの魚がいる。

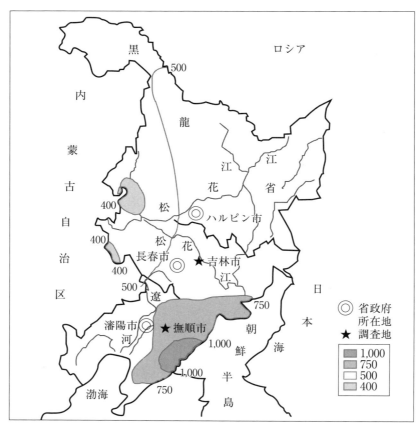

図 1-1-2　東北部の年降雨量
（成都地図出版社：2002 より）

3. 満洲の原初形態

　渤海湾に近い、遼寧省営口県金牛山(きんぎゅうさん)で、厚さ2mに達する灰層が発見された。それは、およそ15万年前のものといわれている。その旧石器時代遺跡から、この時代、この地域に人類が生活していたことが、明らかとなった（三上：1966:180）。

第1章 古代の満洲　*33*

　新石器文化は、地域色を持ったいくつかの文化類型に分けられる。すなわち、東部山谷地区、遼河平原地区、西部草原地区、熱河丘陵地区の4つの地区的文化区である。このように、多くの文化区に分かれるのは、この地方がアジアの三大風土帯、すなわちシベリア方面の狩猟・森林地帯、蒙古高原を中心とする牧畜・乾燥地帯、中国を中心とする農耕・湿潤地帯の三風土帯の東端における接触点という複雑な風土地理的条件を持っていることによる。この条件がこの地方の歴史的推移におよぼす影響は、少なくなかった。こうした石器時代文化を背景に満洲地方の古代史の幕は開かれた（三上ほか：1957：336）。

4. 古代諸国家の進出と満洲の諸部族

4.1 最古の満州族祖先

　満洲は古く遼東の名で知られているが、これは燕秦戦国時代（前475～前221）、漢時代に遼東遼西の二郡がこの地方に置かれたためである。

　この地方には先秦時代、粛慎人が居住していた。中国は、粛慎人の住地を蔑視し、あまり顧みなかったが、戦国時代の紀元前3世紀の初め頃、燕の積極的な進出が始まり、熱河山地の南部と遼東半島は燕の支配下にはいった。燕の進出は、東胡人や濊人の南下を防ぐためであった。燕の長城建設はそのあらわれであった。

　紀元前3世紀の後期、中国を統一した秦の始皇帝（前238～210）はこの地方に右北平（今熱河の平泉）・遼西（今の熱河の朝陽）・遼東（今の遼陽）の三郡をおいて支配を強めた。この郡制はそのまま漢代に引き継がれた。

　後漢（25～220）から魏（220～265）、西晋（265～316）に及ぶ時代、東北の地は胡と呼ばれる遊牧民族と高句麗の強大な武力によって支配され、漢民族による郡県支配は有名無実と化した（三上・神田：1989：206）。

　現在の満洲の地には、扶餘、高句麗の他、東に挹婁、沃沮、濊貊があり、南には韓、西には烏丸（烏桓）、鮮卑の諸族が存した。

　その中に、挹婁が長白山の東、粛慎の国にいたことが記録にみえている。挹婁は射弓に堪能で楛矢を用い、貂皮を取り、竪穴を家とし、盛んに猪を養い、山林

34 第1部 満州族の歴史と文化

平野の間を馳駆する生活を営んでいた。この挹婁が満州族の遠い祖先と考えられる。

　ちなみに、後述の満州族の神話やシャーマンの神歌でみるように、長白山はしばしば満州族の始祖が誕生した地とみなされている。

4.2　女真の興起 ― 黒水靺鞨 ―

　女真族は、唐代に黒水靺鞨と呼ばれたツングース系の一部族の後裔である。5世紀ごろ、松花江下流、黒龍江下流および沿海州地方に勿吉とよばれる国があり、「東夷のなかでは最強」といわれるほどの勢力があった。勿吉は、北魏の延興年間（471～476）に北魏に朝貢し、太和17年（493）には500余人の大使節団を北魏に送った。しかし、勿吉は、北斉（550～577）の勃興にともない、滅びた。それ以後は勿吉の遺民は靺鞨と呼ばれるようになった。勿吉と靺鞨は文字が異なるが、同じ音を写したものと考えられている。勿吉は、もともとは数十部にわかれ、あるものは高句麗に、あるものは突厥に付属していた。しかし、勿吉が滅びたころの靺鞨は7部に分かれ、南は吉林地方、北は黒龍江下流、東は日本海岸、西は嫩江流域にまで分布していた。

　その7部とは、粟未（粟末の誤り）部、伯咄部、安車骨部、払捏部、号室部、黒水部、白山部である。その中でも中央山岳地帯に住む粟末部は粟、麦などを植え、素朴な農業を営み、豚や馬を飼うなど、ある程度豊かな生活水準を維持していた。北部（黒龍江下流）に住む黒水部は、寒冷な気候で農業が営めないため、毒矢で禽獣を射るといった狩猟を生業し、また穴を掘って居住するなどの生活を送っていたようである（内田・田村ほか：1997：347）。

4.3　渤海国の興亡

　7世紀後半以後、遼東、遼西地方は唐王朝の支配するところとなり、その中心は営州（今の朝陽）であった（図1-1-3）。7世紀の末、契丹、靺鞨、高句麗の諸族が唐王朝に対して反乱をおこした。この反乱はまもなく鎮圧された。しかし、この反乱にくわわった諸族の中から、高句麗の遺民を名乗る大祚栄が台頭し、唐王朝の圧力をはね返し、「震国王」を名のった。これは698年のことであった。713年、大祚栄は唐王朝の冊封をうけ、渤海国を建国した。渤海は積極

的に唐王朝の制度・文物を取り入れ、国家としての体制を整えていった。渤海の領域は、その盛時には、今の黒龍江省南部、吉林省、朝鮮半島東北部、沿海州南部などを包括した広大なものであった。中央には三省六部七寺をおき、地方は15府62州にわけられ、その下に多数の県がおかれたという。これは満州族の祖先が築いた初の国家であった。しかし、926年、渤海国は西方から勢力を伸ばした契丹族の遼国に滅ぼされた（三上：1966：212）。

遼時代（916〜1125）になると、南方移住に意欲的だった黒水靺鞨は次第に松花江をさかのぼり、東北中央部に勢力を広げた。遼は黒水靺鞨のことを女真あるいは女直と呼び、遼の支配下においた女真族を熟女真と呼び、遼の直接支配を受けない女真族を生女真と呼んだ。金王朝を建設した完顔部は、生女真の中の一部族であった（図1-1-3）。

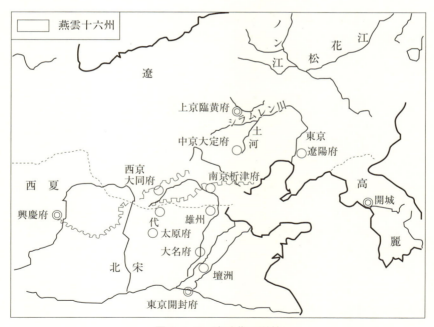

図1-1-3　遼時代の形勢
（三上・神田：1989：221）

4.4　金王朝の成立

　黒龍江省ハルビン東方を流れる阿什河流域に定住した女真族完顔部の女真族は、その河に砂金を発見したことから力を蓄えた。遼との戦いに勝利した完顔部の阿骨打は1115年、皇帝の位につき、国号を大金とし、金国を立てた。金国は満州族の祖先によって建てられた2番目の国家であった（図1-1-4）。

　金代の女真人には猛安謀克制度が適用せられた。猛安謀克制度とは、行政制度であり、同時に軍事制度でもあった。謀克とは、邑長またはムコンダという意味の女真語である。この制度では300部落を部落構成の単位としてこれを一謀克とし、その長を謀克と名づけた。さらに10謀克部をあつめて一猛安謀克部を組織し、これを猛安によって統率させた。猛安とは千という意味である。

　謀克部はまた軍管区の基本単位でもあって、一謀克から100名の兵が徴発され、これによって一謀克軍を編成し、謀克部の長である謀克がこの部隊を指揮した。さらに10謀克軍を集めて一猛安軍を編成し、猛安がその指揮にあたった。一猛安軍は約1,000名の兵で組織されたわけである。猛安には千の語意があるの

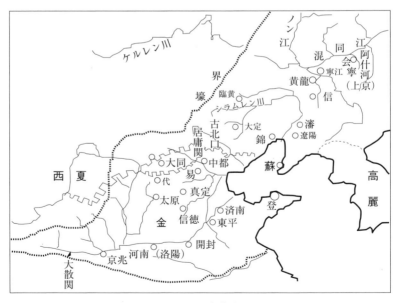

図1-1-4　金代要図
（三上・神田：1989：221）

はそれゆえであった。

このような軍民一体の組織によって、金は中国を支配した。清朝の八旗制度も猛安謀克制度に基づいて作られたものであったといわれている。

金はその後、華北に侵入し、燕京（今の北京）に遷都したが、華美な風俗に染まった女真人は固有の文化を忘れて漢化した。皇帝は女真文字を学ばせて伝統文化を守ろうとしたが、漢化を防ぐことはできなかった。

1234年、金はモンゴルと宋の連合軍によって滅ぼされ、生き残った者の一部は故郷の東北地区へ戻った。

4.5　元代の女真

元代（1279～1368）、女真人の大部分は現在の遼寧省一帯に住み、農業に従事し、高麗人や漢人と雑居した。しかし、現在の黒龍江省や吉林省に住んだ女真人は古い習俗を守り、狩猟と素朴な農業を生業とし、部ムコンダを中心とする生活を送った。

4.6　明代の女真

女真は五代（907～960）のころ、「女真」といい、のちに「女直」と書かれるが、本書では「女真」に統一する。

明（1368～1644）の東北進出が始まった14世紀ころ、女真族は狩猟や遊牧を続けるだけの存在になっていった。女真族はモンゴル族ほどの移動性はなく、どちらかといえば、定住に近かったが、ときどき移動し、狩猟民族としての特徴を示した。

永楽帝（在位1402～1424）が即位すると、永楽帝は即位後、女真各地に招撫使を派遣し、女真人の帰属を促した。これによって、1403（永楽元）年5月、女真人買里的（バイリディ）らが来朝し、同年11月には阿哈出（アハチュ）が来朝したので、建州衛軍民指揮使司が開設され、阿哈出が初代の指揮使に任ぜられた。

永楽年間に来朝したこれらの女真人の首長には、都督、都指揮、指揮、千戸、百戸、鎮撫などの役職が授けられた。こうして女真各衛と明国との間には君臣関係が成立した。女真の衛は1404（永楽2）年に7衛が親切され、以後着実に増加し、1405（永楽3）年から15年にいたる間に170衛が設けられ、万暦年

間〔1573 ～ 1619〕には総計 384 衛におよんでいる。これらの女真諸衛は明国の兵制にあっては、五軍都督府所属の衛所とは区別され、「羈縻衛所」と称された。注目すべきことは、「羈縻衛所」としての女真各衛が『明史』巻 19、兵志、衛所の条に記載されていることである。女真は関外（山海関以東）に住む異民族でありながら、制度上では明国の軍制に編入され、五軍都督府と同列に位置づけられ、明国の内臣としての扱いをうけている。この処遇は異例であるといわねばならない。しかも現実には女真人は異民族であるから朝貢を義務づけられていた。

　狩猟民族の女真族は、もともと狩猟を基礎に採集、遊牧、農耕などを生業とし、基本的には閉鎖的な自然経済の中で暮らしていた。しかし、明代になって、朝貢貿易という形で交易が成立することによって、次第に自然経済から抜け出すようになった。明との交易では、狩猟によって捕獲される貂、狐、虎、豹などの毛皮、採集によって得られる薬用人参、薬草、真珠、玉、金などが主な提供品となった。一方、女真族がほしかったのは絹や綿の織物であった。

　明代の女真は、海西、建州、および野人の 3 種に大別される。海西の名は松花江の西にあることに由来している。建州は依蘭県地方に渤海時代建州が存したことによるのである。この 2 種は地名に基づいたものである。野人女真は文化が極めて低度であることによった名称である（図 1-1-5）。

①　野人女真

　野人女真は、黒龍江中・下流域であった東方沿海州一帯に居住した集団であり、ギリヤークのゴルドなどの種族を含んでいた。かれらは、その名のとおり最も未開の生活形態を維持し、もっぱら狩猟や漁猟によって暮らしていた（辻・中野ほか：1992：220）。

②　海西女真

　海西女真は、長春からハルビンにかけての松花江北にあった集団であり、漢人の農耕文化を受容し、3 つのグループでは最も進んでいた。

③　建州女真

　満洲は明として捨て置けぬところで、明は建州衛と別に建州左衛を設けた。のちに清朝をたてたヌルハチは建州左衛の後裔だという。建州左衛初代の首長、猛哥帖木児の父親は揮厚という名で、元朝末期、豆万（万戸の意）の役職を有した女真豪族であった。猛哥帖木児はその長とするに至った（稲葉・矢

図 1-1-5　明朝時代の女真地方
（三上・神田：1989：221）

野：1940：445)。

　建州女真の一団は、今日の依蘭県地方（吉林省）にあって、明の統治に降服していたが、次第に野人女真あるいは海西女真の発展拡張のために動揺するに至り、衛の設立後間もなく南に移動するに至った。

　建州女真は 3 度の南下を経て、現在の遼寧省新賓満州族自治県に到来した。

4.7　ヌルハチの登場 ── 後金国の成立 ──

　明末 1583 年、建州女真のムコンダのヌルハチは兵を起こし、三十数年の歳月をかけて、海西女真と野人女真を征服し、女真内部の統一を完成させた。そして、1616 年、ヌルハチはアトアラ（遼寧省新賓満州族自治県の赫図阿拉城）で元帝国の王の名称を継いで、ハン（汗）と称し、後金王朝を築いた。

　後金国の国家の構造は八旗制であった。八旗は、8 個のグサ（固山）という軍団からなるが、各グサは、黄、白、紅、藍の色と縁どりの有り無し 8 種類の旗のひとつを標識としているので、漢語で八旗と呼ばれたのである。縁どりのないのを「正」、あるのを「鑲（じょう）」といい、例えば、「正黄旗、鑲（じょう）黄旗、正白旗、鑲（じょう）白

40 第1部 満州族の歴史と文化

旗」というように称した。

　女真人は、狩猟や戦争の際には、10人単位で行動し、各人矢を手に持って目印としたので、この10人一組みの単位を満州語で矢を意味するニル（牛录）の名で呼んだ。ニルは軍事組織でもあるし、狩猟組織でもあった。

　ヌルハチは、このニルを300人の男子を一単位とするニルに再編制した。兵士や人夫を出すとともに、軍馬や装備、食料などを負担するニルを八旗制度の基本単位とした。そして、5つのニルが一ジャラ（甲喇）、5つのジャラが一グサ（固山）とする八旗制度を作り上げた。グサとは旗である。ヌルハチも正黄旗、鑲黄旗の旗主にすぎず、ほかの旗主には彼の男児や甥の中で有力な者がついた。

　女真人は、すべて八旗に所属したので、八旗制度は軍事制度であるとともに行政制度でもあった。後にモンゴル人や漢人に帰順するものが多くなると、彼らをモンゴル八旗や漢軍八旗に編成し、本来の八旗を満洲八旗と称した。その後、八旗制度は20世紀はじめまで清代を通じて存続し、旗に属する者は旗人と呼ばれ、一般漢人（民人）と区別された。

4.8　清王朝の成立と東北地方への漢族の流入

　清朝の歴史を整理すると、初代ヌルハチが、1616年に後金国を建設した後、1636年、その子ホンタイジが清朝皇帝となった。1644年、2代順治帝が北京に遷都し、次いで康熙帝、雍正帝、乾隆帝の3代（1661〜1796年まで）の間に版図が拡大し、沿海州と外モンゴルも含む中国史上最大の版図を獲得するに至った（図1-1-6）。

　1911年の辛亥革命により中華民国に替わられるまで、清は12代295年続いた。

　しかし、清朝時代は、同時に漢族の満州族の地である東北地方への流入が強まる時代でもあった。

　清は、東北地方にも中国式の府、州、県を設けてこれにより漢族の統治を試みた。まず1653年、遼陽府を置いたが、1657年、これを廃して新たに盛京（瀋陽）城内に奉天府を設け、遼東に承徳県、遼陽県、海城県、蓋平県、寧海県、開原県、鉄嶺県、復州を置き、遼西に錦州府、錦県、寧遠州、義州を置いた。

　清の中国支配が確立して社会が安定した康熙・乾隆時代には、華北から東北の土地への漢族流入がさらに増大した。そのため、1740年、東北地方への漢族の

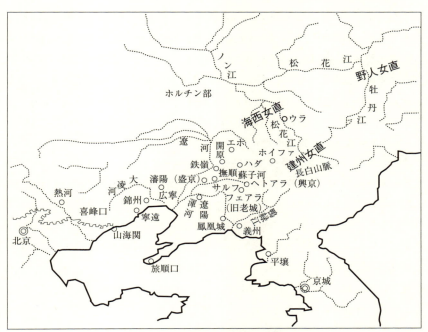

図 1-1-6　清朝興起時代の清の領域
(三上・神田：1989：276)

流れを阻止する禁令が出された。いわゆる封禁令で、すでに流入した漢族で奉天府に入籍を希望する者は保証を立てて許すが、希望しない者は今後10年間に原籍地に還すというのであった。そして1750年には、ちょうど10年の期限となったので流入者を原籍地に還すとともに、山東をはじめとする沿海五省の総督、巡撫に海上の密航者を取り締まらせたほか、遼東沿海や三海関などの辺門の監視と警備を厳重にすることにした。しかし、河北や山東方面から飢民流入はやまなかった。満州族も一定の漢族の労働力を必要とした。それゆえ、1761年には商人や職人および単身の労働者の奉天居住を許すことに至った。

　いまや南の遼河下流地域ばかりでなく、北の松花江流域にも漢族が盛んに進出してきた。雍正時代（在位1722〜1735）、漢族を統制するため、松花江畔の吉林に奉天府尹の所属として永吉州を設けていた。1810年、さらに北方に伯都訥庁を設けた。

42 第1部 満州族の歴史と文化

　また元来モンゴルのゴルロス部の所領であった松花江西方の地域にも、18世紀末ごろから漢族の流入者が増えたので、1800年に長春庁をおいて治めた。さらにその北方の地域にも漢人が多数流入したので、その統制のため、1806年、昌図に通判一員をおいた。その後、さらに北方の黒龍江将軍管轄の地方にも漢族が流入し、19世紀後半には彼らによって呼蘭平野の開発が進められた。また朝鮮と隣接する鴨緑江の右岸の土地は、清初以来、無人の地帯とされていたが、いつしか漢族が流入して開墾が進んだ。

　清代に東北に流入した漢族は、ほとんどが河北や山東の出身者で、とくに山東省の者が多かった。山東は耕地が少なくて貧民が多く、地理的に海上から遼東へ渡来するのに容易であったためである。流入してきた漢族は初め掘立小屋を造り、苦労して荒地を開墾し、次第に村落を形成していった。掘立小屋を中国語で窩棚という。現在東北地方に李家窩棚、范家窩棚という地名があちこちに存在するのは、その名残りである。そして漢族は、満洲人の所有していた旗地や王公の荘園、官荘にも入りこみ、最初は小作人として耕作したが、やがて経済力を蓄えて土地の所有権を得、地主となった。満洲人を入植させるはずであった拉林や双城堡の開墾も、実際ははじめからほとんど漢人の労力によって行われ、結局漢人の土地と化してしまった。こうして東北に流入した漢族はおおむね農民となったが、続いて彼らを追って河北や山西から商人が進出してきた。なかでもとくに大きな経済力をもって活動したのが焼鍋すなわち焼酎の製造業者である。アルコールの強い焼酎は寒冷な東北農民に愛好され、需要が多かったので、開発の進展もともなって焼鍋の数は著しく増加した。しかも彼らは焼酎の製造ばかりでなく、穀物の売買や高利貸など商業金融面でもおおいに活躍した。

　要するに、19世紀後半、漢族の流入によって東北の開発は著しく進み、人口も増えた。20世紀の初めにかけて奉天、吉林、黒龍江の各地に新たに多くの府・州・県・庁などが設けられ、昇格して、地方行政制度も整えられた。そして、東北が外国同士の戦場となった日露戦争以降、清は主権維持のため、1907年に、東三省総督と奉天、吉林、黒龍江の各巡撫を新たに設け、名実ともに中国内地と同様の省制が敷かれるに至った。それからまもなく辛亥革命がおこり、1912年清が滅亡したときには、東北はすでにほとんど漢族の住地と化していた（三上神田：1989：281-287）。

第 2 章

現代の満州族

1. 言　　語

1.1　満州語の特徴

　満州族語は、アルタイ・ツングース語族に属するが、北東アジアに住むツングース語群の民族の中で、比較的早くから文字を持ち、その歴史の記録も行っている。満語文字は 16 世紀末（ヌルハチ時代）にモンゴル文字を借りて創られた。17 世紀半ば以降、漢族との交流によって漢語の使用が一般化し、現在ではわずかに東北地域の辺地の一部で満語が使われるにすぎない。しかし、満州文字の創出は社会の発展と対外交流を促し、満州文化の進歩を推進した。

　満州語は文法的には日本語や朝鮮語、モンゴル語、トルコ語と似て、助詞をもって主語や目的語を示すとともに、主語 — 目的語 — 動詞の順に並ぶなどの特徴がある。文字はモンゴル文字を模倣して、圏点をつけて、若干改良したものであるが、縦書きで、行は左から右へ進んでいく。この文字は、アラビアやインドの文字の源流となった古代地中海世界のアルファベット（ギリシア文字・ラテン文字の源流でもある）にまでさかのぼることができる表音文字である。満州文字は、語頭・語中・語末まで少しずつ形を変えることが特徴である。今日でも、満州文字は、瀋陽、北京の門の上や宮殿の建物の入り口の上にある額に漢字と並んで掲げられている。

44 第1部　満州族の歴史と文化

1.2　満州語の現状と言語の消滅

　満州語はすでに清朝中期から支配層で使われなくなり、現在、東北部ではほぼ死語に近い状態である。しかし、清朝初期では「国語」として、清朝の政治、経済、外交、宗教および日常生活など幅広い場面に使用され、大量の文献を残した。

　清朝政府と満州族は、満州文字や満州族の伝統文化を中心にした教育を非常に重視していた。清朝政府は、東北地方各地に、満州語を教え伝える学校を設立した。

　清朝時代、フランス、ドイツ、イタリア、イギリスなどヨーロッパの国から多くの宣教師が中国へやって来た。かれらは、満州語をはじめ満州族の歴史や文化などの研究も行い、満州語に関する本をも著した。フランス人宣教師 J・F・Gerbion（漢名「張誠」）によってラテン語で書かれた『満州語入門』が 1696 年にフランスで出版された。また、ロシア人ジャハロフの『満州語・ロシア語大辞典』（1875）、『満州語文法』（1879）がロシアで出版された（汪：2007：194-195）。

　清朝中期以降は満洲貴族すらも満州語ができなくなり、しばしば学習の必要性が訴えられている。民族性を喪失することに対する危機感は「国語騎射」問題といわれ、言語と騎馬戦士であることに満州族固有のアイデンティティが求められていた。しかし、20 世紀初頭の清朝瓦解を待つまでもなく、大半の満州族はそれ以前から主に漢語を使って生活するようになっていた。

　1956 年から、中国政府は、満州族の言語や社会についての総合的な現地調査を実施し、その実態を明らかにした。その結果、満州語は辺境地帯に住んでいる一部の満州族の年輩者の間で使われているだけであることが明らかになった。1960 年代の初めに、北京の中国人民大学に満州語の言語学者を中心とする「清史研究所」が設立された。さらに、1985 年に黒龍江省に「黒龍江省満州語研究所」（現在の黒龍江大学の満州族言語文化中心）が設立され、機関誌『満語研究』が発刊されはじめ、現在も続いている。

　筆者の調査によると、吉林省満州族の居住する韓屯村では、80 歳以上の高齢者は満州語の単語を知っていて、使用している。たとえば、哈什房（倉庫）などの言葉である。吉林省の満州族のシャーマンも儀礼の際、満州語で神歌を唱えている。

2. 満州族自治県

　中国政府は少数民族問題を解決する政策のひとつとして、少数民族区域自治の方針を採用し、1954年の憲法において、自治区、自治州、自治県という少数民族自治制度を創設した。

　中国の行政制度を概観するなら、まず中央政府の元に4直轄市（北京、上海、天津、重慶）、そして23省と特別行政区（香港、マカオ）が設置されている。これらは1級の行政区と呼ばれている（日本の都道府県に当たる）。2級の行政区としては、市が置かれている。この市は直轄市と区分するため、地級市と呼ばれている。

　さらにその下の3級行政区あるいは県級行政区として、市（県級市）と県が存在する。

　3級行政区の下には、4級行政区として郷鎮が設けられている。これは日本の町や村に該当するのである。

　一方、少数民族居住地域の場合、1級行政区分としては、5自治区（内モンゴル、新疆ウイグル、寧夏回族、チベット、広西チワン族自治区）があり、2級行政区域には自治州（内モンゴル自治区の場合は、盟と呼ばれる）、3級行政区には自治県（内モンゴル自治区の場合は、旗と呼ばれる）、さらに、4級行政区としては自治鎮、自治郷がある。

　満州族の場合、自治区や自治州はないが、満族自治県が13県設置されている。そのうち、遼寧省には満州族自治県が8つある。

　この他、満族自治鎮、自治郷も多数存在する（表1-2-2）。

3. 満州族の人口

　清朝時代に満州族の人口は、440万人（漢民族は3億人）と推定されている。

　現在満州族の人口は、1,000万人に達し、東北の遼寧、吉林、黒龍江という3つの省が主要な居住地である。とりわけ、遼寧省に多く、満州族総人口の50%

表1-2-2　中国満州族自治県一覧表

所属地区	満族自治県名称	政府所在地	成立年月日
吉林省	伊通満州族自治県	伊通鎮	1989.8.30
遼寧省	新賓満州族自治県	新賓鎮	1985.6.7
	岫岩満州族自治県	岫岩鎮	1985.6.11
	鳳城満州族自治県	鳳城鎮	1985.6.13
	清原満州族自治県	清原鎮	1990.6.6
	本渓満州族自治県	小市鎮	1990.6.8
	垣仁満州族自治県	垣仁鎮	1990.6.10
	寛甸満州族自治県	寛甸鎮	1990.6.12
	北寧満州族自治県	広寧鎮	1990.6.15
河北省	青龍満州族自治県	清龍鎮	1987.5.10
	豊寧満州族自治県	大閣鎮	1987.5.15
	寛城満州族自治県	寛城鎮	1990.6.13
	囲場満族モンゴル自治県	囲場鎮	1990.6.16

（田畑久夫ほか：1992を参考）

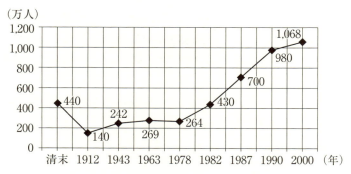

図1-2-7　満州族登録人口の変遷
（清代と中華民国時代の数字は、劉正愛〈2006：114〉によるが、その中に清代末期の満州族人口は「4400」と記載され、誤認と考えられるため、「440」と修正。）

弱が居住している。その他、河北省、内蒙古自治区、新疆ウイグル自治区、北京、成都、広州、福州、済南などの都市にも居住している。『2000年人口普査中国民族資料』（民族出版社：2003）によれば、満州族の人口は次のように変化してきている（図1-2-7）。

人口の変化をみると、中華民国時代の満洲族の人口の減少が目を引くとともに、1982年から1990年代までの8年間に満州族の人口が急激に増加している。人口の変化は各時代の民族政策を反映している。

清王朝崩壊後の中華民国時代には、孫文らがとった「大漢民族主義」という漢族中心主義とこれを連動した満州族排撃運動によって、自ら満州族と自称しなくなった満州族が多くなったためである。満州族敵視政策が共産党政権誕生後も続いた。そのため、満州族には自民族であることを隠して漢族として登録するものが多かった。特に、文化大革命時代、多くの満州族は漢族として登録した。文化大革命が終息し、1984年に少数民族の優遇政策が取られ始めた結果、身分をいつわってきた人々が自らの出自を明らかにするようになった。満州族自治県の設立に際しても、漢族として登録していた満州族の者に対して満州族への登録変更が勧められた。また、漢民族でも満州族との結婚によって満州族として登録することが可能となった。これらのことが満州族人口の増大に寄与している。

第 3 章

経 済 生 活

1. 生 業

　『魏志・東夷伝』によると、紀元3世紀ごろ、満州族の祖先であった挹婁は、深い穴に住み、ブタを飼い、その肉を食べ、その皮を着し、その脂を膚に塗って、寒さをしのいだという。また五穀、麻布、牛馬もあった。挹婁は、長さ4尺の強い弓と、青石のやじりをつけた長さ1尺8寸の楛矢を使用し、さらに毒矢も使用して隣国の人々を悩ましていた（三上・神田：1989：206）。

　遼代になると、女真人は素朴な農業と狩猟で貧しい生活を送った。金代の砂金の発見によって、増大した富によって、金代の完顔部が金国を成立させた。元代の女真は、狩猟と素朴な農業を生業とし、部族の長を中心とした生活を送った（三上・神田：1989：236-237）。

　明代になると、最も北方の野人女真は未開の生活状態で、狩猟や漁猟の生業を続けていた。海西女真は漢人の農耕文化の影響を受けて、農業が3つの集団のなかで最も発達していた。建州女真は明との毛皮や朝鮮人参の貿易によって、富を積んだ。その貿易で得た財力で耕地を広げ、私兵を養うことによって、ヌルハチによって後金国が建てられ、その子ホンタイジによって清王朝が成立するに至った。それに伴い、満州族の生業は、次第に狩猟から農業へと変化してきた。現在の満州族の主な生業は農業である。

第3章 経済生活　49

2. 衣

2.1 旗袍

満州族の伝統服装は、旗袍(チパオ)（チャイナドレス）である。旗袍とは、旗人の衣裳という意味である。満州語で「衣介(イジェ)」と呼ばれている。

旗袍は、もともとアルタイ系騎馬民族の乗馬服であった。彼らは乗馬に便利なように、長衣のすその前後左右4ヵ所に切れ目を入れていた。やがて左右の2ヵ所になり、満洲八旗人の服装となり、清朝に入って漢民族にも広まった（写真1-3-1）。

昔旗袍は男女に分けずに着られていた。男女の旗袍の様式も同じであった。時代の変化にともない、女性の旗袍に刺繍の模様や、縁どりがつくようになった。そして、女性の旗袍の色は年齢によって異なった。未婚の女性の旗袍が赤色で、中年女性の旗袍が紫色で、老年女性の旗袍が青色であった。

現在の旗袍は、袖が殆どなくなり、スタイルが細くなり、デザインが多様化している。

現在服装が西洋化し、男性はシャツにズボン、女性はブラウスにズボンかスカートという服装になっている。筆者が調査した満州族の村では、少数の老人た

写真1-3-1　清朝時代男女の旗袍

50　第1部　満州族の歴史と文化

写真 1-3-2　現在儀礼を行う時のシャーマンたちが着る旗袍

写真 1-3-3　現在の満州族の嫁が着る結婚式の旗袍

写真 1-3-4　洋風のウェディングドレス

ちが旗袍を持っているが、着る機会はほとんどない。しかし、儀礼を行うとき、シャーマンが旗袍を着装している（写真 1-3-2）。女性が結婚式に旗袍を着ている（写真 1-3-3、写真 1-3-4）。

2.2　弁　髪
（1）　女性の弁髪

　満州族女性の髪形は「両把頭（りゃんぱあとお）」として知られている。すなわち、髪を2つに分けて頭の頂で2つの髷とする。この髪形は、最初貴族女性だけが飾ったもので

写真 1-3-5　清代女性の弁髪　　写真 1-3-6　復元した満州族女性の弁髪

あったが、だんだん民間にも広がった。中年以上の女性の髪形は、頭の頂に 1 つの大きな髻を束ね、金あるいは銀の簪（かんざし）で飾る（写真 1-3-5、写真 1-3-6）。

（2）男性の弁髪

　頭髪を剃って一部を残す習俗は、北方諸民族に共通するが、満州族は、残された後頭部の毛髪を編んで長く背後に垂らす形式を取ったので、西洋人から「ピッグティル」（豚の尾）と呼ばれた。満州族は中国を支配した後、これを漢民族にも強要し、僧侶、道士以外の男子で弁髪を拒否すれば、厳罰に処すとして、「頭を留めんとすれば、髪を留めず！　髪を留めんとすれば頭を留めず！」との制札をたてた。つまり、それは、首を切られたくなかったら髪を切れ！　髪を切らない者は首を切るという意味である。このため、「ピッグティル」という男性の髪形は、清末まで中国人全般の習俗となった。しかし、辛亥革命以降、男性の弁髪は禁止された（写真 1-3-7）。

3. 食

　正月には餃子と粘性の粟餅がたくさん作られる（写真 1-3-8）。
　現在、満州族の主食は米であるが、小麦粉や玉蜀黍粉で作られた麺類も食する（写真 1-3-12、写真 1-3-13）。副食は野菜、山菜、豚肉、鶏肉、魚である（写真

写真1-3-7　瀋陽故宮で出迎えた弁髪男性

写真1-3-8　庭で冷凍している正月料理の粟もち

写真1-3-9　庭で冷凍している正月料理の豆腐

写真1-3-10　冬季特有のサンザシ串

写真1-3-11　結婚式の豚肉料理

写真1-3-12　庭で冷凍している正月料理の餃子　　写真1-3-13　トウモロコシ粉で作られた酸湯子

1-3-9、写真1-3-10、写真1-3-11)。農耕の時期には一日三食であるが、冬の農閑期には、二食しか取らない家庭も多い。冬の副食はさつま芋と白菜を主にし、単調である。

4. 住

4.1　家屋の構造

　満州族の家屋は通常3間であるが、4間や5間の場合もある。1間は長さ約4mで、幅約6mである。家屋の壁は、石や原木を積んで、黄土の泥で塗り固めて築かれている。金持ちの家屋ではレンガを築いて瓦を葺くが、普通の家屋の屋根には草を葺く。2本の長い煙突がその家屋の両側面にある（写真1-3-14）。

4.2　室内の構造

　家屋の構造は2つある（図1-3-8）。戸口が家屋正面の右端に位置する構造（図1-3-8左）と、戸口が家屋の中央に位置する構造（図1-3-8右）である。
　第1ケースの家屋は、西側に2間の広さの部屋と1間の厨房に相当する土間からなる。西側の部屋は、長矩形の生活室である。その南面は窓がある。土間の東側面にも大きな窓が開けてあるが、北側には普通窓はない。
　第2ケースの家屋は、西室、中央の土間、東室に分かれる。西室と東室は、生活室に用いるが、土間は厨房である。満州族は西方向を尊んでいたので、西室が

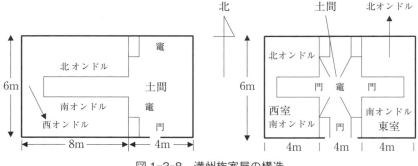

図 1-3-8　満州族家屋の構造

写真 1-3-14　百年以上の愛新覚羅氏族 2 世帯の 3 間家屋

年長者および客人の用に供せられ、東室は世代の下の人に供せられる。

　部屋の内部は内屋と外屋に分かれる。

　外屋とは、竈が設けられた厨房に相当する土間である。土間には、2つ、3つあるいは4つの竈の焚き口があって、その煙は床下に設けられた煙の道の中を通り、煙突から出ていく。このオンドルによって、室内をあたためる。マイナス20度の厳冬に、オンドルが室内の唯一の暖房装置である。内屋に竈を作る場合もある。鍋は、竈の上に作り付けてある。中央の土間には竈のほかに、炊事用具とともに塩漬け野菜、味噌、水、薪などが置かれている。

　内屋とは、オンドルがある生活室である。内屋には南、北、西の三面にオンド

ルがある。オンドルとは、朝鮮語の「オンドル」の意であり、漢語の「炕」で、満州語の「ナハン」である（写真1-3-15）。

　第1ケースの場合、内屋は西室の1つだけである。第2ケース場合、内屋は東室と西室の2つである。

　オンドルは粗製のレンガで造られ、地上約2尺〜2.5尺の高さである。このオンドルは内屋の床下面のほとんどすべてを占めている。

　西オンドルはやや細めになっていて、ここは上座とされる。西オンドルの壁際には、大きな木櫃を据え、その上に日常は花瓶や鏡のような物を並べるが、儀礼の日には供物を置く。西オンドルには刀や斧、それに小物を置いてはならず、客と女性も座ることができない。西壁の上部中央には神棚である祖宗板を供えて、神の座としている。

　北面のオンドルには世代の上の人で、南のオンドルには世代の下の人が、頭をオンドルの一端に、足を窓側に向け風を避けるようにして寝る。

　南面のオンドルの西端には炕琴櫃（カンチンギェ）（木製のたんす）という家具が取り付けられていて、布団と衣類が置かれ、西のオンドルに寄せて、八仙卓（パァシェンズォ）（8人掛けのできる長方形の机）が置かれる。

　満州族はオンドルの上で眠り、食べ、かつ彼らが家庭に居る時の時間をすべて過ごす場である。昔の大家族では40人ぐらいが寝られた。現在、オンドルは核家族が多いため、北オンドルだけの構造が多い。

写真1-3-15　室内の三面オンドル

56 第1部 満州族の歴史と文化

　現在、満州族の家屋は瓦屋根が多く、大きな部屋は仕切られて小さな部屋に代わり、古めかしい炕琴櫃^{カンチンギェ}は戸棚や洋棚たんすにかわり、八仙卓^{パァシェンズォ}は事務机や小机に代わった。しかし、西を上座とする掟は変わらず、祖宗板は今も西壁に鎮座している。

第 4 章

社 会 生 活

1. 社 会 組 織

　満州族の社会組織の基本単位は父系氏族であった。S.M. シロコゴロフ（Shirok ogoroff：1967：21）によると、満州族の氏族とは、1 人の男性を祖先とする共通出自の意識によって結合され、そして、また共通の氏族諸神霊を有し、かつ一連の禁忌—その主なるものは、氏族成員間の内婚の禁止、すなわち族外婚である—を認めるところの、血縁関係によって結合されている人々の一集団である。

　現在満州族の氏族組織はムクン（mokun、穆昆）と呼ばれるが、かつては氏族のことを hara と呼んだ。清王朝成立前に、満州族は約 50 の氏族名を数えた。しかし、清代における満州族の中国全土への分散・雑居によって、hara は新しい小分枝 mokun を創り出した。そして、mokun が次第に氏族の機能を継承するようになった（Shirokogoroff：1967：22）。『八旗満州氏族通譜』（1744）にはおよそ 642 の姓氏が記録されている。

　数百年間の「漢化」や国家政策などの影響を受け、現在満州族固有の氏族制度はほとんど崩壊してしまった。だが、辺境地域には満州族固有の氏族制度が残存している。筆者の調査した吉林市の瓜爾佳氏族などでも、氏族組織が保存されている。氏族組織のことは第 4 部で詳述する。

58 第1部 満州族の歴史と文化

2. 族 譜

満州族にとって重要なのは、族譜である。族譜は時代によって大きく変化してくる。烏丙安（愛新覚羅・江守：1996：27-32）によれば、満州族の族譜の変遷過程は次の3つの段階に分けられている。

2.1 1632年以前の段階

満州族が満州文字の新満文を創る（1632年）以前、満州族の族譜は、主に口頭で伝えられたが、縄の結びで家系記録をする方法もあった。一族に生まれた子供の性別、輩行（世代）を縄の結びで示した縄を「索縄（そおせん）」という。

「索縄」のもともとの満語は「索利（siren）」であって、縄や糸の意味である。漢語では、「索線」、「索利条子」、あるいは「子孫縄」とも呼ばれる。本書では「子孫縄」に統一する。

子孫縄はシャーマンによって結ばれ、全体として柳枝の形状になっている。子孫縄の上に結び目があった。男子が生まれると、子孫縄の結び目のところに弓矢1つあるいは四角い孔が空いた古銅銭や、「ガラハ」をつける。「ガラハ」とは、満州語で、鹿や豚、羊の蹄の上にある小さい骨を意味するが、漢語では「膝蓋骨」の意である。女子が生まれると、子孫縄の結び目のところに「他哈布（タハブ）」をつける。「他哈布」は、満州語で、赤色や藍色などの布切れを意味する。女子が結婚すると、彼女を象徴する「他哈布」を子孫縄から取り外す（写真1-4-16）。

シャーマンは氏族の人の名前、世代、出生順および誕生の年月日などを記憶している。上の世代のシャーマンは、これらの事柄を次の世代のシャーマンに口頭で伝える。子孫縄はふだんは黄色の絹や木綿で作られた袋に入れられ、そして長方形の箱（「祖宗匣（ゾウシャ）」という）に納められる（写真1-4-17）。祖宗匣は西壁の祖宗板（ゾウバン）（神棚）の上に置かれる。祖先儀礼の際に、祖宗匣を祖宗板の上から降ろして、取り出した子孫縄を立てた柳枝と祖宗板の間に掛ける。氏族の長老たちは、このような古い方式で系譜を世代から世代へと伝えたのである。現在も、新賓の名門満州族の旧家は、伝えられた子孫縄を保存している。

第4章 社会生活 59

写真1-4-16　羅関氏族の他哈布や弓がついた子孫縄

写真1-4-17　祖宗板の下にある子孫縄を納める袋

2.2　1632〜1672年の段階

　1632年に、ホンタイジが達海という大臣に満文を改修することを命じてから、新満文は広く使われてきた。1672年までの半世紀の間は、満州文字（あるいは満州語の音を表す音訳漢字）で家系を記録する段階である。

　満文が用いられる以前の明末の女真族は、女真語を蒙古文字で表記していた。1599（万暦27）年、太祖ヌルハチは2人の文臣に命じて、蒙古文字の字音を借りて満州語を書写するように改めさせた。これを「無圏点満文字」、あるいは「旧満文」と呼ぶ。

　1632（天聡6）年に至って、ダハイ（達海）という満州族学者が、これらの文字に点や円を添へて同型異語を区別する事を工夫した。ダハイは、漢語語音などの満蒙字では表現し難いため、特別な満文字を考案し、有圏点満文字を創出した。これを「新満文」という。

　1632年以降、新満文で族譜を作るようになった。その族譜はほとんど白い麻紙に記されている。族員の姓名は、上から下へと世代の順番に並べられ、同じ世代では、長幼の順番で左から右へと並べられる。姓名は縦に書かれ、男性の名前だけが記され、配偶者はほとんど記されない。しかし、配偶者の姓名が男子の右側に書かれている例もある。ある族譜では官服を着て、帽子をかぶった祖先の画像が、世代順に並べられていた。

60 第1部 満州族の歴史と文化

2.3 1672〜1949年の段階

1672年から1949年までの200余年間は、漢文字あるいは満文字と漢文字で族譜を作成する段階であった。

族譜は、布、紙に記された。族譜は、手書きのものと印刷のもの、また単巻本と多巻本などがあった。康熙時代（1662〜1722）、雍正時代（1723〜1735）、乾隆時代（1736〜1795）の族譜はほとんど手書きのものであった。しかし、嘉慶時代（1796〜1820）以降から同治時代（1862〜1874）までは、木版印刷の族譜ができていた。光緒皇帝（1875〜1908）以降、1930年代までには、石版刷りの族譜ができた。その後、活字版の書物が現れた。

満州族の旧家にはほとんど族譜があった。しかし、文化大革命時代に族譜は、「迷信」として、村役所に持っていくことを強制され、焼却された。現在、残される族譜は、老人などが隠して保持してきたものである。

3. 相 続 制 度

満州族の相続制度は、末子相続であった。

筆者の調査の際、「満州族の家庭は諸規律が厳しい」という言葉をよく耳にした。家族の中で、家長である父の地位は非常に高い。末子は老年の両親と一緒に暮らして両親を世話する。両親が亡くなると、その財産は末子に継承される。他の息子はほとんど財産を継承できない。娘も当然財産の継承権がない。息子がいない場合、養子を取り養子に財産を継承させる場合が多い。

4. 年 中 行 事

満州族の間で一般に行われてきた年中行事は以下のようである。月日は原則として旧暦である。

4.1 1月1日、除夕・元旦

除夕は、旧年の最後の一夜である。大晦日までに各家に春聯（門の両側に貼られるめでたい文句を書いた紙）、窓花（切り紙細工）、「福」字、年画などを貼る。満州族の旧俗では、紅を卑しみ、白を貴んだので、葬儀には紅を用い、春聯には白を用いた。しかし、漢族の影響を受けて、春聯も次第に紅紙で書くようになった。

午前零時は、万神が降臨する時とみなされる。その時、満州族一家そろって門を開き、爆竹をならし、神を迎える。

餃子と粘性の粟餅がたくさん作られ、庭で自然の温度（普通マイナス20℃）で冷凍され、かめに保存される。正月1ヶ月間、餃子や粟餅を食べる。

4.2 1月5日

「破五」といい、はじめて炊事して米食する。女性も外出する。

4.3 1月15日

上元節あるいは元宵節（灯節）ともいう。この日に団子を食べる。飾り灯籠を点す他、踊りを踊る。

4.4 1月25日、填倉節

この日は農家の倉庫祭である。満州族は、炊いたご飯を倉庫の前に供え、新年の豊作を祈る（新賓）。

4.5 2月2日 龍抬頭

竜王を祀る日。大蒜坊主を門戸にかけて悪気を防ぐ。小児は五色の紙布を丸く切った小龍尾を帽子、髪などにつけて邪気を払う。裁縫をやめて主婦は休息する。

新賓県と吉林市の満州族には髪を洗う習慣がある。そうすると、一年中、「頭清眼亮」（頭の回転がはやく、眼光が明るい）という。

4.6 2月24日 清明節

満州族は、この前後の1週間を見計らって墓参りに行き、祖先の墓地を掃除し、供え物を供える。

62 第1部 満州族の歴史と文化

　新賓の満州族は、墓の土盛を直し、「佛頭」を挿す。「佛頭」は、「佛托」あるいは「佛朶」とも呼ばれている。「佛頭」は、玉蜀黍かあるいは高粱の幹に五色の長い紙を貼り、その下に柳の枝を挿したものである。このような風俗は、満州族の柳女神「仏托媽媽」を祀るためである。ここには満州族の柳崇拝がみられる。

　その他、満州族の墓参りは、陰暦の7月15日、10月1日、12月30日に行われる。

4.7　3月3日　植樹節

　この日は蟠桃会で王母娘々の祭日、日本の桃の節句にあたる。
　葫蘆や木を栽培する日である。この日に種をまかねば、結実せぬという。

4.8　5月5日　端午節

　粽を食する。

4.9　7月7日　乞巧節

　女子の運針、裁縫の技を祈る。

4.10　7月15日　中元節

　中元節は仏教の盂蘭盆会であるが、満州族も祖先の墓参りを行う。朝食を済ませた後に男性は墓参りに出かける。まず、墓の上や周囲に生えた草を刈り、土を盛って、墓を修復する。その後、墓の前に簡単な供物を供えて、紙銭を燃やし、叩頭する。

4.11　8月15日　仲秋節

　月餅、瓜果を食する。

4.12　9月9日　重陽節

　重陽節は、「登山節」あるいは「登高」ともいう。若者は早朝郊外の高丘に遊行。家では豚肉に白菜、芋などを煮込んだおかず、菊花糕（菓子）などを食す

第4章　社会生活　*63*

る。

4.13　10月1日　鬼節（送寒衣）

　この日は本来満州族の祝日であったが、現在は漢族も祝うようになった。この時期には、寒くなるので、祖先に衣服を送るため、紙で作られた衣服を墓に持っていく。紙の衣服を燃やす。線香や酒を持っていく人もいる。

4.14　10月13日　頒金節

　「頒金（バンジン）」は、満州族語で、「誕生」や「生気はつらつ」という意味である。この日は、満州族の誕生日である。

4.15　11月20日　冬至節

　満州族は、この日の夜、祖先を祀り、肉饅頭を食べてこの日を祝う。

4.16　12月8日

　当年収穫の五穀（米、粟、麦、豆、黍）の粥を作り、神に供えて報謝する。

4.17　12月23日

　飴（日本の千歳飴に相当する）を供えて、竈の神を祀る。

4.18　12月30日

　この日には、満州族は夕飯を済ませた後、墓で「包袱」を燃やす。墓が遠かったり、雪で墓に行けなかったりする場合、家の近くの十字路で必ず墓に向かって「包袱」を燃やす。また、線香、酒、おかず、饅頭、果物を用意してその場に供える。

　「包袱」とは、四角い紙を折って、50cm四方形の袋を作り、その内側に祖先の名前と命日を書いたものである。さらにその中に紙銭や、あるいは金紙や銀紙で作る硬貨などを入れることもある。

64 第1部 満州族の歴史と文化

5. 人 生 儀 礼

5.1 誕 生

満州族が行う誕生、結婚、妊娠、葬儀などの人生儀礼にシャーマニズム的色彩が濃厚である。

男子を生むことを「大喜」という。生まれて3日後、門に柳の木で作られた弓1本と、桃の枝の矢を3本掛ける。これは、子供が成人して、弓術にも馬術にもたけて戦場を馳駆し、手柄を立てるよう祝うためである。

女子を生むことを「小喜」という。生まれて3日後、門に満州語で「他哈布」という小さい赤色の布切れ1つを掛ける。この「他哈布」は、女子の結婚まで、保存しておいて、婚家に持っていく。

現在こうした習慣がなくなった。しかし、生後12日目には「12天」という。宴会を開き、親戚や友人を招待する。

子供が誕生の1ヶ月目を迎える時にも、祝い事が行われる。

満州族の男女は、18歳になると、「成人」とみなしているが、日本のような成人式を行わない。

5.2 結 婚

（1）「満漢通婚せず」

清朝政府は八旗制度を維持するため、旗人と非旗人との区別を厳格にした。満州族はすべて旗人となった。帰順したモンゴル軍隊と、一部の漢族軍隊も八旗に編入された。八旗に編入されていない漢族は「民人」と呼ばれていた。

八旗内部では満州族、モンゴル族、漢族を問わず、相互に縁組を結んでよいが、旗人以外の民人と通婚してはならないとされた。「満漢通婚せず」は、「満漢不婚」といい、満州族と漢族の間の結婚が避けるという意味である。

入関当初（1644）、満州族と漢人との通婚は、認められていたが、漢族に同化されることを防ぐために、漢族との通婚を許されなくなったのである。この満漢不婚の習慣は、清末に解体された。それ以降、満州族と漢族の通婚が頻繁に行われるようになった。満州族と漢族の通婚の開始は、少数民族としての満州族のア

イデンティティに大きな影響を与えた。

　現在、中国政府は少数民族優遇政策を行っている。例えば、夫婦とも少数民族であれば、2人の子供を生むことができる。また、その子供は進学の時、試験成績に加点が行われる優遇も受ける。そのため、満州族には、満州族同士との婚姻を優先する傾向がある。

（2）「同姓は通婚せず」

　満州族には満漢不婚のほかに、「同姓は通婚せず」という規制もある。「同姓は通婚せず」とは、「同姓不婚」といい、同じ苗字を持つ満州族の間の結婚が避けられる意味である。満州族の観念に従えば、同姓はすなわち同祖であるので、通婚は禁忌であった。「同姓不婚」は、中華民国（1912）まで守られていた。現在でも、満州族の同姓結婚は稀である。

（3）結婚式

　縁組がまとまり次第、シャーマンを訪ねて相性を占ってもらう。相性が適合すると婚約が可能となる。

　女子は結婚するとき、柳葉で包まれた餃子を食べる。新婦は実家を離れる時、祖先と「仏托媽媽」に叩頭し、保護を祈願する。そして、先述の「他哈布」を子孫縄から取り外して婚家に持っていく。ここには、満州族の柳崇拝がうかがえる。

　花嫁の花轎が男家に近づくと、男家は「表門を閉ざし、改めて開け直して迎え入れる」ということをする。これを「勧性子」（じっとこらえる意）といい、花嫁の心根がよくなるようにという意味が込められている（写真1-4-18）。

　花嫁の乗った花轎が門を入る時、火鉢を設け、その火鉢の上を通る。このことを「過火鉢」という。それは火で邪気を払うためである。

　花轎が中庭に入ると、花轎の簾を巻き上げる前に、花婿は花轎に向けて矢を射る動作を3回する。これを「射三箭」という（写真1-4-19）。これは花嫁に邪気がついているからで、矢を射て邪気をはらう。あるいは花嫁に結婚してから夫に服従させるためである。

　腰站村の60代以上の女性の結婚後の体験談では、新婦は初子の生まれるまでは、できるだけ早起きして、家事を行う。夫の両親が煙草を吸う時には、煙管へ煙草をつめたりしなければならなかったという。新婦は結婚後の数ヶ月間は特に苦労した。このことを通じて、嫁の地位が低いことを理解したという。現在満州

66　第 1 部　満州族の歴史と文化

写真 1-4-18　結婚式を行う夫婦　　写真 1-4-19　花婿は矢を 3 回射る

族の嫁の地位が高くなってきた。

5.3　死

満州族の葬俗は、漢族の影響を受けたが、現代に至ってもいくつかの満州族の風俗があった。人が死ぬと、西側の部屋に安置される。遺体の頭は西にむけて置かれる。その遺体は必ず窓から運び出される。門は生者が通るものと考えられる。また、布あるいは紙で作られた紅幡が喪家の玄関の 7 尺の竿あるいは門前の木の上に立てられた（写真 1-4-20）。

また、喪家の祖宗板は赤布で覆われる習慣がある。これは邪気を防ぐためである。

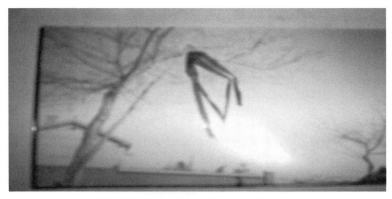

写真 1-4-20　喪家の門前の木枝の上に立てられた紅幡

第 2 部

満州族シャーマンの神話

68　第2部　満州族シャーマンの神話

は じ め に

　第2部の目的は、「柳神話」（1章）、「創世神話"天宮大戦"」（2章）、「創世女
神阿布卡赫赫の神話」（3章）をとりあげて、満州族神話の特徴を明らかにする
ことによって、その深層にどのような意味や象徴が潜在しているかをつきとめる
ことである。

　17世紀以前の満州族には文字がなかったため、神話は、シャーマンの口伝え
により伝承されてきた。神話は、ツングース語で「烏車姑烏勒本」と呼ばれてい
た。「烏車姑」（「倭什庫」）とは「神棚」の意味である。「勒本」とは「物語」の
意味である。「烏車姑烏勒本」とは、「神棚の上の物語」という意味である。「烏
車姑烏勒本」は、シャーマンの経文であり、シャーマニズムの原始神話であった
（富：1995：10）。

　満州族の神話は、シャーマニズムと深くかかわっている。満州族の神話は、神
の啓示として、シャーマンに伝えられたものであった。満州族は氏族制度を有
する。各氏族はそれぞれ自らのシャーマンを持っていた。氏族シャーマンは人と
神の間を繋ぎ通じさせる博識で多能な文化人であった。彼らは氏族のさまざま
な祭祀活動に参与した。また、氏族の災いを払い、病気を治療した。このよう
に氏族シャーマンは、祭司と呪医の役割を兼ね備えた重要な人物であった。そ
のため、氏族の内部では、シャーマンにのみ神話を伝承する権威が与えられて
いた。シャーマンのみが「神棚の上の物語」を解釈することができた。シャー
マンは氏族の内部にだけ神話を語り伝えた。氏族シャーマンは世襲ではない。
しかし、シャーマンが神話を伝授する対象は、氏族のメンバーに限られてい
た。シャーマンが神話を語り伝える時には、厳しい宗教儀式や戒律をともなった
（孟：2000：300）。そのため、満州族の神話は、最近までほとんど世に知られてい
なかった。

　満州族神話研究は、富育光の研究グループによって、1980年代に始まった。
第2部で取り上げる柳神話（第1章）、創世神話「天宮大戦」（第2章）は富育
光と王宏剛（1995）に採集されたものである。創世女神阿布卡赫赫の神話（第3
章）は、新賓満州族自治県の満州族学者である曹文奇によって収集されたもので

ある。筆者自身も、さらにこれに関連した2つの神話（愛新覚羅来歴の神話、万
暦媽媽の神話）を採集した。この2つの神話は、筆者が調査した愛新覚羅王族後
裔の族譜に記載されたものである。族譜が公開されていないため、その族譜自体
も神話自体も貴重であると考える。

70 第2部 満州族シャーマンの神話

第 1 章

柳 神 話

　満州族は、たくさんの植物を聖なるものとして信奉している。その中で、柳が最も重要な聖なるもののひとつである。上海社会科学院宗教研究所の研究者である王宏剛は、富育光とともに、満州族などの北方民族について、20 年余りのフィールド調査を行ってきた。王によると、柳崇拝とは、柳に関連するシャーマニズム神話、儀礼、民俗である。柳崇拝には満州族シャーマニズムの核となるいくつかの観念が含まれている（王・楊：2005）。

　第 1 章では、主に王の研究に依拠しながら、柳にかかわる神話や文献を論じ、満州族において、なぜ柳崇拝が盛んであるのかを考察する。

1. 柳の神話

1.1　神箱における柳葉の図案

　王は、1980 年代に、満州族文化を調査した時、松花江の上流に居住した満州族の莫哲勒氏族（以下、「莫」氏族）に秘蔵された白樺の皮で作られた「神箱」に注目した。この神箱は、高さ 15cm で、長さ 20cm である。神箱の蓋と底には、直径 4cm の柳葉のような模様の穴が開いており、正面には、凹んだ 7 枚の柳葉の図案が彫られている。柳葉は、自然な対称の形ではなく、花の形をしている（写真 2-1-1）。

　莫氏族の老人によると、柳葉の図案は氏族の子孫が柳葉のように繁栄することを象徴する。白樺の皮で作った神箱は、宇宙を司る 3 柱の女神の住処である「金楼神堂」を象徴する。神箱の中には、3 本の丸木に彫刻した神偶（人形）が納め

第1章 柳 神 話 71

写真 2-1-1　白樺の神箱における花のような柳の図案
（王宏剛　撮影）

られていた。3本の神偶（人形）は、3柱の女神を象徴している。この神偶は、長さが10cmで、顔つきが古風で、生き生きとしている。3柱女神の目は突き出ている。神箱の底に穴が開いている。これは、女神が天と地の間を、往き来するためである。

　神箱は、身を清めたシャーマンによって、祖宗板の上に置かれ、平日は勝手に触れたり開けたりすることを禁止されている。儀礼のおりにのみ、神箱の中の3柱女神が、取り出され、祀られる（王・金：1983：382-383）。

　神箱が象徴する満州族世界観の解読の手がかりは、柳をめぐる以下のような世界創造神話にある。

1.2　柳の創世神話

　次の柳による人間創造、世界創造の神話は、汪（1986：4：56-57）に記録されたものである。

　　　大昔、洪水の時、柳の葉っぱのようなものが流れ、波のまにまに漂っていて、いつまでも沈まない。この柳葉のようなものはだんだん増え、「佛多毛」（「佛佛毛」）に変わった。この「佛多毛」の中から、人類が誕生した。
　　　続いて、草花や樹木が生まれた。鳥獣や魚類なども生まれた。この「佛多毛」は、一体何であろうか。「佛多毛」は、柳葉であった。

72　第2部　満州族シャーマンの神話

　この神話に示されるように、満州族創世神話では柳葉が生命を誕生させる。
　吉林省琿春地区における満州族の喜塔拉という氏族のシャーマニズムの神諭がある。神諭は、シャーマンに保存されていた氏族の歴史や祭祀儀礼の神歌などを記録するメモであり、「神本子」とも呼ばれる。その神諭の中には、次のような神話がある。

　　　満州族はどうして柳を敬っているのか。昔、阿布卡赫赫女神は、ヤロリ（満州
　　語では「悪神」という意味である）と戦っているうちに、戦死した善神が多くなっ
　　てきたので、天上に飛んで行くほかなかった。ヤロリ悪神が、阿布卡赫赫女神を
　　追いかけ、彼女の股を掴むと、阿布卡赫赫女神の体を保護していた一握りの柳葉
　　がちぎれた。この柳葉は、人間の世界にはらはらと降って来た。その葉から人類
　　や万物が誕生した。

　この神話においても、柳は、生命の母体であった。興味深いのは、天神阿布卡赫赫という名前である。満州語では、「阿布卡」とは、「天」の意味であった。「赫赫」とは、女性という意味であり、満州語で女性の性器の意味である「佛佛」から転じた言葉であった。したがって、「阿布卡赫赫」は、天女と訳してもいいが、巨大な女性性器のイメージをともなった女神である。女性性器を表す「佛佛」は、柳葉の意味であり、神話の中の「佛多毛」（あるいは「佛佛毛」）と同じ語源に属している。
　柳崇拝は、実は、女性の性器に対する崇拝であった。柳葉の形が女性性器に似ているために、柳葉は女性性器の象徴になった。柳への崇拝は、女性の生育力に対する崇拝であった。
　このように、満州族の人間創造神話、世界創造神話は、柳と深くかかわっている。

1.3　柳の始祖母の神話
　清朝時代に、「佛赫媽媽与烏申闊瑪発」[1] という神話が寧古塔地方[2] で伝えられていた。その内容は次のとおりである。

　　　大昔、満州族の始母である佛赫媽媽は、長白山の柳が変身した。始祖の烏申闊
　　瑪発は、北海の中で天と地下の間に立てられた石柱から変わった。悪魔との闘争

第1章 柳 神 話 *73*

の結果、佛赫媽媽が勝利した。

その後、佛赫媽媽は、自分の男女８人の子供同士を結婚させ、性交の術を彼らに授けた。さらに、佛赫媽媽が天界の万能の泥と柳を彼らに与えた。彼らはその泥と柳で自分自身と同じ姿をまねて、多くの人を創った。こうして、人間は綿々と存続してきた[3]。

ここでも柳は人類の始母神であった。

松花江の上流に居住した石氏族の神諭では、柳の始祖母は「仏托媽媽」^{フォドママ}といわれ、石氏族の始母神として崇められている。神歌は以下のように歌われている。

石姓の始母神よ。
天を通る神である。
神通力がある仏托媽媽よ、
長白山から降臨した[4]。

この神諭から始母神は氏族の発祥地の長白山に誕生して、天を通る女神であることが分かる。満州族の神話では、女神は男神に少しも劣らないほどに崇められていた。そのため、満州族は、古い時代、女神を祖先神々とみる母系社会としてまず成立したと考えられる。

満州族が父系社会にかわるとともに、男神のアブカエントリ（阿布卡恩都里）は、満州語で宇宙を司る「天神」という意味である。しかし、アブカエントリ天神に関する次のような２つの神話には、依然として柳崇拝の観念がみられる。

以下の神話は、王に採集されて、吉林省琿春に居住する那木魯哈拉氏族の神諭に記載されるものである。

はるかな昔、世界には天と地が誕生したばかりであった。アブカエントリは腰に巻きつけた細い柳葉を何枚か摘み取った。すると、柳葉の上に跳虫、爬虫類、人類が生まれた。その後、大地に人煙が出た。現在まで、柳葉の上には、小さいこぶが出て、虫がつきがちになることは、その時から始まったのである。

この神話において、女神は男神に取って代わられている。しかし、その腰巻の柳が生命の源であるという観念は受け継がれている。

牡丹江流域（黒龍江省）の富察登哈（漢名は「富」をあてる）氏族の神諭[5]にも次の神話が記録されている。

74　第2部　満州族シャーマンの神話

　　大昔、わが祖先の居住地の近くの小川（満州語は小川を「フゥエカンビラ」と
　呼ぶ）が、突然、湖（現在、黒龍江省境内の鏡泊湖）に変わった。氾濫した水で、
　人類や万物が水浸しになってしまった。アブカエントリ（「阿布卡恩都里」）天神
　が自分の体から擦り落とした垢で作った人類は、1人の男性が生き残っただけだっ
　た。この男性は、洪水の中でもがいて、もう少しで溺れるところであった。しか
　し、1本の柳枝が流れてきた。彼はその柳枝を掴んで、助かった。
　　その後、その男は、柳枝に乗せられて、洪水に半分浸された石窟に入った。こ
　の石窟の中で、柳枝は、きれいな女性に化けて、この男と結びついて子供を生ん
　だ。それで、人間が誕生した。

　この神話の中では、柳は氏族のトーテム的色彩を帯びている。この神話を持つ
富氏族は毎年、盛大な柳祭を行っている。柳祭の終了後、柳枝は神棚の上に置か
れた神箱に納められる。翌年の柳祭になると、シャーマンが、その古い柳枝を川
の中に流し、新しい柳枝に替える。
　こうして、満州族の神話において、柳による人類創造、世界創造の観念がみら
れる。

2.　柳　　祭

神話の他、柳は満州族の儀礼においても、重要な役割を果たしている。

2.1　魚　祭

富・王（1995:76）に採集された満州族英雄史詩「烏布西奔媽媽」には、東海
窩集部族の魚祭が次のように紹介されている。

　　魚祭の前に、まず、黄米（粳粟）で魚形のもちが作られた。それから、川の岸
　辺の新柳で魚形の神偶（人形）が2、3個作られた。神偶の高さは、人の身長ほど
　であった。これらの神偶は跳び、泳いだりし、生きている魚みたいであった。
　　魚祭が始まる時、女ハン（罕）は、体に柳葉の形の鈴を掛けた。女性シャーマ
　ンと部族の人々も、柳葉で作ったスカートを身につけた。子供たちは、柳の枝で
　編んだ魚形の帽子をかぶった。その帽子は鯉の頭、鯨の頭、飛魚の頭のような形

が多かった。女性シャーマンは、太鼓を叩いて、魚神のモハォエントリ（莫喝恩都里）に祈祷し始めた。

その後、水泳の上手な若い男女たちが魚形の神偶の中に潜り込んだ。この神偶の鰭や尻尾が動くと、まるで魚が川の中で戯れているようであった。川の中と岸辺は、魚と柳の世界となった。

この盛大な魚祭が、3日間続いた。その間、部族の人々は、川の岸辺の小船（満州語で「威呼」という）に泊まり、柳葉、魚、海老などを食べ、鹿の血や川水を飲んだ。

このようにして、人々は、神聖なる魚の神に豊漁を祈願した。

2.2 伝説のなかの柳祭

富・王に採集された長編英雄伝説「東海沈冤録」（未公表）には、明代の東海嘎忽坦河部の柳祭の盛況が、次のように記載されている。

潮が引き、川が涸れ、柳の虫害が起こることは、柳神が邪気におかされて氏族に災厄がふりかかろうとする前兆であった。そんな時は、氏族じゅうで盛大な柳祭を行う。

氏族の女ハンのスフリン（斯呼林）は逞しくてきれいな女性を9人か13人選んだ。多い時は、33人もの女性が選ばれた。選ばれた女性たちは、ほぼ裸体の状態で、柳葉で編んだスカートを腰だけに着け、柳女神である仏托媽媽の姿となった。

氏族の人々は、新鮮な鹿の血を彼女たちの身体に塗った。これは、柳女神の神力を増やし、災厄を追い払うことを意味した。そして、米で作った酒やきれいな川水が撒き散らされた。この柳女神に変装した踊り子たちは踊りながら歌った。氏族の人々も、その歌に唱和した。

間もなく、柳女神である仏托媽媽が降臨した。すると、女性シャーマンは腰の鈴を振り、タンバリンを叩いた。踊り子たちも同調した。女性シャーマンと踊り子たちは氏族の人々と山野、川の岸辺、海岸などを歩き回りながら、神歌を歌い、踊った。至るところが賑やかになってきた。人々は、柳女神を祀るために、女性シャーマンが通った所に、鹿の血や清水をまいた。

こうすると、災厄や疫病が無くなり、平安が訪れ、天候が順調になり、大漁になるという。

1984年に、王は、琿春地方に居住した関文海という老人にインタビューした。

76　第2部　満州族シャーマンの神話

老人によると、関氏族において、柳祭は、満州国時代（1932～1945）まで行われていた。しかし、その時の柳祭の目的は、雨乞いであった。選ばれた踊り子たちも、裸身ではなく、衣服を着始めるようになった。それにもかかわらず、関氏族の柳祭には、古代の柳祭の影がみられる。

2.3　佟佳氏族の柳祭

　王に採集された満州族の佟佳氏族の神本（祭祀記事や神歌の記載された本）によると、この氏族の祖先は、長白山の佟佳江（現在の吉林省境内の渾江）の流域に居住していた。この地域は、霍通（満州語で「城」という意味である）と呼ばれた。城の近くに大きな柳の森があった。この柳の森が佟佳氏族の柳祭を行う聖地であった。柳は、佟佳氏族の守護神として祀られた。柳は、佟佳氏族にとっての始祖母の仏托媽媽であった。

　「仏托媽媽」について、さまざまな呼称がある。その呼び方は、"フォド（佛多）媽媽"、"フォトォ（佛托）媽媽"、"フォド（佛朶）媽媽"、"フォドゥ（佛都）媽媽"、"フォリ（佛里）媽媽"、"ワリ（瓦里）媽媽"、"ワンリ（万暦）媽媽"、"柳枝娘々"などである。「仏托」とは満州語Fodoの漢訳語であり、その意味はシャーマンが神下ろしをする時に用いる柳の枝である（愛新覚羅・江守：1996：211）。多くの地域では、柳の枝は柳女神の象徴でもある。

　仏托媽媽の写真は、筆者が遼寧省瀋陽郊外の満州族民俗村で調査を行った時、撮影したのである。仏托媽媽の絵は、満州族の民家で神聖なる位置にあたる西の部屋の壁の祖宗板にかけられている（写真2-1-2）。

　次に、佟佳氏族の柳祭の式次第を見てみよう。

　まず、水で身を清めたシャーマンは、針鼠か蜥蝪で柳祭を行う聖地を占う。聖地が決まったら、祭壇を設ける。1本の柳樹が神樹に選ばれる。神樹にあるところを祭壇の中央部とする。また、柳木で神案（机）を作る。その神案の上には、柳神、虎神、鷹神、狩猟神、水神、方位神などの神偶（人形）が供えられ、神案の前には、猪などの供物も供えられる。

　柳祭が始まる時、主役のシャーマンは、他のシャーマンたちを率い、柳に向かって跪き、神歌を唱える。それから、シャーマンたちは、柳の上に神偶、五色

写真2-1-2　満州族の仏托媽媽

の石、銅鏡などを掛ける。族長（満州語で「ムコンダ」という）たちは、人々を率い、神樹に叩頭する。

　その後、主役のシャーマンは、祭壇の前で神歌を吟唱する。だんだん激しくなるタンバリンのリズムの中で、諸々の神霊が、シャーマンの身体に憑依する。

（1）狩猟神を祀る儀礼

　まず狩猟神のバンダマファがシャーマンの体に憑依する。すると、シャーマンは、獣の仮面をかぶって踊りだす。シャーマンは、九天からの神鹿に乗った狩猟の神が降臨する様子をまねて、踊る。この踊りは、徐々に速くなる。シャーマンは、弓を射る動作などによって、狩猟神の無敵の弓術やその威力を表現するという。

　狩猟神を送る神歌を歌った後、儀礼が終了する。

（2）虎神を祀る儀礼

　狩猟神を送った後、虎神がシャーマンの身体に憑依する。シャーマンは、虎の動作をまね、踊りを踊りだす。シャーマンは、顔をあげて見回したり、尻尾を揺り動かし、跳躍し、叫んだりするといった舞踊の動作で、虎神の勇猛な神力を表す。

　最後に、虎神は口の中に供物の肉を銜えて離れて行く。

（3）鷹神を祀る儀礼

ついで鷹神がシャーマンの体に憑依する。

鷹神に憑依されたシャーマンは、一歩歩き、一歩止まるという歩き方で、数字の「8」を描くように踊り出し、祭壇へ進む。この舞踊は、鷹女神のダイミンが人間に憑依したことを意味する。シャーマンは、鷹の飛翔の動作をまねた踊りを踊る。

最後、シャーマンが神歌を唱えて、鷹神を天上に送る。

（4）猪神を祀る儀礼

猪神に憑依されたシャーマンと4人の助手が急に跳び、踊ったりすることは、猪神が4匹の子猪を率いて走ることを象徴する。シャーマンが鼻先でゆかをほじくる動作は、道を切り開く意味を持つ。

続いて、シャーマンが、祭壇の中央にある柳樹を叩き、石を押したりすると、氏族の人々が歓呼をあげる。シャーマンのこの動作は、柳女神の仏托媽媽が祭壇に降りる前兆である。猪神は、道を切り開く力を持つ神で、柳女神の先駆の使者としての役割を果たす。

最後に、シャーマンが神歌を唱えて、猪神を天上に送る。

次いで柳女神を祀る儀礼が始まる。

（5）柳女神を祀る儀礼

柳女神に憑依されたシャーマンが柳女神仏托媽媽を称える神歌を吟唱する。若手の助手は、シャーマンに帽子（神帽）をかぶらせて、柳葉で作ったマントを着せる。

すると、シャーマンは、タンバリンを叩きながら踊り出す。4人の男女若手シャーマンもシャーマンについて踊り始める。4人の若手シャーマンは、タンバリンのリズムに乗って、新柳の枝を持った両手を高く上げ、左右に広げ、前回転しながら柳枝でゆかを払う。その間、氏族の人々は、跪いて、その柳枝の愛撫を喜んで受ける。この舞踊は、人々に生命を授けた柳女神の懐に回帰することを表現しているという。

シャーマンは、踊りながら、口から人々に水を噴きつける。これは、柳女神が人間に新しい生命の水をもたらすことを表している。シャーマンは、踊りながら、山の石窟に向かい、石室を清める儀式を行う。その後、氏族の女性のため

に、腹部を按摩してやる。これは、女性の妊娠や安産を祈る振る舞いである。

その後、シャーマンは、踊りながら、村中に行く。シャーマンは、柳木で刻んだ人形や水を若い男女に贈る。これは、彼らに将来、健康で元気な赤ちゃんが生まれることを祈る。また、村人の家に入って、子供のゆりかごの上に柳枝、多彩の布切れ、神偶などを掛け、子供の成長を祈る。

こうして、柳女神の仏托媽媽を祀る儀礼が終わる。

（6） 柳の王を祀る儀礼

しばらく休憩した後、東方の方位の女神を迎える。続いて、柳の王のフォドハハ（仏朶赫赫）という古い神を迎える。この神は天地と同じ寿命を持った古い神であるという。

人々は、柳の王のフォドハハを象徴した柳の切り株を運んで、祭壇の前に供える。切り株の上にいろいろな聖物を置く。シャーマンたちがそれを囲んで踊る。

柳の王のフォドハハを山へ送ると、柳の王であるフォドハハ（仏朶赫赫）が、柳女神仏托媽媽と同様に、村を守る神となる。それから、人々は他の神を祀る儀礼を行う。

柳の王フォドハハを祀る儀礼が終わると、天然痘女神、舞踊神が登場する。

天然痘女神サンダハママ（山達哈媽媽）、舞踊神マクシン（瑪克辛）を迎えるとき、シャーマンが、銅鈴を振りながら、祭壇の前で踊りだす。すると、ほかのシャーマンや氏族の人々も踊り出す。祭壇は、まるで踊りの海のようになる。

最後に祀られる神は、歌の女神ウシュンママ（烏春媽媽）である。シャーマンは、白鳥の羽で作った神帽をかぶって、多色の羽で編んだ神服を着て、軽快に踊り、歌い始める。シャーマンは、歌の女神の素晴らしい歌声を称え、柳の女神が新生命をもたらしたことを称揚し、春がやってくることを祈り、部落の幸福と繁栄を祝福する。佟佳氏族の人々は、シャーマンに唱和する。歌声や舞踊の中で、柳祭が終了する。

その後、人々は知恵比べの娯楽を行う。川を渡り、柳の森を通り抜けたりするゲームをする。

そして昔、柳祭を行った後、野合する [6] 風俗があったという（富・王：1998：58 -60）[7]。

以上は佟佳氏族の柳祭である。

80 第2部 満州族シャーマンの神話

佟佳氏族の柳祭に由来する舞踊が現在まで伝えられている。柳葉で包んだもちや柳茶を作る。柳の材料で作った装飾品、器物なども現在まで伝えられている。佟佳氏族_{トンジャ}の柳祭には、濃厚な柳崇拝がみられる。

2.4 「射柳」儀式

中国史書においても、「射柳_{シャリュウ}」について、いくつかの記載がある。「射柳」とは、柳枝を射ることである。『遼史』の中には、「射柳」儀礼について、次の記述がある。

「射柳」儀礼は、「瑟瑟礼_{シェシェレイ}」、「祈雨射柳_{チユシャリュウ}」などと呼ばれた。柳祭は、4月〜6月に、よく行われる。「射柳」を行う前に、吉日がシャーマンに占われる。位の高い大臣が供物を準備する。

「射柳」を行う際には、皇帝と大臣は正装して出席する。地方の官員も集まる。儀礼が終わった後は、国事を議論する。後晋の朝廷は使者を遣わし、遼の皇帝に馬や鞍を献上する。

『大金国志』39巻には、女真人は元日に太陽を見、5月5日に、柳を射た後、天を祭る儀礼を行う、と記述されている。

ここには、柳を射る儀式と祭天儀式はどういう関係があるかということについては、詳しく述べられていない。しかし、富育光に採集された英雄史詩『烏布西_{ウブシ}奔媽媽_{ベンママ}』（未公表）の中には、柳を射る儀式と祭天儀式が次のように語られている。

烏布西奔媽媽は、東海の海辺で魚の皮を煮る唖女であったが、七百部落を統轄する女ハン（罕）になった。彼女は、女ハンになる前に、「射柳」儀式を行った。

烏布西奔媽媽は、山ヘ卜占で選ばれた古くて高い神樹の9叉の柳枝を取りに行った。9叉の柳枝は、天神阿布卡赫赫_{アブカハハ}を象徴し、「九王柳」（九叉の柳枝）と呼ばれた。九王柳は、9本に分けられた後、祭壇の周りにある9本の高い樹の梢にくくりつけられた。

部落の人々は、その9本の柳の枝に向かって礼拝して、供物を供えた。この時、烏布西奔媽媽は、白い駿馬に乗って風のように走りながら、その樹の梢に結ばれた9本の柳枝を1つずつ射当てた。人々は、大いに喜び、天神である烏布西奔媽

第1章　柳　神　話　*81*

媽に選ばれた女ハンの誕生を祝った。

　女ハンになった烏布西奔媽媽は、広い東海地方をうまく統治した。烏布西奔媽媽に統治された地域は平和の楽園になった。これ以後、各部落の首長を選定する時、必ず柳を射て、首長を選ぶという儀式を行うようになった。

　こうして、柳を射る儀式から2つのことが分かる。1つは、柳が天神阿布卡赫赫を象徴していることである。もうひとつは、柳を射ることが天神の意思であるかの確認であった。そして、部落の人々は、神の意思を確認するために次の首長候補者に柳を射当てさせたのである。

　それゆえ、人々は、女ハンに射られた「九王柳」を奪い合って、家へ持ち帰って煮て食べたという。これによって、男性が、虎や豹のように勇猛になる。女性が、新しいハン王や勇士を生むことができると考えられた。

　イギリスの人類学者のジョージ・フレーザーは、『金枝篇』[8] の中で、世界の少なからぬ民族で、神の身体あるいは神を象徴した聖物を食べていることを通じて、神の力を得る事例が多いと指摘している。満州族においても、柳を食べる習俗が、そのような役割を果たしていると考えられる。

3.　柳と満州族の生活

　以上の多くの神話、儀礼、および文献に残されている記録によって、満州族では、柳崇拝が盛んであることが明らかになった。中国の広大な地域に、柳が多く分布しているが、満州族などのツングース民族にだけ、柳崇拝が継承されてきた。その背後には、満州族北方系民族の生活と柳との深いつながりがある。

①　まず中国の北方では、多くの河や湖があるが、氷雪に閉ざされた長い厳冬もある。井戸を掘って水を汲むことは、南方より困難である。水を得るのは、人々の生存のための必須条件であった。柳は、水源があるところに生存するものであったから、水と生命の象徴となった。

②　柳崇拝を形成したもうひとつの原因は、柳の実用性である。柳は、多種多様の病気を治療する良薬である。

　陶弘景（465 〜 536）の医書に「柳葉で煮た汁が痘瘡を治療する」と記載

82 第2部 満州族シャーマンの神話

されている[9]。

　明朝の『本草綱目』（1578）には、柳の根部で痘瘡、婦人病を治療する。「酒で煮た汁をけがをした皮膚に塗って、痛みを止め、腫れを引かせる」としている。

　満州族の祖先は、狩猟の時、柳葉で、怪我をした傷口や婦人科などを治療するという。

③　柳は重要な食物である。かつて、満州族は、柳茶で賓客をもてなした。

④　柳の皮で衣服を作ることができたし、かごのような物品、矢や猟具を作ることもできたという。

　このような柳の実用性は、満州族の柳崇拝のシャーマニズム世界観を強化した。

注

1)　この神話は金時代に伝え始めたものである。王宏剛が調査を行った時、当地の老人の傳英仁によって語られた物語である。この傳英仁という老人は黒龍江省寧安市における満州族の富察氏の名家の出身、当地の有名な民間故事家である。2004年11月に亡くなり、享年86歳であった。

2)　現在の黒龍江省の寧安市。

3)　民間故事家の傳英仁が調査した資料を参照。

4)　石氏族の薩満神本に記録されている。原文は満州語であり、劉厚生の翻訳を参照。

5)　富育光、王宏剛が1980年代に調査の際、発見したもので、未公表である。

6)　野合は男女が婚儀を経ずに通ずる意味である。

7)　富育光・王宏剛「論開発長白山満族古文化資源的基礎及前景」、『長白山与満族文化』、吉林文史出版社、1998:58-60。

8)　徐与新等翻訳、中国民間文芸出版社:1987:695-696。

9)　陶弘景（465～536）は、南朝時代の道教の思想家と医学家であり、『本草経集注』などを著した。

第 2 章

創世神話「天宮大戦」

　満州族シャーマンによって伝承されてきた満州族の長編創世神話「天宮大戦」
を論じ、シャーマニズムとの関連を明らかにすることが、第 2 章の目的である。
この創世神話「天宮大戦」には、満州族のシャーマニズム儀礼の核となるいくつ
かの観念が含まれている。

　中国国土の面積は 960 万 km^2 で、ヨーロッパ全土とほぼ同じほど広い。中国
では、56 の民族から構成されているが、それぞれ自らの伝統的文化や宗教信仰
をもち、長い歴史を支えてきた。言うまでもなく、各民族が神話を伝えているの
であるが、漢民族以外の他の多くの少数民族では文字文化の発達が遅れたため
に、多くの神話が、口伝えに代々伝承されてきた。

　貝塚（1971:2 ）は、中国神話の伝承の仕方について次のように述べている。

　　中国の民族には、祖父から父へ、父から子へ、子から孫へと語りつたえてきた
　「 語 」がある。しかしまだ文字のない中国の原始時代に、部族などの伝承つま
　り「語」が、どういうようにして、父から子へ、子から孫へ語りつたえられていっ
　たのか、具体的なことはよく分からない。部族の起原や、祖先の功績などの長い
　物語を記憶するには、特殊な能力を必要する。日本の古代には、口頭伝承を専門
　にする語部という部族がこの仕事を世襲していた。中国古代にもこれに似た専門
　家の群が存在していた。

　従来、中国の神話は、断片的だと言われてきた。その理由を貝塚は次のように
述べる。

　　世界の古代文明国のなかで、ギリシアやエジプト、メソポタミア、インドなど、
　すべて豊富な神話をもっているのに対して、中国はほとんど神話らしい神話を持つ

ていない。これは古代の文献と伝承を整理して、中国の学術の礎石をおいた孔子
という大聖人が、怪、力、乱、神を語ることを好まなかったので、怪、力、乱、
神についての伝承、つまり神話が正統の学問から排斥された結果であろうと、魯
迅は解釈している（貝塚：1971：3）。

　中国王朝の中心に位置した漢族の神話は、歴史の中に、あるいは経典の中に織
り込まれて、切れ切れになってしまったということである。けれども、満州族に
は、多くの神話が語り継がれている。その中でも、創世神話の「天宮大戦」は文
学作品としての質の高さ、ほかの神話作品に与えた影響の大きさなどすべての点
で、満州神話の最高位に位置づけられている。

　このような長編神話は、中国のみならず、世界各国の神話の中でもたいへん珍
しい。この重要な満州族の神話が、日本ではまだ十分紹介されたことがない。こ
の神話は、満州族のシャーマニズムと深く関連し、シャーマニズム理解に不可欠
な神話でもある。

1.「天宮大戦」とシャーマニズム

1.1　「天宮大戦」とは

　ここで取り上げる「天宮大戦」は、中国東北地区の黒竜江流域で白蒙古という
シャーマンによって語られた満州族の創世神話である。その神話は9部から構成
されている。

　「天宮大戦」という名前はこの神話の採集者の富希陸氏によって満州語から漢
訳された名である。「天宮大戦」は満州族の民間では「天魔大戦」、「バアドイン
ムの物語」などの名で知られている。

　満州族の神話はシャーマンの口伝によって伝承され、文字記録が存在しなかっ
た。これを憂えた富希陸、呉紀賢など満州族文化人が、黒竜江省愛輝県のシャー
マニズムについて実地調査を行い、神話などの口承文化の採集を行った。「天宮
大戦」は1937年、彼らが黒竜江省孫呉県四季村で採集したものである。その村
の白蒙古という満州族シャーマンが、満語で口述し、富希陸・呉紀賢両氏がこの
満州語神話を漢語に訳し、原稿に残した。しかし、社会変動やいろいろな理由で

第2章　創世神話「天宮大戦」　*85*

出版できなかった。その原稿は、ずっと富希陸氏によって収蔵されていた。富希陸氏の貴重な原稿が、再び注目を浴び、陽の目をみるのは、1980年代になってからである。その時期に至って、中国において、満州族研究が、復興し、富希陸の息子である富育光と王宏剛などが満州族のシャーマニズムについて調査、研究を始めたからである。

　富・王は、『薩満教女神』（1995）において、富の父親の富希陸が保存した「天宮大戦」を全文で紹介した。もちろん、満州族の民間には、ほかのシャーマンに伝えられた「天宮大戦」も存在している。例えば、『寧安民間故事集成』（寧安県民間集成委員会：1987：1）には、寧安地区（黒龍江省）のシャーマンに伝えられた「天宮大戦」が、収録されている。だが、富（1990）は「民間に散在した『天宮大戦』は、すでにシャーマニズムの宗教的な雰囲気を失った」としている。この点から、白蒙古シャーマンによって語られた「天宮大戦」は、満州族神話特有のシャーマニズム的特徴を強く残しているので貴重である。本章が依拠したのは富・王（1995）が整理している「天宮大戦」である。

1.2　「天宮大戦」のあらすじ

　創世神話「天宮大戦」の詳しい内容を紹介する前に、この神話の粗筋を紹介してみよう。

　神話の主人公は阿布卡赫赫女神である。阿布卡赫赫女神とは天界を司る女神である。阿布卡赫赫女神は他の300柱の女神系統を創造しただけでなく、世界と人類を創造した。満州族の創世神話では、まず女神が創造され、女神によって世界創造がすすむのである。しかし、阿布卡赫赫女神は、自らに敵対する両性具有の悪神ヤロリ（耶路里）も創造する。悪神ヤロリは、1本の角、9つの頭、8本の腕をもち、また自家生殖ができたので、多くの悪神を誕生させ、悪神系統を形成した。ヤロリ悪神は、天界の統治権を奪おうとして、阿布卡赫赫女神をはじめとする300柱の女神系統と、激しい戦いを行う。阿布卡赫赫女神たちは、悪神ヤロリとの知恵比べを何回も経て勝利を得る。その結果、世界も平和をとりもどす。

　「天宮大戦」の戦いが意味していることは、何であろうか。悪神ヤロリは、天地を何回も闇や氷世界に変えた。阿布卡赫赫女神も、悪神ヤロリにその氷世界に閉じ込められるが、阿布卡赫赫女神は9色の巨大な嘴の神アヒルなどを遣わし

て、世界に光や温暖さを取り戻す。阿布卡赫赫女神とヤロリ悪神の戦いは、まず
女神と両性具有神（性の対立）という形をとってすすむ。

「天宮大戦」神話自体が9部に分かれている。筆者がその9部の内容を日本語
に翻訳し、題目をつけた。本書の章立てとしての「部」と区別するために、神話
の部を「節」と統一する。その詳細は以下のようになる。

2.「天宮大戦」の内容

第1節　最初のバアドインムのシャーマン女神

サハレン（今の黒龍江）下流の東方から九叉の角の神鹿に乗ったバアドインム
（博額徳音母）という女性シャーマンがやってきた。青空に七色の虹が輝いてい
た時代、サハレンに波が輝いていた時代、天上から金色の鯉が飛び降りてきた時
代、木の穴から四本足の銀色の蛇が這い出してきた時代の途方もない大昔、バア
ドインムという女性シャーマンが歩いてきた。

バアドインムは、もう100歳以上の年齢で、白髪はいっぱいだが、赤みを帯び
た元気な顔である。というのは、阿布卡赫赫女神が彼女に神様のような寿命を与
えた。鳥が彼女に歌の喉を与えたからである。百獣が彼女に神鹿の乗り物を贈っ
た。バアドインムは、神技で悪魔を払い、諸々の神霊と交流し、難事を占い、カ
ラキで神の意思を伝達した。彼女が氏族の人々を愛する気持ちは、太陽神の光明
で大地を照らすようなものであった。

黒流江流域では、バアドインムという女性シャーマンは、記憶・音楽・舞踊の
神として、尊敬をもって語られてきた。しかし、バアドインムは後の神話に登場
しない。

第2章　創世神話「天宮大戦」　*87*

第2節　阿布卡赫赫三女神の誕生

阿布卡赫赫女神は、満州族の始祖神である。

　世は最初どんな有様であったか。はるかな昔、天地はいまだ開けず、水の泡しかなかった。水の泡は、だんだん大きく、そして多くなり、水の泡から阿布卡赫赫という女神が生まれた。阿布卡赫赫女神は水のしずくのように小さかったが、だんだん、大きくなって、あちこちに阿布卡赫赫女神が誕生した。阿布卡赫赫女神は、さまざまな形で存在した。水のしずくのように小さかったり、宇宙よりも長かったり、空のように大きかったりもしている。空にも漂っているし、水の中にもいる。世界の至るところに阿布卡赫赫女神がいらっしゃる。彼女の姿は、誰もはっきり見えない。ただ、小さな水のしずくから見ると、阿布卡赫赫は七色の虹のように光っている。

　阿布卡赫赫女神は、自分の体から、バナムハハ（巴那母赫赫）という土地女神と、オトロハハ（臥勒多赫赫）という星女神を誕生させた。続いて、太陽神、風神、雲神などの300柱の女神を創った。

第3節　9つの頭と8本の腕を持つ両性オチン女神や男の創造

　阿布卡赫赫女神は、次いで自分の身体から、一塊の肉を取ってオチンという女神を創った。このオチン女神は9つの頭と8本の腕を持ち、神話の「天宮大戦」で阿布卡赫赫女神の敵として欠くことができない主人公になってゆく。

　阿布卡赫赫女神は、男も創ることにした。彼女は自分の肩の骨と脇下の毛、および姉妹のバナムハハ女神（土地神）とオトロハハ女神（星女神）の肉で男を創った。女性を創る材料は、肉だけであったが、男は肉と骨から構成されたので、男は女よりずっと強く見える。アブカハハ女神は熊の生殖器をその男につけた。だから、男の生殖器は熊の生殖器に似ている。

第4節　両性具有のヤロリ悪神の誕生

　オチン女神は、9つの頭を持っていたので、百獣の知恵を身につけた。8本の
腕があるので、山を揺り動かすほどの神力を持つようになった。オチン女神は、
最初、バナムハハ女神（土地神）を守っていた。しかしオチン女神がその仕事が
嫌になって、叫んだり、大騒ぎをしたりした。バナムハハ女神（土地神）は、石
に襲われた後、怒り、2つの石をオチン女神に投げつけた。1つの石は、オチン
女神の頭の角に変わり、その角が空に聳えた。もうひとつの石は、オチン女神の
腹部の下に落ちて生殖器になった。オチン女神は、両性の怪しい神に変わった。
オチン女神は、自家生殖ができたので、自分に似た怪しい神を多数生んだ。

　オチン女神は、ヤロリ（耶路里）と呼ばれる悪神になった。ヤロリ悪神は、力
が強くてかんしゃくもちで、気体に変わって天上に昇ったり、光に化けて太陽に
入り込んだりした。その長い角によって、大地に入ることもできた。その結果、
ヤロリ悪神は、アブカハハ三姉妹の神様を怖がらぬだけでなく、女神たちを虐め
るようになった。特に土地神のバナムハハ女神は、落ち着いて眠ることができな
くなった。

　ヤロリ悪神のせいで、地上には洪水があちこちに氾濫し、風や雷が止まらず、
天が明るくも暗くもなくなり、流星が空いっぱいに満ちるようになった。万物は
生気が無くなった。

第5節　阿布卡赫赫女神とヤロリ悪神との知恵比べ
― 氷山に閉じ込められる ―

　オチン女神は、ヤロリ悪神になると、阿布卡赫赫女神の三姉妹を虐めはじめ
た。ヤロリ悪神は、自分の9つの頭を9個の太陽のように明るい星に化けさせて、
天上には10個の太陽があるようにした。オトロハハ女神（星女神）は、白樺の
皮で作った星袋に、その9個の太陽のように明るい星を入れようとしたが、ヤロ
リ悪神を地下に連れ去られそうになった。しかし、オトロハハ女神の光で目が眩
んだので、ヤロリ悪神は、白樺の皮の星袋を放り出した。その星袋が放り出され
たコースが東から西までなので、オトロハハ女神は、東方から西方へとその袋を

追いかけて、やっと星袋を取り戻した。それから星はいつも東方から昇って西へと移っていくようになった。

　ヤロリ悪神は、悪魔の目で闇の中から白い氷を見つけると、自信満々で「空が白色だと賭けていいよ」と言った。そして数え切れないヤロリを生んで、はるばる白海から氷山を運んできた。アブカハハ女神は、その氷山に取り囲まれて出られなくなった。バナムハハ女神（土地神）は、9色で巨大な嘴の神アヒルをアブカハハ女神の救出に遣わした。そのアヒルは、アブカハハ女神を氷山から天上へ背負って行った。阿布卡赫赫女神は、やっとその危険な状態から抜け出した。しかし、天上は、海のような氷に覆われていた。そこで9色の巨大な嘴アヒルは、嘴で空をつついて、千万もの穴をあけた。ようやく空はいつもどおり、日、月、星が出て、温暖さが戻った。しかし、神アヒルは、嘴が丸くて平たくなり、足も3枚の木の葉のような形に変わった。

第6節　世界の創造

　ヤロリ悪神は、なおも自分で生んだ多くの悪神たちを率いて万物を丸呑みにするなどの無数の悪事を行った。阿布卡赫赫女神は、たくさんの悪神を殺した。しかし、ヤロリ悪神が、その度にさらに多くの悪神を生んだので、世界は、前より凶悪になり、天地に闇が入り込んだ。七色の火の神であるドカホ（多咯靐）女神が現れた。この女神は、ヤロリ悪神のように自家生殖できる能力を持っていた。ドカホ女神は、たくさんの火の神を生んだ。シスリン風神も、舞い上がる砂と転がる石でヤロリ悪魔をこらしめた。ヤロリ悪神は、地下に逃げ去った。天上にはまた光明が戻った。

　しかし、ヤロリ悪神は、負けを認めない。阿布卡赫赫女神と飛行の力を比べることになる。阿布卡赫赫女神は、ヤロリ悪神に北方の雪海の中に連れ去られ、石の部屋に閉じ込められた。阿布卡赫赫女神は、お腹が空いたので、石を食べた。ところが、阿布卡赫赫女神は、その石を食べると、立っても座ってもいられぬほど熱くなった。阿布卡赫赫女神の体じゅうが、熱のかたまりとなり、雪山を溶かして、雪山に穴を開けた。そして、阿布卡赫赫女神の目は、太陽と月になり、髪の毛は森林になり、汗は川に変わった。

第7節　火の女神と雲の女神の誕生

　ヤロリ悪神は、黒い霧を噴出し、星を巻き上げたので、世の中は真っ暗になった。その時、トム（突母）という火の女神は、空を明るく照らすため、髪の毛をちぎって、星に変えた。しかし、彼女自身は、白い石になり、その光がだんだん弱くなっていった。すると、星袋のなかのナタンという女神が、トム女神の光が弱くなってゆくことに気付き、星袋から出て何百以上の星に変わった。その結果、真っ暗な天上が明るくなった。

　東方の広い草地にイエハ（依尔哈）という女神が住み、その女神の香りがあちこちにあふれていた。イエハ女神は、阿布卡赫赫女神の肉で作られたので、香りのにおいがある雲を生産できたのである。イエハ女神は、日夜宇宙のために香りの雲を創っていた。イエハ女神は、阿布卡赫赫女神のために、そのにおいで香りいっぱいの世界を創った。

　ヤロリ悪神は、阿布卡赫赫女神の在り処をつきとめると、白髪の老婆に化けて、3羽の白い鷟鳥を駆りながら、杖を突いて歩いてきた。阿布卡赫赫女神は、眠っているうちに全身を白い綱で縛られた。白い綱は、鷟鳥が化したものであった。ヤロリ悪神は、自分の角から変えた杖で、阿布卡赫赫女神を刺した。阿布卡赫赫女神は傷だらけになった。それは、シスリン風神が、寝坊をしたので風でアブカハハ女神を守ることができないせいであった。阿布卡赫赫女神は、ヤロリ悪神の捕虜になった。

　天上は、闇に覆われ、万物はどんどん死んでしまった。縛られた阿布卡赫赫女神が涙を流すと、阿布卡赫赫女神の目を守るグル（固魯）という女神が白い花に変わった。ヤロリ悪神は、この花を好み、大切にし、手放すに忍びないと思っていると、突然、その花は無数の光の矢になった。そして、ヤロリ悪神の目をさした。ヤロリ悪神が地下に逃げ去ったので、阿布卡赫赫女神も天地も救われた。風神のシスリン女神は、仕事を怠けたので天界から追放され、ヤロリ悪神の仲間に入って悪魔になった。

第2章　創世神話「天宮大戦」　*91*

第8節　鳥の神、鯉の神、時間の女神の誕生

　阿布卡赫赫女神は、ヤロリ悪神に勝つために石を食べて栄養補給をした。この石は、前の第6節に現れたドカホ女神が住んだ石屋の石であった。ドカホ女神は、ほかの女神たちに生命と力を与える両性具有の神である。そこで、阿布卡赫赫女神は、腹が白い神鳥に九色の石をくわえさせて東海へ遣わした。

　神鳥は、九叉の神樹にとまって、ヤロリ悪神の行動を観察した。阿布卡赫赫女神は、ヤロリ悪神の角が一番手ごわいので、身体の泥でミヤカ（米亜卡）という小さい神をたくさん創って、ヤロリ悪神の角の中に入らせた。ヤロリは、痒くて痛いので天上へ飛び去った。ヤロリ悪神の角は、ミヤカ神に半分折られて大地に落ちた。その半分の角がちょうど猪の口に当った。そのため、猪には長くて鋭い牙が生えた。ヤロリ悪神は、天上で転げるほど痛かった。

　300柱の女神がヤロリ悪神を攻撃し始めると、ヤロリ悪神は黒い風に乗って大川の底に逃げ、ミミズに変わり、泥の中に潜った。ユム（尤母）という神様は、素早く小さい鯉になり、ヤロリ悪神が化身したミミズの尻尾にかみついた。しかし、ミミズは、波を起こし、水を濁して逃げた。

　ヤロリ悪神は、悪魔になった風神シスリンの助けで、光明をお腹に呑み込んだ。そのため、世界は、闇になった。天上には埃や砂が舞い上がった。ヤロリ悪神は、その風で女神たちの気を失わせ、身を隠したつもりでいた。だが、アブカハハ女神は、雲の女神（タチママ）に女神たちのために日夜方向を見させた。しかし、そのタチママという雲の女神は、ヤロリ悪神が遣わした風神シスリンに吹かれると、絶え間なく浮動している。そのため、阿布卡赫赫女神は方向が分からなくなった。すると、アブカハハ女神はどうしてもヤロリ悪神に勝てなかった。阿布卡赫赫女神は風神シスリンの強風に吹かれても、闇の中のヤロリ悪神に騙されなかった。

　阿布卡赫赫女神は身体の泥でシンクリ（興克里）女神を創った。その女神は太陽を案内して天上を明るく照らす役割をもっている。夜明けにヤロリ悪神に襲われるのを予防するために、阿布卡赫赫女神は、また3つの耳と6個の眼をもった獣を創った。その獣は、頭を南方に向け、天上に横たわり、高い空を眺め、ヤロリ悪神の影をさがす姿でアブカハハ女神を守っている（サソリ座）。

92 第2部 満州族シャーマンの神話

　ヤロリ悪神は、何回も阿布卡赫赫女神に負けた。最後に阿布卡赫赫女神と一対一の対戦を行うことにした。2人は、戦いはじめた。大地が動き、星が移り変わり、雷と稲妻が入り交じった。ヤロリ悪神は、黒い風や水を噴出した。天地がまた暗くなり、万物もなくなった。しかし、ヤロリ悪神は、星や光に照らされ、目が眩み、疲れきった。星の上に立って休憩しようとして、ドデン（徳登）女神という星の上に降りようとした。ところが、ドデン女神は、阿布卡赫赫女神の1本の足であった。この女神は、ヤロリ悪神が降りようとするのを見て、わざと長い髪の毛を抜いて光を放った。すると、ヤロリ悪神は、ドデン女神の頭の上に降りようとした。しかし、ドデン女神が突然頭を下げた。ヤロリ悪神は、ドデン女神の頭を踏めずに大地の中心部に落ち込んだ。そこは、バナジオムという女神の臍であった。その女神は、三層の地下を司っていた。阿布卡赫赫女神はヤロリ悪神を捉えたが、ヤロリ悪神は、煙に化けて逃げた。その煙は、世間の疫病になった。

第9節　満州族シャーマンの誕生

　ヤロリ悪神は、日が暮れた暗夜に、こっそりと天上にやってきた。ヤロリ悪神の噴出した水が空や大地を水浸しにした。戦っているうちに、ヤロリ悪神が阿布卡赫赫女神の体を守るスカートをちぎってしまった。阿布卡赫赫女神は、かろうじて九重の天上へ逃げたが、金色に光る太陽川の岸辺で気を失ってしまった。岸辺の神樹の上に住んでいるコンジェレ（昆哲勒）という9色の神鳥が、金色の太陽の水をくわえてきて、阿布卡赫赫女神の傷口を洗い、9色の羽をちぎって金色の光の輝くスカートを織った。アブカハハ女神は、そのスカートを穿くと、元気を取り戻した。阿布卡赫赫女神が、虎、豹、熊、大蛇、鷹、牛、魚、虫などの魂を取るとともに、百獣から1本ずつ骨をもらって、体を守るスカートを織った。その結果、阿布卡赫赫女神は、無敵の神威を持つようになった。

　こうして、阿布卡赫赫女神三姉妹は、他の女神たちの助けを借りて、やっとヤロリ悪神を打ち負かした。ヤロリ悪神は、夜に鳴く9個の頭をもつ不吉の鳥になった。それでも、時々、ヤロリ悪神の魂は、人間に災難をもたらす。

　阿布卡赫赫女神がヤロリ悪神の5つの目を奪ったので、ヤロリの目が見えなく

なった。そのため、ヤロリは、光明と焚き火を怖がるようになった。だから、人間は焚き火を焚き、氷で作った提灯をかけるなら、9個の頭の鳥（ヤロリ悪神）が人類に危害を及ぼすのを防ぐことができる。

　阿布卡赫赫女神は、神鷹を遣わし、女の赤ちゃんを育てさせた。赤ちゃんが最初の女性シャーマンになる。神鷹は、コンジェレ（昆哲勒）神鳥のくわえてきた太陽川の生命と知恵という羹（あつもの）で、その幼き女性シャーマンを哺乳した。神鷹はオトロハハ星女神の神光で女の子に啓示して、占卜を身につけさせた。さらに、彼女に神技、医術などを伝授した。その結果、その女性シャーマンは、万能の力を得て、代々満州族を守ってきた。

　何万年も経って、洪水が起こった。大地にダイミン（代敏）という神鷹と1人の女だけが生き残り、彼らから人類が誕生した。その女性は、シャーマンであり、人類の始祖神になった。阿布卡赫赫女神が遣わした太陽の光とコンジェレ神鳥が水の中に入ったため、水は温かくなり、虫や水草、魚、海老などの生物を誕生させた。人類に方向を分からせるために、5つの方向（東、西、南、北、中）に女神をおいた。アブカハハ女神は、自分の髪の毛を取って、地上の広くて長い川に変え、その川の水で満州族を育てている。

　また何万年も経って阿布卡赫赫女神は、アブカオントリ（阿布卡恩都里）という男神になって、新しい神の系統を形成した。新しい「天宮大戦」が間もなく始まる。

3.「天宮大戦」神話の意味する世界観

　以上紹介した長編創世神話「天宮大戦」には、満州族の特有の神話世界が展開されている。神話によれば、水の泡から誕生した満州族の始祖女神アブカハハは、バナムハハ（土地女神）、オトロハハ（星女神）を創った。ついで、阿布卡赫赫女神によって、300柱の女神系統、世界創造、人類創造がすすんだ。しかし、阿布卡赫赫女神によって創られた9つの頭と8本の腕をもつ両性具有のヤロリ悪神は、天界の統治権を奪おうとして、アブカハハ女神をはじめとする300柱の女神系統と、激しい戦いを行った。阿布卡赫赫女神は、何度もヤロリ悪神に騙さ

94 第2部 満州族シャーマンの神話

れ、氷世界や闇の世界に閉じ込められたが、神々の助けを借りてやっと勝利を得た。

「天宮大戦」の戦いが意味していることは、一体何であろうか。阿布卡赫赫女神とヤロリ悪神の戦いは、まず女神と両性具有神（性の対立）の戦いという形をとってすすむが、その背後には、光と闇、熱の世界と氷世界、あるいは夏と冬の対立という意味が隠されている。長期にわたって氷雪に閉ざされる中国北方民族の独特の自然環境が神話に反映されている。

このような創世神話「天宮大戦」は、満州族のシャーマンの聖典として、シャーマンに伝承されてきた。そして注目すべきは、「天宮大戦」に登場する魚、熊、鷹、猪などの動物神、天神、火神などが、満州族のシャーマニズム儀礼の起源神話となっていることである。

さらに、「天宮大戦」の主人公は、阿布卡赫赫女神である。第1章の柳神話から分かるように、阿布卡赫赫女神は、「天上の柳葉」、「天女」の意味がある。「天宮大戦」は、天女をめぐって、天宮で起こった戦いの物語である。天上の柳葉あるいは天女によって、世界と人類を創造するという柳神話のテーマが、「天宮大戦」にみられた創世神話により詳細に表現されている。

第 3 章

創世女神阿布卡赫赫の神話

　筆者の調査地のひとつである遼寧省新賓満州族自治県にも、シャーマンによって伝えられてきた阿布卡赫赫に関する神話がある。それは、曹文奇の『啓運的伝説』（2003：122-124）の中で紹介されている阿布卡赫赫の神話である。阿布卡赫赫の神話は、創世女神阿布卡赫赫による世界創造、人間創造の過程を語っている。さらには、創世女神阿布卡赫赫によって、満州族のいくつかの部族創造が行われた話はすすむ。

1. 創世女神阿布卡赫赫の神話

1.1　世界秩序の改変

　昔、人間がいなかった。森と、獣しかなかった。虎、熊、金銭豹、狼、蛇、大蛇、鳥、鷲、鷹、魚などがいた。

　かつて、これらの動物は、善神であった。しかし、ある日、1匹のヤマイヌが熊が苦労して木の上から採った松の実を盗み食いした。熊は怒って、ヤマイヌを追っていった。しかし、ヤマイヌは飛ぶように逃げてしまった。仕方がなく、熊は家に帰った。その途中、熊は、虎が洞穴に運んできたカボチャを見つけ、家に持ち帰った。この時から、世界が混乱するようになった。弱肉強食が起こった。

　宇宙大神の烏魯托依翁は、これを善神から悪神になった罰として、彼らを死なせることにした。彼は地上に洪水を起こした。

96 第2部 満州族シャーマンの神話

1.2 洪水氾濫

洪水は大地に氾濫し、世界のいたるところが洪水になった。動物は山の上へ逃げ、大樹の枝に登った。しかし、洪水はまたどんどん押し寄せてくる。地上の動物が死に瀕した。

すると、1羽のハエが烏魯托依翁の顔にとまった。彼は九天から1本の柳の枝を折って、手当たり次第にハエを追い払ったので、ハエが飛んでいった。烏魯托依翁は柳の枝を投げ捨てた。

1.3 阿布卡赫赫の誕生

柳の枝が九天から下に落ちてゆくと、1つの雲が飛んできた。雲は柳枝にあうと、仙女になった。この仙女が阿布卡赫赫であった。阿布卡赫赫が、地上へ降下すると、洪水だらけだった。止まる場所がなかったので、阿布卡赫赫が身体から柳枝を抜いて投げた。

1.4 世界創造

柳の枝が水に落ちると、島のように大きくなった。動物たちは急いでその島に登った。その後、洪水はだんだん下がっていった。山野、平原、森林、大地は生気を取り戻した。

1.5 人間の誕生

阿布卡赫赫は長白山に降りた。獣たちが彼女に感謝しにやってきた。すると、阿布卡赫赫は、「お前たちは自分を管理できないから、これからは、人間に管理させる。人間はこの世のリーダーだから、人間に服従しない者は、処罰する」といった。

太陽が高く昇った。長白山には鳥が歌い、花がさき、生気が満ちた。木の上に紅、緑、黄色の実が実った。阿布卡赫赫は疲れたので、樹から10個の果実を採って食べて、地面に寝て休憩した。阿布卡赫赫が大地にふれると、妊娠し、まもなく10人の赤ちゃんが生まれた。

第3章 創世女神阿布卡赫赫の神話　97

1.6　氏族創造

　10人の赤ちゃんは、風にあたると、あっという間に大人となった。阿布卡赫赫は、「私はいつまでもあなたたちのそばに付き添うことができない。あなたたちは独立しなければならない」と、子供たちに言った。

　阿布卡赫赫は、10人の子供たちに、名を与えた。それから、彼らを結婚させた。そして、「1男1女が一家になって、1つのところで、子孫を育て、1つの穆昆（ムコン）になろう。あなたたちの名が哈拉（ハラ）になる」と言った。子供たちが東南西北四方に散った。

　その後、阿布卡赫赫は九天に飛び去った（曹文奇：2003：122-124）。

　阿布卡赫赫の神話は、「天宮大戦」のように長くないが、意味深長である。世界秩序改変から、洪水氾濫、阿布卡赫赫の誕生、世界創造、人間創造、部族創造の満州族の神話が続々と登場した。この神話の背後にも、柳による世界創造の物語がある。

2.　愛新覚羅族譜のなかの神話

　筆者も、愛新覚羅王族の後裔たちが居住する腰站村でその一族の族譜を見た際、そこには、類似した2つの神話が記されていることを発見した。満州族の族譜は、文化大革命中、ほとんど破壊された。そのため、愛新覚羅族譜自体がきわめて貴重である。

2.1　愛新覚羅来歴の神話

　腰站村の愛新覚羅族譜に載っている第1神話の内容は、次のようになる。

　　ある日、7人の仙女が長白山の天池へ沐浴に来た。仙女たちが衣服を脱いで岸辺に置いた。この時、天上から一個の果実が仙女の服の上に落ちた。沐浴が終わった頃、一人の仙女が果実を見つけて、それを取って、口の中に入れようとしたが、不注意にお腹の中に呑み込んでしまった。間もなくこの仙女が身ごもり、一人の男の子を生んだ。仙女が男の子を愛新覚羅・布庫里雍順と名づけた。この子は、

98 第2部 満州族シャーマンの神話

　大きくなって、建州女真の始祖となった（「愛新覚羅族譜：8」）。

　仙女が果実を食べることによる一族創造は、上述の阿布卡赫赫神話の話と一致
する。

2.2　万暦媽媽の神話
　もうひとつの神話は、「万暦媽媽（ワンリママ）」をめぐる神話である。「万暦媽媽」は柳女神
の「仏托媽媽（フォドママ）」の別名である。

　　　ヌルハチの幼名は、「小汗」という。彼は、少年の時、撫順で明代の将軍李成梁
　　の世話をする手伝いとなった。小汗は、勤勉なので、将軍の妾であった「万暦媽
　　媽」に愛された。彼は万暦媽媽の世話になった。
　　　ある日、小汗（ヌルハチ）は、将軍の足を洗っている時、将軍の足の中央部に
　　黒いあざが3個あることを発見した。小汗がこのことを将軍に言った。将軍は、
　　「私はこの3個のあざのおかげで、将軍になれたのだ」と、小汗に教えた。小汗は、
　　「私の足下にも7個の赤いあざがある」と将軍に言った。それを見た将軍は、とて
　　も驚いて、このことを朝廷に報告した。
　　　朝廷は占い師に占うよう命じた。すると、将来の真龍天子は、7個の赤いあざを
　　もつという占いの結果が出た。すると、朝廷はその者を殺せという命令を下した。
　　将軍の妾であった万暦媽媽は、このことを知り、小汗に早く逃げろと教え、一緒
　　に逃げた。
　　　小汗は草原に逃げたが、後ろから追撃の軍隊が近づいた。万暦媽媽は、小汗が
　　逃げる方向とは違った方向に走って、わざと軍隊に自分を発見させた。万暦媽媽
　　は、軍隊が万暦媽媽に近寄ると、自殺した。
　　　万暦媽媽のおかげで、小汗は逃げることができたが、疲れ果てて、草原に寝て、
　　動けなくなり、まもなく、昏睡してしまった。その時、軍隊が草原を燃やし始め
　　た。火は天空を照らした。軍隊は小汗が必ず焼死すると信じた。しかし、1匹の犬
　　がやってきた。犬は、尻尾で川の中から汲んできた水を小汗の身体にかけ、小汗
　　の命を救った。
　　　それゆえ、満州族は万暦媽媽の恩に報いるために神棚の上に氏族の神を除いて、
　　万暦媽媽を加えるようになった。そして、犬の救命の恩を感謝するため、満州族
　　は犬肉を食べないようになった『愛新覚羅族譜：9』。

　こうして、「創世女神阿布卡赫赫の神話」、「愛新覚羅来歴の神話」、「万暦媽媽

の神話」には、柳崇拝があることは明らかになった。

3. 神話にみる特徴

　以上、「柳神話」（1章）、「創世神話"天宮大戦"」（2章）、「創世女神阿布卡赫赫の神話」（3章）の3種類の神話を分析した。これより、明らかになったのは、これらの神話の背後には、第1に、氷雪に閉ざされる北方系民族の自然環境が反映されていること。第2に、3種神話には柳崇拝というシャーマニズム世界観が存在すること。第3に、これらの神話に登場する鷹、鳥などの動物神、天神、火神などが、満州族のシャーマニズム儀礼の起源神話となっていることである。

第3部

満州族シャーマンの成巫過程

はじめに

　第3部では、満州族シャーマンのイニシエーションとライフヒストリーを論じて、シャーマンへのイニシエーションの分析を通じて、シャーマンとはなにかを明らかにする。

　現代中国のシャーマニズム研究の第一人者の富育光（1990:3）によると、シャーマンは、民族の智者であり、博識で多能な文化人の役割を担ってきた。満州族のある神典で講じられるところによると、シャーマンは黄金のような口を持ち、神鷹のような勇猛さと知性を持つ。シャーマンは民族の精神であり、知性と力の集大成であるという。平日にはシャーマンは氏族の普通の一員であり、何ら特殊な礼遇を享受しないが、氏族あるいはその成員が困難に遭遇した時には、その厄払いを主導する指導者となり、また同時にその氏族の医者であり、子供を育成する保母でもあった。

　しかし、満州族シャーマニズムは激しい歴史的変化を受けて現在に至っている。歴史変化を踏まえながらも、現在のシャーマニズムに注目するなかでシャーマンとは何かを明らかにするのが、第3部の目的である。

第 1 章

シャーマンとは何か

1. シャーマンの語源

「シャーマン」（〈英語〉shaman,〈独語〉schamane,〈仏語〉chaman）の原意は、ツングース語では、「はっきりと理解する」、「はっきりと知り通じる」ということであり、すなわち神意を理解して通じることのできる人、神霊の使者、人類の代表、人と神の仲介者ということである（王・関ほか：1999：11）。

シャーマンという呼称は、満洲・ツングース系諸族[1] においてだけ用いられた。シベリアや他の北・中央アジアの諸族においては、カム（kam）を、モンゴル、ブリヤート、カルムク族はブー（bö）を、ヤクート族はオユーン（ojun）を、またヤクート族は、女性職能者の場合には、モンゴル語のウダガン（udagan）を用いていた（佐々木：1985：22）。

ところが、満洲・ツングース語の「サマン」が17世紀ごろにロシア語に取り入れられ、19世紀の中葉ごろからシベリア語族の民族学的調査研究が著しく促進されるにいたって、この語は北アジア、シベリアさらに中央アジアの呪術 ── 宗教的職能者一般を指す用語として文献の中に定着することになる。

もっとも、学者によってはシャーマンの語のツングース起源にたいして異説を唱える者もあり、民族学者K・ドンネルはサンスクリット語のシュラマナ（sramana）やパーリ語のサマナ（samana いずれも〈沙門〉＝出家者を意味する）との関連に注目している。

そして、「シャーマン」、「シャーマニズム」の語は、20世紀になると、北米、南米やアジア各地の類似職能者に適用されるにいたるが、現在では、ほとんど世

104 第3部　満州族シャーマンの成巫過程

界全域にわたって、民族学者や宗教学者により「シャーマニズム的」(shaman-istic) な現象や「シャーマン的」(shamanic) な人物、職能者の存在が指摘されるようになった。しかし、北アジア・シベリア以外の地域の類似職能者を意識的にシャーマンとは呼ばず、「霊媒」(medium) と称する研究者が少なくない (佐々木：同上：23-24)。

2. 歴史のなかのシャーマン

2.1　伝説上のシャーマン

　現在満州族は父系社会である。しかし、満州族ははじめは母系社会であった可能性が高い。母系社会では女性が氏族の首長を担当し、狩猟と漁労の獲物を分配し、子育てを行った。また、戦争のときも、女性が氏族のメンバーを率いて戦った。そのなかで、敏感かつ聡明な者で天に通じる能力を有するものや、宇宙の神界とよく相通じるものが、最初の女性シャーマンとなった。満州族には、氏族の首長、英雄、シャーマンの3つの職を一身に兼ね備えた女性が現れた (郎：2005：43)。例えば、富に採集された満州族の史詩中の「烏布西奔媽媽」[2]（ウブシベンママ）は、有名な女首長であり、女性シャーマンでもあった。

　清朝時代の『欽定満洲祭神祭天典礼』(1747：31) によると、清朝の宮廷では、皇帝や大臣の妻がシャーマンの役割を果たしていた。民間では、女性シャーマンも少数いたが、男性シャーマンが圧倒的に多かった。

　現在、満州族シャーマンはほとんど男性である。しかし、男性シャーマンは、必ずスカートをはき、女の声を真似なければならない。そうしないと、女神が男性シャーマンの身体に憑依することができないという。

2.2　清朝時代以前のシャーマン

　およそ、北緯35度以北の中国北方の広大な地域は、かつてシャーマニズムが広く流布していた世界であり、紀元前2世紀末から13世紀初めにかけての中国の文献には、北方民族のシャーマニズム儀礼についての言及が多くみられる。しかし、不思議なことに、「シャーマン」についてほとんど言及されていない。は

じめて言及されたのは、13世紀初め、南宋の徐夢梓の『三朝北盟会編』で次のように記載されている。

　「兀室（完顔希尹）奸滑而有才。国人号為珊蛮。珊蛮者、女真語巫嫗也、以其通変如神」。

　「兀室（すなわち完顔希尹）は、狡猾で才能がある。国人は、珊蛮と呼ぶ。珊蛮とは、女真語の巫嫗である。神と交流し変身することができるので、神のようであった」とある（王・関ほか：1999:11-12）。

　文中の「珊蛮」は、「シャーマン」という語の異音である。

　金代（1115〜1234）のシャーマンは、重要な儀礼と各種の儀礼活動に従事した。祖先・社稷・風雨雷師・岳鎮海神の儀礼、および出兵などを挙行することを祖先天地に奏告する儀礼の際にも、すべてシャーマンが関わり、あるいは主宰した。シャーマンは、タンバリンを打ち、鈴を振り、香を焚き、祈祷し、神歌を吟唱した。ある者はまたさまざまな神獣、霊禽を真似て、軽快に舞うことができた。そして、神霊と交流し、人の願望を神霊に伝え、神の意思を人々に伝達した。また、彼らは「神棚の上の物語」、すなわち、シャーマニズムの神話を講釈することができた。（王・関：1999:12-13）。

　『金史』（1344年）によれば、金昭祖（石魯）には子が無く、シャーマンに請うて子宝を授けるよう祈願してもらったところ、「2男2女が生まれ、その兄弟順序は、すべて巫者の言ったようであった」という（同上：12）。

2.3　清朝時代のシャーマン

　清朝時代にシャーマニズムは大きな変容を遂げる。

① 　16世紀以前、満洲族の前身民族である女真族においては、シャーマニズム活動が盛んに行われた。しかし、女真族を統合して清朝の基礎を作ったヌルハチは、諸部族を征服すると、敗れた部族のシャーマンを容赦なく殺した。その部族の神偶（人形）、神器なども破壊した（富：1991:67）。

② 　清朝の第2代皇帝ホンタイジ（1626〜1643）は、ヌルハチ時代よりもっ

106 第3部 満州族シャーマンの成巫過程

と厳しくシャーマンの活動を弾圧した。特に牛、馬などを供犠することが禁止された。

　清朝を立てた満洲族は人口的には多数派の漢民族を支配したが、文化的には長い歴史を有する漢民族文化より劣性な立場にある。儒教、仏教などのシャーマニズムは未開宗教であると考えるようになった。それもホンタイジがシャーマニズムを抑圧した理由である。しかし、ホンタイジは完全にはシャーマニズムを禁止しなかった。そもそも、彼自身が宮廷内でシャーマンの祭祀活動を中止したことがなかった。ホンタイジにはシャーマニズムが失われると、満洲族という民族共同体が解体するという意識があった（劉・定：1990：126）。

③　1644年に満州族が中国の東北部から中央地方に入り、北京を都としたことは、満州族の歴史上の転換点であった。満州族と漢族との接触はさらに進んだ。

④　1747（乾隆12）年には、『欽定満州祭神祭天典礼』が頒布された。これは、シャーマンが祝辞を唱えることが中心になったことである。そのなかで重要なのは「憑依現象」が取り締まられることであった。

⑤　清朝時代における満州族の社会組織は、父系氏族を基本単位としてきた。氏族は血縁組織であるから、村などの地縁組織に属さなかった。各々の氏族がシャーマンを持っていた。氏族シャーマンは氏族内の成員のみに奉仕していた。

　清朝時代のシャーマンは、シャーマンの奉仕対象によって、3種類に分けられている（孫英：1999：3）。

a　氏族シャーマン

　氏族シャーマンは、氏族を単位として、氏族の人々のために除災招福、邪気払い、病気治療などの役割を果たす。

b　社会シャーマン

　社会シャーマンは、氏族の範囲を超え、「旗人」（満州族）全体のために病気を治療したが、後に、漢族などにもその治療を開放するようになった。

c　軍隊シャーマン

　軍隊シャーマンは、軍隊出征の際に、祈祷するとともに、軍隊の心理カ

ウンセラー、医師などの役割も果たした。

2.4　中華民国時代（1912〜1949）のシャーマン

　清王朝が崩壊後の中華民国時代においては、満州族の統治者の地位が墜落した。満洲族に対する排撃政策によって、満洲族文化のシンボルであって、彼らのシャーマニズムが簡素化するようになった。満州族の集中している地方では、一般的家庭が祭祀を行う時にも、伝統的なシャーマニズムの踊りを踊らずに、祖先の神像を供えて、焼香するような儀礼だけが残された。彼らはこのようなおおざっぱな宗教を「叩唖巴頭」（黙々と叩頭する）と称していた（汪：2002：151）。

2.5　満州国時代（1932〜1945）のシャーマン

　日本政府に支持された満州国時代、シャーマニズムは余命を保ち、一時的に復興した（逄：2005：82）。

　満州族の氏族シャーマンは、精霊の統御者として、一族の健康と福利、子供の出産、狩猟の成功などにおいて、氏族の保護者の重要な役割を果たしていた（シロコゴロフ：1967：254）。

　次に現代シャーマンの様子を紹介する。

3.　現代のシャーマン

3.1　シャーマンの人数

　中華人民共和国の中華人民共和国成立以来（1949年）、シャーマンの活動は、しばしば弾圧を受けてきた。筆者は、調査の際、文化大革命時代にシャーマンが検挙された話や逮捕された話、批判された話を耳にした。1979年に始まる改革開放政策の結果、中国社会の自由度は、徐々に増した。そのため、シャーマンの活動が取り締まられることは少なくなった。

　現在の満州族シャーマンの人数の公的な統計的数字はない。中国の政治・社会的状況で、その数が増減するために、その実態を把握することは難しい。

　富・孟（1991）[3] によると、東方地方のシャーマンの人数は約80人である。

108 第3部　満州族シャーマンの成巫過程

しかしその中にはモンゴル族、ダウール（達斡爾）族、オロチョン族のシャーマンが含まれている。また、シャーマンの身分を隠しているシャーマンがいる他、地理的に交通不便な村にシャーマンがいる可能性が高い。そのため、満州族のシャーマンの正確な数は、明らかではない。

　現在の中国では漢民族のシャーマンは、学術的研究の対象とはされていないため、漢民族シャーマンの数についての詳細な資料もない。

3.2　シャーマンの衣装

（1）　神帽

　シャーマンの帽子は漢語で「神帽」（シンモウ）と呼ばれ、満州語で「央色」（yang se）と呼ばれる。

　満州族シャーマンの神帽の枠は、木、あるいは動物の頭皮や骨などで作られていた。しかし、筆者がみたものは鉄や銅や布などの金属で作られていた。

　筆者が実見した神帽の様式は、以下の３つのケースに分けられる。

　①　金属で作られ、鷲（わし）の下に太陽、星などを配するもの（写真 3-1-1）。
　②　３羽の鷲を配するが、その周りに十数個の鈴をつけるもの（写真 3-1-2）。
　③　すべて布で作られ、上の方は鷲の羽根で飾られ、銅鏡がはめられる。珠すだれがシャーマンの上顔部を覆っているもの（写真 3-1-3）。

　シャーマンの帽子に鷲の羽根が飾られるのは、空高く飛ぶ鷲のように神通力を持つ神霊によって、人間の祈りや希望を天に伝えてほしいという望みが表現されているのである。鷲の羽根の数が多ければ多いほど、シャーマンの神通力が強いという。

　第１種と第２種の神帽に様々な色の布が結び付けられている。この布で作られた帯は、鳥の尾を象徴するという（ウノ・ハルヴァ：1989：456）。

（2）　昔の神服

　シャーマンの上着とスカートを漢語で「神服」（シンフ）という。

　満州族シャーマンの神服は、さまざまな変化を遂げてきた。汪（2002：158-160）によると、1949年中華人民共和国成立前のシャーマンの神服は素材によって、次の２種類に分けられる。

　第１は動物の皮で作られた神服である。

　神服は、鹿、魚などの動物の皮で作ったものである。ある種類の野生動物の皮

写真 3-1-1　羽鷲飾りのシャーマンの神帽　　写真 3-1-2　羽鷲飾りのシャーマンの神帽

写真 3-1-3　鷲の羽で作られたシャーマンの神帽

　で作った神服を着ることにより、その動物の神霊が身体につき、強い神通力を獲得できるという。伝説のなかのニシャン・サマンの神服には魚などの動物の図案が飾られている。
　第2は、樹皮で作った神服である。

白樺の皮でできた神服もあった。このような神服は、中華人民共和国成立(1949年)まで、シャーマンによって保存されていた。しかし、文化大革命時代、満州族シャーマンの神服の多くが、「迷信」として焼却された。それゆえ、現在のシャーマンの神服は、簡略化されている。

（3）現在のシャーマンの神服

現在のシャーマンの神服は、筆者の調査した限り、2種類に分けられる。1つは、木綿の白シャツにスカートである。絹織物で作ったスカートは、上半部が青、黄色、ピンク色などの鮮やかな色地がある（写真3-1-5、写真3-1-6、）。生地の上に雲の図案で飾る場合もある。そのスカートの下縁は多色の布で飾っている（写真3-1-7）。ズボンを穿く場合もある（写真3-1-3）。スカートに赤布の帯をまとった場合である（写真3-1-6）。

写真3-1-4　白いワイシャツに青色のスカート

写真3-1-5　白いワイシャツにピンク色のスカート

写真3-1-6　雲模様がついたスカート

写真3-1-7　普段着を着るシャーマン

もうひとつは日常生活で着用する普段着である（写真 3-1-7）。

3.3 シャーマンの装具
（1） 手 鼓
　タンバリンは漢語で「手鼓」（シュグ）といい、満州語で尼馬琴（imacin）と呼ばれ、羊の皮や牛の皮などで作られているものである。

　タンバリンには 3 種類ある。
① タンバリンの裏側は、皮の紐と鉄線で十字の形に結ばれ、銅銭などで飾られる。タンバリンは、手で叩かず、バチで叩く。タンバリンの裏側の十字を握って叩くもの（写真 3-1-8）。
② もうひとつはタンバリンに 9 個の鉄輪がついた長い手柄があるもの（写真 3-1-9）。

写真 3-1-8　シャーマンのタンバリン

写真 3-1-9　長い手柄に 9 個の鉄輪があるタンバリン

③ 手に持たず地面に据えられる柄がない太鼓（写真 3-1-10）。

（2） 扎 板
　「扎板」（ジャバン）は、満州語で「卡拉器」（ka ra ki）（カラキ）と呼ばれ、木製の板 3 枚を重ねた楽器である。この板をたたき合わせる（写真 3-1-11）。

（3） 神 刀
　神刀（シンドォ）は満州語で哈馬刀（ha ma dao）（ハマドォ）と

写真 3-1-10　太鼓

112 第3部 満州族シャーマンの成巫過程

写真 3-1-11 シャーマンの卡拉器

呼ばれ、鉄で作られた刀の形をしている。族譜と一緒に神棚（祖宗板）の祖宗匣
（箱）の中に納められている（写真3-1-12）。

（4）腰　鈴

「腰鈴」は、満州語で「西薩」（shi sa）と呼ばれる。牛の皮で作られた帯に鉄
製の21個の鈴がつるされている。腰鈴の重さは約15kgで、儀礼の際、シャー
マンはそれを腰に着け、振って音を鳴らす（写真3-1-13）。

写真 3-1-12　瓜爾佳氏族シャーマンの哈馬刀

写真 3-1-13　シャーマンの腰鈴

4. 本書のシャーマンの分析視点

　先に紹介したように、孫英は清朝時代のシャーマンを氏族シャーマン、社会シャーマン、軍隊シャーマンに分類した。これに対して、赤松・秋葉（1941:23）は、満州族シャーマンを家族シャーマンと職業シャーマンに分けている。

　家族シャーマンは、氏族の祭天などの儀礼における祈祷、供犠などの役割を果たしている。職業シャーマンは大仙（狐などの動物）を中心に儀礼する満漢共通のものである。この職業シャーマンは孫英の言う社会シャーマンに相当する。しかし、富・孟（1991:100）は、職業シャーマンを満州族シャーマンの範疇から排除すべきことを主張してきた。彼は、満州族には職業シャーマンがいないと力説している。実際筆者も満州族出身の職業シャーマンに出会ったことがない。

　その上で、富・孟（1991:67）は、氏族シャーマンを「家シャーマン」と「野シャーマン」に、儀礼を「家祭（ジャジ）」と「野祭（イェジ）」に分けている。家祭とは、氏族の祖先神を中心として、豊作祈願や氏族の健康祈願や病気直しなどを目的とした儀礼である。野祭とは、祖先神以外の神霊、日月星辰や山の神といった自然の神、鷹神、虎神などの動物の神を中心とする原初の儀礼である。「野祭」を司祭するシャーマンを「野シャーマン」、あるいは「大シャーマン」と呼ぶ。「家祭」を司祭するシャーマンを「家シャーマン」と呼ぶ（富・孟：1991:67）。

　「野シャーマン」は、「神霊がかりの召命型」である。召命型のシャーマンは、巫病体験などを通じて、神霊に憑依されて、修業しなくても直接に神とコミュニ

ケーションができるようになったシャーマンである。憑依経験の後、修業する場合もある。しかし、修業の有無にかかわらず、「野シャーマン」は、神霊に憑依され、シャーマンになる「召命型」である。

「家シャーマン」は、修業によってシャーマンになる場合であるが、これには2つのケースがある。第1ケースは、シャーマンにふさわしいとみなされた者が、氏族の人々に推薦されて、氏族の氏族シャーマンについて学び、試練の儀式を通じて、「家シャーマン」になる場合である。

しかし、より典型なのは、子供が巫病になり、なかなか治らないと、その両親が神に保護を祈り、病気が治ったらシャーマンにする願いをかけるケースである。子供は病気が治ると、氏族の人々の同意を経て、氏族シャーマンのところへ修業に行く。一定時間の学習を経ると、彼が新シャーマンになる。巫病は神霊に憑依され、治癒できない病の意である。しかし、この場合も「修業型」に分類できる。富の分類を整理すると以下のようである（図3-1-1）。

しかし、筆者の調査した限りでは、「野祭」、「家祭」の呼称は現地で使用されている呼称ではない。「家シャーマン」と「野シャーマン」という区別も見当たらなかった。「野祭」に対する「野シャーマン」、「家祭」に対する「家シャーマン」は富の提案した分析概念である。実際には「察瑪」（cama）、「大神」のような名称が使われている。かつ以下の議論で示すように、シャーマニズム儀礼を富のように「野シャーマン」と「家シャーマン」と分けること、シャーマンを「職業シャーマン」と「家族シャーマン」に分けることは困難であった。

その上で、筆者は満州族シャーマンをシャーマンになる成巫過程によって、巫病経験の後の召命型と修業型、および推薦後の修業型によって分けるほうが有効

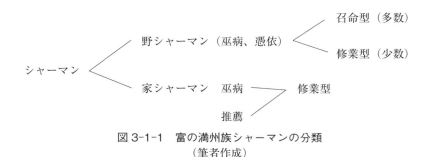

図3-1-1　富の満州族シャーマンの分類
（筆者作成）

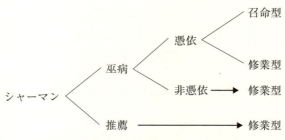
図3-1-2 筆者の満州族シャーマンの分類

であると考える。図式で示すと、次のようである（図3-1-2）。

このように、満州族のシャーマンを召命型シャーマンと修業型シャーマンに分けることが可能であると考える。

注
1) 満洲・ツングース諸族は主に、満州族、赫哲族（ホジェ）、錫伯（シボ）、鄂温克族（エヴェキ）、鄂倫春族（オロチョン）を指す。
2) 富育光に採集された口承文学であり、未公表。
3) 富育光・孟慧英　1991『満族薩満教研究』北京大学出版社：114。

第 2 章

シャーマンになる過程

　本章では、4つの瓜爾佳氏族、石氏族、羅関氏族、張氏族の氏族シャーマンの入巫式の事例を取り上げ、彼らがどのようにしてシャーマンとなるかを考察する。

1. シャーマンになる動機

　多くの満州族シャーマンと出会って分かったことは、過去においても、現在においても、自分から好んで、あるいは喜んでシャーマンになった人がほとんどいないということである。それは以下のような理由による。

1.1 シャーマンになる人は「絶戸（ジェフ）」しやすいとみなされることが、最大の理由である。

　「絶戸（ジェフ）」とは、子孫がいないこと、あるいは少子の意味である。満州族シャーマンは結婚することができる。しかし、シャーマンの子女は、神霊に憑依されやすいので、病気がちで夭折する場合が多いという。例えば、筆者が調査した石氏族のムコンダ（族長）であるWYは、有名なシャーマン殿峰の息子である。WYによると、多くの兄弟がいた。だが、彼の兄弟たちは、わけが分からない病気にかかり夭折した。父親が57歳の時、WYが生まれた。父親は彼を大事に育てたという。

　そうした少子の理由によって、満州族の男性たちが自らシャーマンになりたくないという。したがって、シャーマンになるケースのほとんどが巫病にかかって

やむなくなる場合である。筆者が調査した多くのシャーマンは、幼少の時、病院でどうしても治らない原因不明の巫病にかかり、氏族の氏族シャーマンにみてもらって巫病だと判明した経験を持つ。そこで、両親は、神に子供をシャーマンにさせるから、病気を治してほしいという願をかけた。シャーマン自身は、病気が全快した際、できるならシャーマンになりたくなかったが、死ぬところを神に救われたのだから、仕方がない、神に選ばれたと思って、一生シャーマンとして人のために働くしかないと考え、シャーマンになったというケースが多いのである。

1.2　シャーマンになりたくないもうひとつの理由として、経済的な事情がある。

　シャーマンは、氏族の人々のために奉仕するのだから、金をもうけることができないのである。シャーマンが金をもうけると、神の怒りに触れて、罰が当たったり、霊力がもらえなくなったりする。それゆえに、ほとんどのシャーマンは、比較的貧しい生活を送らざるをえない。

1.3　シャーマンになりたくない３つ目の理由は、その社会地位が低いことである。

　シャーマンは、氏族の内部で尊敬されて、地位が高いが、現在の中国では「跳大神」に従事する「迷信の活動家」として、軽蔑されている。そのため、貧富と関係なく、シャーマンの社会地位は、比較的低い。

2.　シャーマンの成巫過程

2.1　シャーマンになる過程

　前述したように、現在満洲族シャーマンは、巫病体験を経た召命型と、巫病体験や推薦経由の修業型という２種類がある。

　満州族シャーマンは、他の人々と同じく農業などの仕事に従事してきた。他方、彼らは、氏族の人々の要請によって、さまざまな儀礼を行ってきた。氏族シャーマンの死後、後任のシャーマンがいないと、氏族の儀礼は、消滅の危機にさらされる。満州族の多くの氏族ではシャーマンがいなくなったため、儀礼が消

滅せざるを得なかった。

氏族のシャーマンは、氏族内部の男子に受け継がれるが、必ずしも父子の世襲ではない。氏族によって、シャーマンの選出方式が異なる。シャーマンの候補者になる資格を判定する過程は、複雑である。シャーマンの候補者は、一連の苦しくて難しい修業と試験を通過してはじめて、新しいシャーマンになれる。王・関（1999:15-16）によると、シャーマンの候補者になる過程は、一般に以下の4種類がある。

（1）氏族シャーマンが、神の託宣によって後継者を選定する場合。

黒龍江省富裕県三家子卿の仏満州（旧満州族）のシャーマンは、年老いて後、後継者を探す時、次のようにした。

まず氏族中の青年男女を一室に集めて、オンドルに座らせた。香を焚き、煙を室内に充満させると、煙を吸って、身震いし、めまいがする者が出た。氏族シャーマンはその人を後継者に選定した。

（2）既に死んでしまったシャーマンの霊魂が後継者に憑依する場合。

ある氏族のシャーマンが世を去った。数年が過ぎ、族中で久しく病に罹り治らない者が現れた。彼は、突然外に出て、山野をさまよった後、意識を取り戻し、シャーマンになりたいという願望をしたので、氏族の人々は、彼をなくなったシャーマンの霊魂が呼び寄せた者と考えた。彼は亡くなったシャーマンの全部の技能ができたので、氏族に公認されたシャーマンとなった。

（3）子供が重い病気になった時、その両親が神に子供をシャーマンにし、神に仕えさせるから病気を治してほしいと、願をかける場合。

子供の病気が治ると、この子供は氏族の人々の同意を経て、氏族シャーマンのところへ学びに行く。一定期間の学習を経ると、彼が新シャーマンになる。

（4）氏族の人々の推薦による場合。

一般には、容貌端正さわやかで、鋭敏で学を好む未婚青年を数人推薦して、その氏族のシャーマンについて学ばせる。学業が優れている者が、試験に合格して新シャーマンになる。

修業型シャーマンは第1ケース、第3ケース、第4ケースであるが、筆者の調べた範囲では、第1ケースは少なく、第3ケースと第4ケースが圧倒的に多い。召命型シャーマンは第2ケースである。召命型シャーマンは、神に選ばれ

たシャーマンなので、自然的に神技ができる。そのため、第2ケースのシャーマンはほとんど修業しない。第2ケースの実例に筆者は出会っていない。このケースのシャーマンはほとんど伝説上のシャーマンである。筆者の調査した範囲では、これに近いのは、石氏族のシャーマン宗軒であった。彼は、石氏族の亡くなったシャーマンの魂が憑依したのではなく、英雄神に憑依されてシャーマンになった。石氏族では、亡くなったシャーマンの霊に憑依されたものこそ、本当のシャーマンと認められる。それゆえ、ZX は召命型シャーマンにもかかわらず、修業を経た。筆者が出会ったシャーマンは第3ケースと第4ケースの修業型シャーマンである。

2.2 「烏雲（ウイオン）」とは

　シャーマンになるための修業の中心になるのは「烏雲」である。「烏雲」の修業に参加する男子は、必ず未婚の「童男子」（童貞である男子）でなくてはならない。しかし、シャーマンになる「擡神（タイシン）」儀式を経た後は、結婚することができる。

　「烏雲」の原意は、ツングース語で「三旋天（さんせんてん）」という意味である。すなわちシャーマンは、トランス状態になると、自身の霊魂を駆り立てて三度天を翔け、地下に入る。これは、初心者のシャーマンでも有する基本的な術である。強い神通力のある氏族シャーマンであれば、「三烏雲」、「七烏雲」、「九烏雲」という何度も天をかけめぐる術を持つという。後には、「烏雲」を学ぶことはシャーマンの術を学ぶ過程の代名詞となった（王・関：1999：15）。

　9日間の修業を1つの「烏雲」と呼ぶ。つまり烏雲を9回繰り返す。「烏雲」が伝授される期間は、氏族によって異なり、27日という短い場合もあるし、81日という長い場合もある。

　シャーマンの候補者は、「天をかけめぐる術」を学ぶほかに、神歌、神舞、儀礼の順序や、火を統御するような各種の特技を修業する。新中国成立後の1950年代に、天に行く術が禁止されたことによって、現在では「烏雲」を修業することは、禁止され、神歌、神舞、儀礼の順序などを学ぶことのみである。それがシャーマンになるための必須要件になった。

　「烏雲」を修業したものからシャーマン候補者が選ばれる。シャーマン候補者にならなかった人は、シャーマンの助手である栽立（ズァリ）、儀礼の食べ物を準備する

「鍋頭(ギォト)」になる。

2.3 「擡神」とは

氏族シャーマンの候補となった者は、「擡神」儀式を経なければならない。

「擡神」とは、シャーマン候補者が脱魂状態のなかで、天に行き、神霊と交流できるか否かを氏族が確かめる。「擡神」儀式を通してはじめて、シャーマン候補者は、氏族に承認されたシャーマンとなる。

「烏雲」は、シャーマンの術を修業する教室であり、多くの若者が参加できる。しかし、「擡神」儀式は、シャーマン候補者だけ参加でき、氏族の人々に認められる試練の卒業式である。この「擡神」儀式を経たシャーマン候補者が氏族シャーマンの助手になる。彼は氏族シャーマンが亡くなってから、氏族シャーマンの後任者になる。

満州族におけるシャーマンとは、正確にはこのように氏族に承認されたシャーマンである。

3. 事例1 ── 瓜爾佳氏族シャーマンの「擡神」儀式

3.1 瓜爾佳(グワルギャ)氏族シャーマンの構成

吉林市烏拉街韓屯に居住する瓜爾佳氏族では、シャーマンを「大シャーマン」(満州語「大察瑪(ダツァマ)」)と呼び、大シャーマンの候補者を「小シャーマン」(満州語「小察瑪(ショウツァマ)」)と呼ぶ。小シャーマンに次ぐ者を「栽立」と呼ぶ。「栽立」とは、満州語で、シャーマンの助手という意味である。現在、瓜爾佳氏族には、大シャーマンが1人(JH)、小シャーマンが1人(XB)、栽立が2人いる。ただし、大シャーマンが亡くなるまでは、小シャーマンは、栽立の身分であり、

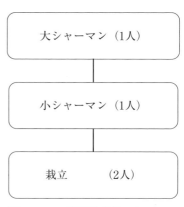

図3-2-3 瓜爾佳氏族のシャーマンの構成

大シャーマンが亡くなってから、大シャーマンの後任者になる。

現在、瓜爾佳氏族(グワルギャ)のシャーマン組織の構成は、前図のようである（図3-2-3）。

1950年代以降、瓜爾佳氏族の大シャーマンは、志遠 → 栢榕(バイヨウ) → JH と交代した。1951年に、現大シャーマン JH は、10歳年長の栢榕とともに、叔父である大シャーマン志遠に学び、シャーマンの栽立(ズァリ)となった。その際、栢榕は、小シャーマンとなり、志遠の死後（時期不明）、大シャーマンとなった。JH は栽立のままであった。栢榕は韓屯村の小学校の教師をも務める評判の高いシャーマンであった（写真3-2-14）。

1999年に、64歳の栢榕大シャーマンが死去した。しかし、小シャーマンがいなかったので、当時54歳の JH が栽立から擡神儀式(タイシン)を経ないで大シャーマンとなった。擡神儀式を経るのは未婚の男性でなければならなかったからである。

そして、1999年に JH が大シャーマンとなると、瓜爾佳氏族の会議において、シャーマン後継者の育成をはかるため、「烏雲」を教えることが決められた。鋭敏で学を好む未婚男性は、すべて「烏雲」を学ぶ資格がある。そのうちの希望者が、JH 大シャーマンに「烏雲」を習いはじめた。

そのうちで、満州語の神歌を覚えることが一番難しい。瓜爾佳氏族の人々は満州語が分かる人がいない。そのため、氏族シャーマンは神歌を漢語の発音でつ

写真3-2-14　瓜爾佳氏族(グワルギャ)の栢榕シャーマン（右、故）と JH シャーマン（左）

122 第3部　満州族シャーマンの成巫過程

け、修業者に覚えさせる。その間、何人かが脱落した。最も優秀な4人がシャーマンの候補者に残った。その中の1人（XB）が、小シャーマンの候補者となった。彼は、亡くなった前任の栢榕大シャーマンの息子である。ほかの3人はシャーマンの栽立（ズァリ）となった。

3.2　「撞神（タイシン）」儀式

　XBは「撞神」儀式を受けることになった。その過程を以下で紹介するが、その前に、XBの父親である栢榕大シャーマンが1951年に受けた「撞神」儀式の様子をまず紹介したい。この例は80歳の瓜爾佳氏族の前任ムコンダ（族長）BYからの聞き取りによるものである。

（1）　1951年の栢榕シャーマンの「撞神」儀式

　現大シャーマンJHによると、栢榕シャーマンの「撞神」儀式は、以下のようであった。

　栢榕は9歳の時、体が弱くて、病気がちであった。彼を大切に育てた祖父が、栢榕のために、有名な医者に病気を診てもらったが、なかなか治らなかった。そこで、氏族のシャーマンに診てもらうと、「神霊が彼の身体に憑依した。栢榕が病気にかかったのは、彼がシャーマンになる意志を磨くためである」と宣言された。そこで、祖父は孫の病気が治るならば、シャーマンにさせて、神に仕えさせるという願をかけた。その後、彼の病気が治った。

　「撞神」儀式を行う家は、烏雲と撞神儀式の費用の3分の1を出さなければならなかった。しかし、栢榕の家は貧乏で、すぐ費用の準備ができなかった。栢榕14歳（1951年）になってから、祖父は彼のために「撞神」儀式を行った。

　栢榕は「撞神」儀式を行う3日前から断食させられ、少しの果物と野菜しか食べられなかった。これは彼を飢えた状態にさせるためである。こうすることで、儀礼の時、トランス状態に入りやすいという。

　身を清めた後、彼は赤い下着を着せられ、2本の押し切り（50cm）と2本の柳の木槌を「＃」の形に並べてその上に置いた石台に座らされた。押し切りとは、まぐさを切る農具である。石は洗濯用の石台であり、柳の木槌はたたいて洗濯物につやを打ち出すための槌である。そして彼の後ろに1.5mの柳の木柱が立てられた。

満洲族には石で邪気を払う習慣がある。例えば、家を建てる時、石を土台に敷くが、それで石によって、邪気をはらうためであるという。

押し切りについては、昔、シャーマンのイニシエーションとして、刀の刃でできた梯を登ることがあったという。「刀梯」は、2本の長い材に13本、22本、49本の刀の先を上にむけて縛ったはしごである。シャーマン候補者は、はだしでその刀梯に登った後、地面に跳びおりたという。押し切りは、刀梯子の名残であろう。

柳については、シベリアのシャーマン候補者が入巫儀礼の間、柳の木に登り、天上に行き、神々のもとに至るとエリアーデ（2004:226）が述べている。柳の木柱と柳の木槌はシベリアのシャーマン候補者と同じく天へ行く象徴だろうか。柳の木は後にみるようにシャーマニズム儀礼において不可欠な要素である。

準備が整うと、シャーマンたちはタンバリンを打ち鳴らし、神歌を歌った。栢榕が意識を失って倒れると、タンバリンと神歌が止まった。シャーマンたちがタンバリンを叩いたり、歌を歌ったりしているうちに、彼は意識がなくなった。彼はオンドルの上に運ばれ、父親からくりかえし、名前を呼ばれることによって、意識を取り戻した。栢榕が意識を取り戻すと、氏族の人々に公認された新シャーマンとなった。

瓜爾佳氏族の歴代のシャーマンは農民であり、小学校の先生でシャーマンになった者は栢榕しかいないという。1999年に、64歳の栢榕大シャーマンは世を去った。

次に、栢榕シャーマンの息子であるXBの「擡神」儀式をみてみよう。

（2） XBシャーマンの「擡神」儀式

1999年2月、瓜爾佳氏族の「烏雲」の修業終了後、族長（ムコンダ）は、氏族の人々を率いて、18歳の小シャーマン候補者XBのために、シャーマンとして神に承認される「擡神」儀式を行った。儀式の前に、彼は3日間断食した。

儀式の日、XBは、水で身を清め、赤い下着を身につけ、2本の柳の木槌と2本の押し切りの上にすえられた石の上に座った。JHシャーマンは栽立たちとタンバリンを叩き始めた。長時間のタンバリンの響きのなかでXBは昏迷の状態に入った。彼は母親に呼び起こされ、意識を取り戻した。こうして、XBは瓜爾佳氏族に公認された小シャーマンとなった。XBは大シャーマンJHの助手の役割

124 第3部 満州族シャーマンの成巫過程

を果たしている。現 JH シャーマンが亡くなると、XB は大シャーマンに昇任することができる。

4. 事例2— 石氏族シャーマンの「擡神」儀式

4.1 石氏族シャーマンの構成

　吉林省九台市東哈村に居住する石氏族のシャーマンには、召命型シャーマンの流れがある。

（1） 召命型シャーマン

　石氏族では召命型シャーマンを神抓薩満（満州語「huwaitaha saman」、「jafanaha saman」、「gaibuha saman」）という。あるいは「大神」ともいう。huwaitaha は、繋ぐという意味である。jafanaha は、持っていくという意味である。gaibuha は、捕まえるという意味である（孟：2000：286）。

　神抓薩満は、亡くなった石氏族の氏族シャーマンの霊魂に選ばれるシャーマンであり、召命型のシャーマンである。

　石氏族の祭壇には「大神案子」と呼ばれ、亡くなったシャーマンが描かれた絵がある。石氏族には現シャーマンまで11代シャーマンがいる。この11代シャーマンはすべて召命型シャーマンである。

　初代シャーマンから第9代目までのシャーマンが、画像（漢語で「神位」という）に描かれている。そのうち、初代から第5代までのシャーマンは、世を去った後、長白山で修業して神になったという。石氏族では神になったシャーマンを「太爺」と呼ぶ。第6代から第10代までのシャーマンは、まだ長白山で修業中なので、神になっていない。しかし、石氏族の子孫は、彼らの画像を掛けるようになった。

　初代シャーマンと第5代シャーマンは、氏族の人々によく知られている。初代シャーマンは、火を統御する術に優れ、第5代シャーマンは飛翔の神技に優れていた。第6代以降のシャーマンは、第11代シャーマン宗軒を除いて、第5代シャーマンの魂に捕えられたものであった。第6代以降のシャーマンたちは、修業中で、後任者のシャーマンを捕える能力がなかった。それゆえに、第5代

シャーマンの魂は、今も石氏族のことを管理しているという。儀礼を行うたびに、現シャーマンは、祭壇の前に跪き、香を焚いて儀礼を行うか否か、第5代シャーマンの指示を受ける。第5代シャーマンの魂は、シャーマンの身体に憑依して託宣を下す。

第11代シャーマン宗軒が1990年に世を去った後、石氏族に憑依型シャーマンがいなくなった。

(2)「擡神」儀式を経ない修業型の氏族シャーマン

1990年に第11代シャーマン宗軒が世を去った後、石氏族に憑依型シャーマンがいないため、ZXは擡神(タイシン)儀式を経ずに栽立から氏族シャーマンとなった（写真3-2-15）。

ZXシャーマンによると、彼が「烏雲」を修業した1957年には、大躍進の直前のため、「擡神」儀式を行うことができなかった。そのため、彼は「擡神」儀式を経なかった。しかし、ZXシャーマンは彪棍薩満(ボクンサマン)（満州語「booi mukun saman」）と呼ばれる。Booiは満州語の家の意味である。Mukunは氏族の意味である。彪棍薩満は氏族シャーマンの意味である。

現在石氏族には修業型シャーマンだけがいる。ZXシャーマンは石氏族の儀礼を司祭し、烏雲も教える。しかも、彼は氏族シャーマンとしての正式な資格を得るために必要な「擡神」儀式を経ていない。

写真3-2-15　普段着を着ている氏族シャーマンZX

1980年代以降、栽立が「烏雲」に参加した後、すべて「攤神」儀式に参加できるようになった。それは、シャーマンの消滅を防止する手段のひとつであるという。つまり、シャーマンが亡くなった場合、神に承認される「攤神」儀式を経た栽立が、複数いれば、すぐ後継者を選ぶことができるからである。

（3）栽　立

　栽立は儀礼のなかで氏族シャーマンを支える役割を果たす。石氏族には栽立を「二神」ともいう。

　石氏族の栽立は、年齢と儀礼の技術を身につける熟練の程度によって、5つの階層に分かれている（表3-2-1）。

　このように、複数の栽立が、それぞれの役割を担っている。筆者の調査した満州族のいくつかの氏族のなかでは、石氏族のように、栽立が細かく等級に分かれる例は他にはない。石氏族の栽立のうち、最年少者は10歳ぐらいである。それは、石氏族のムコンダが小学校の先生であることと関係があるだろう。ムコンダはシャーマンの継承に努力しているのである。このような低齢化の栽立も、筆者の調査してきた他氏族の中には存在しない。

　その中で、5級目の栽立の役割が、最も重要である。シャーマンは、トランスの状態に入る時に、5級目の栽立に依存した状態で神々と交流する。また、

表 3-2-1　石氏族の栽立

階層	満州語表記	ローマ字表記	意味	年齢（歳）	役割	人数
5級	薩克達色夫	Sa ke da se fu	老助手	40以上	神歌を歌い、決定権有	DQ 1人
4級	按木巴	An bu ba	大助手	35	シャーマンの身に神帽、神服、腰鈴をつける	WT 1人
3級	阿西罕	A se han	青年助手	25	タンバリンを叩く	×
2級	徳博勒	De bo le	未熟者	20	供物を運ぶ	WB、ZC 2人
1級	阿幾格	A ji ge	小助手	10〜15	祭器を運ぶ	GH、JT、H 3人

（宋・孟：1997：29 〜 30 頁を参考）

シャーマンがいない時に、5級目の栽立は、シャーマンに代わって氏族の問題を裁く決定権を有している。儀礼の時、他の栽立が、必ず立ったり、跪いたりして神歌を歌うが、5級目の栽立だけが、坐ることができる。現在80歳のDQは最長老の栽立である（写真3-2-16）。

現在石氏族には栽立（ズァリ）が7人いる。1999年以前には、4人しかいなかったが、1999年以降の「烏雲」を経て、3人の若手栽立を養成した。しかし、その3人の若手栽立は、また栽立としての役割を果たす充分な力はない。そのため、儀礼のとき、年長者の栽立が指導しなければならないという。

このように石氏族のシャーマンを分類してみると、以下のようになる（図3-2-4）。

写真3-2-16　石氏族の5級目の栽立DQ
（真ん中、左からの2番目がムコンダWY）

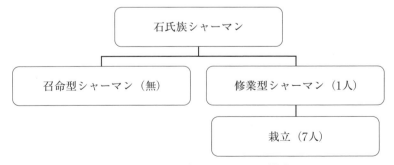

図3-2-4　石氏族シャーマンの構成

128 第3部 満州族シャーマンの成巫過程

4.2 「擡神」儀式

　石氏族では、「烏雲」を学ぶ期間は、最も長い場合が81日で、現在は54日である。石氏族のムコンダによると、石氏族は1948年、1957年、1997年、1999年、2004年、2005年の冬の農閑期に、「烏雲」を6回行った。「烏雲」は、文化大革命終了後、頻繁に行われるようになった。1997年からの4回の「烏雲」は、現氏族シャーマンZXが伝授したのである。

　石氏族の雲烏を修業する内容は、満州語の神歌の暗記、タンバリンの叩き方、踊り方、儀礼作法などである。その中で、石氏族の神歌はすべて満州語である。石氏族は、満州語を話すことができないにもかかわらず、漢字で転写した満州語で儀礼を行う。そのため、修業者は神歌を丸暗記するしかないという。

　1999年に、ZXシャーマンは「烏雲」を教えた。WB、ZCの2人は、小さい時、病気がちであったため、彼らの両親が、神にシャーマンにさせる願をかけた。そこで、この2人は、1999年の「烏雲」に参加した。WB、ZCのために行った「擡神」儀式は、次のようである。

　WB、ZCは、水で身を清めた後、赤い下着を身につけ、黄色の頭巾をかぶった。2本の柳の木槌、2本の押し切りを#の形に並べ、その上に石を置いた。その2人はすえられた石の上に座った。

　準備が整うと、シャーマンたちが、タンバリンを打ち鳴らし、神歌を歌った。WB、ZCが意識を失って倒れると、タンバリンや神歌が止まった。WB、ZCの2人が意識を取り戻すと、氏族の人々に公認された新シャーマンとなった。しかし、氏族シャーマンが亡くなるまでは新シャーマンは栽立の身分である。

　ZXシャーマンによると、彼らが意識を喪失した後のことを聞いた。2人は、その間、馬に乗った赤い顔の男子に案内されて、山に登ったという。

　氏族シャーマンZXによると、現在「烏雲」を伝授する際の最大の困難は、財源の不足である。「烏雲」を行う経費は、1回に約3,000元（5万円）かかるが、主に「烏雲」に参加する成員の食事代、練習用の道具などに用いられる。その費用は、石氏族のメンバーの出費によって賄われる。石氏族の1人当たりの年収は平均で約2,500元〜3,000元で、ほとんどが、肥料代、種子代、生活費に消費され、余裕はない。そのため、「烏雲」の費用を負担することが、困難な状態にある。2005年の「烏雲」に用いた3,000元の半分は、現ムコンダWYによって立

て替えられたという。

5. 事例3 — 羅関氏族シャーマンの「攅神」儀式

5.1 羅関氏族シャーマンの構成

　羅関氏族は、石氏族の隣村の腰哈村に居住している。羅関氏族には4人のシャーマンがいるが、栽立はいない。4人のシャーマンの地位は平等である。彼らは儀礼の中で、それぞれ異なる神歌を歌う役割を果たす。言い換えれば、4人のシャーマンは一部の神歌だけを歌うことができる。1人が欠けると、儀礼を行うことができない。4人のシャーマンの役割分担は、下表のようである（表3-2-2）。

表3-2-2　羅関氏族のシャーマンの役割分担

シャーマン	役割	出身地
YD	換索神歌	腰哈村
CX	祭天神歌	劉家村
CJ	背灯神歌	西哈村
LF	震米神歌、領牲神歌、玄関で神を迎える神歌	東窯村

（筆者の聞き取り調査より）

　シャーマン4人の出身村も異なる。それは、羅関氏族の人数が多いため、異なる村に居住しているからである。

　羅関氏族には 雲鋼、雲璋 という2人の氏族シャーマンがいた。両シャーマンとも儀礼を行うことができたため、彼らの地位は平等であった。文化大革命時代に、羅関氏族のシャーマンの術を修業する「烏雲」が中止された。1980年代になって、烏雲の再開が可能になった。雲鋼、雲璋の両シャーマンは、70歳の高齢で、病弱な身になっていた。新シャーマンを選出しなければ、羅関氏族の儀礼は消滅の危機にさらされる。それゆえ、羅関氏族は、1986年2月2日の氏族会議で、雲鋼、雲璋両シャーマンによって「烏雲」を伝授することにした。

　しかし、雲鋼、雲璋両シャーマンは、2人ともその時、すでに息子たちと一緒

130 第3部 満州族シャーマンの成巫過程

に長春市に移住していた。長春から腰哈村までの交通は不便であった。さらに、両シャーマンの健康状態も悪かった。

もうひとつの問題が生じた。それは、儀礼の神歌が、漢字で転写した満州語であったことである。氏族の人々は満州語を話すことができなかった。1人で、短時間で、意味不明の神歌を全部覚えることは、困難である。そこで、雲鋼、雲璋両シャーマンは、神歌を4つの部分に分けて、4人のシャーマン候補者にそれぞれ覚えさせた。その後、両シャーマンは、儀礼の規則、舞踊の踊り方、タンバリンの叩き方、神歌のリズムなどを彼らに伝授した。

「烏雲」を教える期間は約1ヶ月であった。1986年と1988年、4人のシャーマン候補者は2組に分けられて、「抬神」儀式を経て新シャーマンになった。

5.2 「撞神」儀式

4人のシャーマンのうち、3人LF、YD、CXがシャーマンになった契機は病気である。

LFは、小さい時、手に怪我したが、どうしても治らなかった。そこで、父親は、彼のために神に病気が治れば、シャーマンにさせるという願いをかけた。また、頭がよいのもLFがシャーマン候補者に選ばれた理由である。実際、LFは、他の3人より、習った神歌が多い。彼は、震米神歌、領牲神歌、玄関で神を迎える3つの神歌ができる。他の3人は、1つの神歌だけができるだけである。

YD、CXは自分が病気にかかったのではない。彼らの父親が、病気にかかり、自分の病気が治ったら、息子をシャーマンにさせるという願いをかけた。

CJは大学生であった。そのために、氏族の人々は彼をシャーマンの候補者に選んだ。CJは病気のために、高学歴で優秀なので、氏族にシャーマンに選ばれたのである。CJは、大学を卒業した後、扶余市（吉林省）の石油工場で働いている。しかし族長YDによると、CJは遠方にいても、儀礼のときには、シャーマンとして村に戻る義務があるという。私の調査してきたシャーマンの中では、大学卒業の高学歴を持っているシャーマンは、ただこの一例である。また、大学生出身のシャーマンは、他の研究でも報告されていない。

羅関氏族は、1986年、YD、CXのために「撞神」儀式を行い、1988年、CJとLFのために「撞神」儀式を行った。以下では、1986年のYD、CXの「撞神」

儀式を紹介する。

「擡神」儀式の日には、YD、CX は、女性が用いた白いワイシャツと１枚の赤い布を身につけて、柳の木で作られた２本の木槌の上に座った。まず雲鋼、雲璋両シャーマンは、彼らに酒を１杯飲ませた。それから、タンバリンを打ち鳴らし、神歌を歌った。雲鋼シャーマンは、火をつけた線香を２人の鼻の近くに置いた。２人はその煙を吸うと、身震いし、間もなく、めまいがし、意識がなくなった。その両親が２人の綽名を呼んで、意識を戻させた。この儀式の後、YD、CX は新シャーマンになった。

ここで、指摘したいことは、羅関氏族の「擡神」儀式において、シャーマンの候補者が着た衣装は、女性が着た古いものであり、新品ではないことである。その理由は説明がつかない。酒を飲むこと、線香を焚くことは上述した瓜爾佳氏族、石氏族の場合と異なる。

6. 事例４—張氏族シャーマンの「擡神」儀式

6.1 張氏族のシャーマンの構成

次に紹介するのは、清朝初期に漢軍八旗に編入され、満州族と登録した漢族のシャーマンである。吉林市烏拉街弓通村に居住する張氏族 ZH シャーマンの事例を分析する。

張氏族のシャーマンの組織は、１人の「大神」、５人の助手からなる。シャーマンは、「掌 壇薩満」とも呼ばれ、儀礼の際、主役を担う。「掌壇薩満」とは、祭壇を司るシャーマンの意味である。５人の助手のうち、１人は「二神」と呼ばれる。シャーマンが神霊に憑依されてトランスの状態に入った時、二神は神歌を歌い、神霊に憑依されたシャーマンと交流し、神を神世界に送り返す役割を負っている。他の助手たちは、呼称がなく、タンバリンを叩いたり、シャーマンの身に神帽、神服、腰鈴をつける役割を果たす（図 3-2-5）。

しかし、漢軍八旗に編入された漢族は、氏族組織がほとんど崩壊させられてしまった。そのため、彼らは満州族のように、１つの氏族が各々のシャーマンを持つことができない。いくつかの氏族が共同で１人のシャーマンを持つことが多

図3-2-5　張氏族のシャーマンの構成

い。筆者の調査した限りでは、韓屯村のBXシャーマンは、胡、謝、曾、万、候の5つの氏族の共同シャーマンである。ただし、助手は、その5つの姓氏（苗字）からそれぞれ選び出されていた。他方で、約400人の成員を持つ張氏族は、シャーマンも助手もすべて張氏族の人々から選び出される。

6.2　張シャーマンの「擡神」儀式

　　ZHシャーマンは小さい時、多病であった。そこで、彼の両親が神に子供をシャーマンにし、神に仕えさせるから病気を治してほしいという願をかけた。その後、ZHシャーマンの病気が全快した。ZHが8歳の時、叔父である氏族シャーマンが彼のために「擡神」儀式を行った。それは文化大革命直前の1962年のことであった（写真3-2-17）。

　　儀礼の日、8歳のZHは、赤い上着と赤い下着を身に着けた後、高い腰掛にかけた。腰掛の周りに粟米を撒かされた。ZHの足元には、ほうき、柳の木で作られた2本の木槌、糸に結びつけた3串の銅銭を置いた。氏族シャーマンが他の氏族の3人のシャーマンとタンバリンを打ち鳴らし、神歌を歌い始めた。彼が意識を失ったとき、氏族シャーマンが後ろでZHの身体を支えた。その時、タンバリンや神歌が止まった。ZHは意識を取り戻すと、張氏族の人々に公認された新シャーマンとなった。氏族シャーマンが亡くなるまで、ZHが氏族シャーマンの助手を務めた。

写真 3-2-17　ZH シャーマン（右）と助手である前任の村共産党書記 XH

　ZH の「擡神（タイシン）」儀式が事例 1、事例 2、事例 3 と異なるところは、腰掛、粟米、ほうき、銅銭を使ったことである。ZH 自身はなぜこれらのものを使うかを説明できなかった。しかし、柳の木で作られた木槌から、柳崇拝の名残がみられた。そして、「擡神（タイシン）」儀式の際、シャーマン候補者が失心状態に陥ることは、事例 1、事例 2、事例 3 との共通の構造を示している。

7.「擡神」儀式に対する考察

　以上の 4 つの氏族の「擡神」儀式は極めて多様である。これを整理してみると、次のようになる（表 3-2-3）。
　① 召命型シャーマンの不在
　　これまで取り上げた 4 つの事例のなかで、事例 2 の石氏族だけには、かつて神霊に選ばれる召命シャーマンが存在した。しかし、石氏族の召命シャーマンが 1990 年に死去し、後継者がいない。他の氏族には召命型シャーマンがいる報告もない。現在では召命型シャーマンが存在していないことになる。

134 第3部 満州族シャーマンの成巫過程

表 3-2-3 各氏族の「撞神」儀式の比較

氏族	年	シャーマンになるきっかけ	衣装	祭具	意識喪失の有無	氏族シャーマンの作法
瓜爾佳（事例1）	1951	病気	赤い下着	1.5m 柳木柱 2 本の押し切り 石台	有	①タンバリンを叩く ②神歌を歌う。
	1999	氏族の推薦	赤い下着	2 本の木槌 2 本の押し切り 石台		
石（事例2）	2000	病気	①赤い下着 ②黄色の頭巾	2 本の木槌 2 本の押し切り 石台	有	①タンバリンを叩く ②神歌を歌う。
羅関（事例3）	1986	①病気 ②氏族の推薦	①婦人が使った白いワイシャツ ②1 枚の赤い布	2 本の木槌 酒 香	有	①酒を飲ませる ②線香を焚く ③タンバリンをたたく ④神歌を歌う
張（事例4）	1962	病気	①赤い上着 ②赤い下着	ほうき 木槌 3 本の銅銭 粟米	有	①（他氏族のシャーマン参加）タンバリンを叩く ②神歌を歌う

（筆者の聞き取り調査より）

② シャーマンになる契機

修業型シャーマンの場合にも、シャーマンになる契機としては、治癒困難な病にかかり、巫病とみなされたり、神霊にシャーマンになる願をかけられる型が多い。しかし、氏族の推薦の型もある。

③ 烏雲の修業

修業によってシャーマンになる場合は、烏雲というシャーマン修業を経てから、「撞神」儀式を経て、氏族の公認のシャーマンとなる。烏雲の内容は2

つある。1つは満州語の神歌、儀礼作法などの学習である。

もうひとつは、天と地をめぐる術の修業である。しかし、現在この術は中国で禁止されている。エリアーデの言う脱魂技術の修業が烏雲の必須用件になっていることは注目しておきたい。

④ 「攙神」儀式の特徴としての意識喪失

烏雲の後、シャーマン候補者は「攙神」儀式を経る。その際、シャーマン候補者は氏族シャーマンのタンバリンや神歌によって、失神状態に入ることは、もっとも重要である。石氏族のシャーマン候補者は意識不明中に山へ行く飛翔の経験を語ったが、これは、脱魂による魂の旅行である。ほかの3つの事例には、魂の旅行の体験がなかったが、ともに失神状態が生じた。この失神状態も、脱魂現象の名残であるといえよう。

事例1（1951）、事例4（1962年）を除いた3つの事例の「攙神」儀式は、1980年代以降、改革開放後に行われたのである。現在の中国では、修業シャーマンの天に行く呪術の修業や「脱魂現象」が禁止されている。それにもかかわらず、これらの氏族は、政府の何かの関係で「攙神」儀式を行ったわけである。この問題については、第4部の儀礼で詳述するが、こうした状況下の儀礼でもトランス状態を思わせる意識喪失状態が生じたことは、脱魂がシャーマンとなるための必要条件であったことを示唆する。

⑤ 柳の祭具

「攙神」儀式の際、使われる祭具に、柳で作られた2本の木槌の使用がみられた。とくに注意すべきことは、事例1の1951年に行われた栢榕シャーマンの「攙神」儀式には柳木の柱が使われたことである。柳木については、シベリアのシャーマン候補者が入巫儀礼の間か、その前に木柱に登り、天上へ神々のもとに行くとする（エリアーデ：2004：226）。満洲族の「攙神」儀式の場合にも、神話のなかの天と柳との密接な関係を考慮すると、シャーマン候補者がその柳柱によって、天に行くことが成立するかもしれない。

しかし、事例1の1950年代だけに、柳柱が現れ、それ以降の事例のなかでその柳柱がなくなる。これは新中国成立後の1950年代以降、天に行く巫術を修業することが禁止されるようになったことと無関係ではないだろう。ただ柳の木槌がその名残として残されると考えられる。

136 第3部 満州族シャーマンの成巫過程

第 3 章

満州族シャーマンのライフヒストリー

　シャーマンたちのライフヒストリーを取り上げ、彼らがシャーマンとなる経緯を考察することが、本章の目的である。これによって、彼らのシャーマンになる契機を明らかにする。

1. 石氏族におけるシャーマンたちのライフヒストリー

1.1　神歌における石氏族のシャーマン像

　石氏族においては、シャーマンの名前や業績を記載した掛け軸を「神案」と呼ぶ。この「神案」が、儀礼のとき、祭壇の前に掛けられる。そのため、ZXシャーマンは、宝物を数えるように、その歴代のシャーマンのことを話すことができる。しかし、平時は、その神案や族譜を開けることができない。また、女性はそれを見ることができないとされている。そのため、ZX シャーマンの聞き取りに依拠しながら、石氏族の歴代シャーマンを世代ごとに整理したのが表 3-3-4 である [4]。

　ここで重要なことは、石氏族の歴代のシャーマンのなかには、女性シャーマン（3代）がいたことである。また、これらのシャーマンの名前からみると、第1代シャーマンから第7代シャーマンまでの名前は、満州語と漢語でつけられた。その満州語の名前の意味が不明である。第8代シャーマンは満州語の名前も、漢語の名前も人々に知られていないので表記されていない。第9代シャーマンから、満州族の名前がなくなった。第9代シャーマンが生まれた時は1892年である。この時期は、漢族文化の影響が決定的になったことを示しているといえよう。

第3章　満州族シャーマンのライフヒストリー　*137*

表 3-3-4　石氏族の歴代シャーマン

世代	満州語の名前	漢語名前	性別
1代	呉朱七扎蘭瑪法 (Wu zhu qi zha lan ma fa)	舒崇阿 (Shu chong a)	男
2代	側扎蘭瑪法 (Ce zha lan ma fa)	打布卡 (Zha bu ka)	男
3代	依蘭七扎蘭瑪法 (Yi lan qi zha lan ma fa)	烏林巴 (Wu lin ba)	女
4代	堆七扎蘭瑪法 (Dui qi zha lan ma fa)	東海 (Dong hai)	男
5代	孫孔七扎蘭瑪法 (Sun kong lan qi zha lan ma fa)	多明阿 (Duo ming a)	男
6代	宇文七扎蘭瑪法 (Yu wen qi zha lan ma fa)	坤東阿 (Kun dong a)	男
7代	阿丹七扎蘭瑪法 (A dan qi zha lan ma fa)	未詳	男
8代	未詳	未詳	男
9代（1892 ～ 1961）	無	殿峰 (Dian feng)	男
10代（1914 ～ 1987）	無	清山 (Qing shan)	男
11代（1923 ～ 1990）	無	宗軒 (Zong xuan)	男
現シャーマン （1940 ～現在）	無	ZX	男

（筆者の聞き取り調査より）

　石氏族の満州語神歌は石・劉（1992:179）によって漢語に翻訳されている。
これに依拠しながら、石氏族の歴史のシャーマンのプロフィールを紹介する。

　　頭輩太爺（初代シャーマン）神は、舒崇阿という。諸神を率い、手の中に大き
　な銅鏡を持ち、輝発河から降臨した。彼は、フヤチバヤラ（石部族）を3つの分
　枝に分けた。頭輩太爺は、今長白山に居住し、3つの峰の間の泉の岸辺に居住して
　いる。そこには、金楼銀閣が建っている。
　　2代太爺神は、寅年に誕生した瑪法（老年の男子に対する敬称）神である。色勒

138　第3部　満州族シャーマンの成巫過程

河から降臨した。

　3代太爺神は、頭輩太爺（初代シャーマン）の術を受け継いだ。

　4代太爺神は、「奇卓神」と呼ばれ、河の岸辺に居住している。

　5代太爺神は、「勇健神」と呼ばれ、第5階の山頂に居住している。

　6代太爺神は、「佛庫車」（意味不明）と呼ばれる。

　7代太爺神は、丑年に誕生したのである。

　神歌の他にも、石氏族では歴代シャーマンの話が言い伝えられている。

　初代シャーマンは、火を統御する術で有名であった。初代シャーマンについては、第4部の火祭（4章）で詳述する。

　第2代シャーマン打布卡は、10年あまりシャーマンをしてから、長白山で修業して神になった。すると、彼の霊が第3代のシャーマン烏林巴を捕えた。

　第3代シャーマン烏林巴は、石氏族の唯一の女性シャーマンであった。烏林巴が亡き後、第3代シャーマン烏林巴を祀ると、彼女の霊に憑依されたシャーマンは、身体を揺らしながら、キセルを銜え、女性のように歩くふりをしたという。

　第3代シャーマンが亡くなったあと、第4代シャーマン東海を捕まえたという。

　第4代シャーマンである東海は30年あまりシャーマンを務めてから亡くなった。長白山で修業して神になった。

　第4代シャーマンの霊が第5代シャーマン多明阿に憑依した。第5代シャーマン多明阿は世を去った後、長白山で修業し、神になった。第5代シャーマンの霊は、以降の第6代から第10代までのシャーマンを捕えた。第6代以降のシャーマンは亡くなった後、現在まで長白山で修業しているという。しかし、彼らがまだ神になっていないので、後任シャーマンを捕える力がない。そのため、第5代シャーマン多明阿の魂は、現在でも石氏族の儀礼を管理している。そのため、第5代シャーマン多明阿についての伝説が多い。

　第6代、第7代シャーマンの伝承は、神歌だけに限られる。第8代シャーマンに関する伝承はない。

　次に、第5代シャーマン多明阿および第9代シャーマン殿峰、第10代シャーマン清山、第11代シャーマン宗軒、接続シャーマンZXのライフヒストリーをみてみよう。

1.2 石氏族のシャーマンたちのライフヒストリー

石氏族の祭壇には亡くなったシャーマンが描かれた絵がある。初代シャーマンから9代目までのシャーマンが、絵（漢語で「神位」という）に描かれている。そのうち、初代から第5代までのシャーマンは、世を去った後、長白山で修業して神になったという。石氏族では神になったシャーマンを「太爺」と呼ぶ。第6代から第10代までのシャーマンは、まだ長白山で修業中なので、神になっていない。しかし、石氏族の子孫は、彼らの画像を掛けるようになった。

初代シャーマンと第5代シャーマンは、氏族の人々によく知られている。初代シャーマンは、火を統御する術に優れ、第5代シャーマンは飛翔の神技に優れていた。第6代以降のシャーマンは、第11代シャーマン宗軒を除いて、第5代シャーマンの魂に捕えられたものであった。第6代以降のシャーマンたちは、修業中で、後任者のシャーマンを捕える能力がなかった。それゆえに、第5代シャーマンの魂は、今も石氏族のことを管理しているという。儀礼を行うたびに、現シャーマンは、祭壇の前に跪き、香を焚いて儀礼を行うか否か、第5代シャーマンの指示を受ける。第5代シャーマンの魂は、シャーマンの身体に憑依して託宣を下す。

① 第5代シャーマン多明阿

第5代シャーマン多明阿の伝承は、宋・孟（1997：32）によって採集されている。宋・孟によると、第5代シャーマン多明阿は、清朝末期に生まれ、3歳の時から、10年間も重病に罹った。この間、石氏族の亡くなった4代シャーマン東海の神霊から、彼をシャーマンにさせるとの神意を得た。10歳の時、多明阿が行方不明になった。彼の話によると、その間、彼は、長白山に行き、野の果物を食べ、雪水を飲み、野生動物の狼、虎などと一緒に暮らした。その3年間、多明阿は、治病の術や神技を修得した。彼は、鷹神が身体に憑依すると、鷹のように、木と木の間を軽快に飛ぶことができたという。

さらに、その間、第4代シャーマンは多明阿に満州語、石氏族の歴史、儀礼についての知識を授けた。当時、石氏族の人々は、すでに満州語を話すことができなかったためであった。石氏族の人々は、第5代シャーマンの時から、中断された儀礼を再び行うようになったという。

② 第9代シャーマン殿峰

　第9代シャーマン殿峰（1892〜1961）は、村の小学校教師である59歳の現任のムコンダ WY の父親であった。ムコンダ WY によると、殿峰は18歳の時、第5代シャーマンの魂に憑依されてシャーマンになった。殿峰シャーマンは厳冬に2尺ほどの厚さの氷が凍った松花江の上に穴を9つ掘った。彼は、1番目の穴に潜って、2番目の穴から出てきた。同様にして、彼は、一気に9つの氷穴を出入りした。彼が3つの氷穴を3回繰り返して通ったとの説もある。

　水中に潜った後、殿峰シャーマンの姿が見えなくなった。人々は、ムコンダの家で彼を見つけたということもあった。彼がどのようにして、氷結した川の中から家に着いたかが謎になった。そのため、石氏族の祭壇には、殿峰シャーマンが手に鉄の3つの叉（武器の一種）を持って、氷穴の前に立っている姿で描かれている。

③ 第10代シャーマン清山

　第10代シャーマン清山（1914〜1987）は、16歳の時、馬車を御して県の町から家に帰る途中、突然馬が驚いて暴れた。すると、白い髭の老人が現れ、馬の手綱を引っ張って、暴れた馬を制御した。

　清山は、家に帰った後、そのことに驚いて病気になり、7日間意識不明状態となった。氏族のシャーマンが占うと、彼がその事故に遭って重病になったのは、第5代シャーマンの霊魂が彼をシャーマンにさせようとしたからであると言われた。それゆえ、石氏族のシャーマンは彼のためにシャーマンになる願いをかけた。その後、彼の病気が治った。病気になった7日間、彼の魂は、長白山に行き、第5代シャーマンにシャーマンの術を教わったという（宋・孟：1997：35）。

　その後、清山は満州語を話すようになった。彼は、ふだん無口で、愚鈍な人であったが、儀礼を行うと、機敏になる。彼は、熊の神に憑依されると、馬車を持ちあげて走れる神力を示した。彼は、飛虎神に憑依されると、厳冬の季節に単衣を着て、鳥のように、1羽の鳥の重みにすら耐え得ぬほど細い木の枝にとまることができたという。

④ 第11代シャーマン宗軒

　第11代シャーマン宗軒（1923〜1990）は、第5代シャーマンの魂に憑依

されたシャーマンではなく、英雄神（満州語で「瞞尼神」と呼ばれる）に憑依されたシャーマンである。石氏族では、亡くなったシャーマンの魂に憑依されたシャーマンこそ、本当のシャーマンとみなされる。シャーマンの魂に憑依されたシャーマンは、亡くなったシャーマンの神技が自然にできるため、修業しない。彼は第5代シャーマン以外の神霊に憑依されたので、シャーマンの術を修業した。

宗軒は、16歳の時、シャーマンの術を習い始めたが、修業の間、うとうと眠りがちであった。しかし、一旦儀礼を行うと、儀礼のすべてのことができた。そのため、彼は夢の中で修業したと言われている。

宗軒は酒を飲むことを好んだ。儀礼の際、彼に酒を飲ませないと、すぐ儀礼を中止したという。宗軒は1990年に世を去ったが、石氏族の最後の召命型シャーマンであった。

以上のような石氏族の召命型シャーマンたちのライフヒストリーから、2つのことが明らかになった。1つ目は、召命型シャーマンが亡くなったシャーマンの魂あるいは他の神霊に選ばれたケースに属することを示している。2つ目は、彼らが神霊に憑依された後、自然に飛翔などの術ができることである。

1990年に、石氏族の第11代シャーマン宗軒が死去するとともに、現在の石氏族には召命型のシャーマンがいなくなった。その後、栽立であったZXは、栽立から氏族のシャーマンに昇進した。現在までZXは石氏族のシャーマンを担当している。そこで、以下には、現シャーマンであるZXのことを紹介する。

⑤　現シャーマンZX

ZXは、67歳で、普通の農民であり、3男2女を得た。3年前に、妻が亡くなって、1人暮らしになった。

ZXは、小さい時、氏族の儀礼を見物することが好きであったという。知らず知らずのうちに、儀礼のことに興味を持つようになった。彼は病にかかったことがない。17歳であったZXは、頭がよくて、踊りが上手なので、氏族の人々に推薦されて1957年の「烏雲」の修業に参加した。その時の彼の身分が栽立であった。

第11代シャーマン宗軒が亡くなると、憑依型シャーマンがいないためZX

が栽立から氏族のシャーマンに選ばれた。

ZX シャーマンは 1987 年、1994 年、1997 年、2003 年、2004 年に政府の出資による儀礼に参加した。氏族の人々は ZX シャーマンに頼んで病気治療を依頼することがしばしばある。病気が治ると、小規模な儀礼を行って、神に感謝する。

また、ZX は、1997 年、1999 年、2004 年、2005 年の農閑期の冬に、4 回にわたり、「烏雲（ウイォン）」を開設した。

2. 瓜爾佳氏族におけるシャーマンのライフヒストリー

JH（65 歳）シャーマンは、普通の農民で、4 人兄弟の長男である。彼は、家が貧乏なので中学校 1 年生の時に、退学した。

JH は小学校 4 年生（1951 年）の時、ある民家で「烏雲」を見かけた。彼によると、この「烏雲」に参加する子供たちが米で作ったご飯と肉などのご馳走を食べられることを知ったことが、JH にとっては烏雲参加の最大の魅力であったという。当時、村の主食は、粟米、高粱などの粗末な食事ばかりであった。高い値段で買う米で作ったご飯を食べることは、普通の農家にとって正月の一日だけであった。この理由で、JH は「烏雲」に参加したいとの願いをシャーマンに申し出た。しかし、この「烏雲」に参加する人数は、すでに 11 人に達していた。人数が多いので、JH は「烏雲」に参加できなかった。

人数制限のため、JH は「烏雲」に参加できないことにがっかりしたが、毎日その「烏雲」を見物していた。すると、1 人が脱落し、JH も「烏雲」に参加することができたとともに、「烏雲」を修了した。栢榕がシャーマンになり、JH が栽立になった。そして 17 歳（1954 年前後）の時、栽立として瓜爾佳氏族の儀礼に参加した。瓜爾佳氏族は、その後、文化大革命のため、1980 年代まで、「烏雲」を行えなかった。

JH は村の医療所で漢方医の手伝いを 2 年間やった。その間、毎日山へ薬草を採集に行っていた。19 歳の時、JH は結婚して、2 男 3 女を得た。彼は人民公社の生産隊[5] で 4、5 年間、隊長を務めながら、生産隊のために副業も行った。副

業とは、主に馬車で農産物を運んで吉林市へ売りに行くことであった。

　文化大革命時代に、JH は儀礼をやったことがあるが、批判の対象にならなかったという。叔父が村長なので、JH を保護したという。逆に、JH は儀礼の経験があって、歌が上手なので、村の専政組組長となった。専政組とは、専ら革命式の京劇などを村で演出する組織であった。

　文化大革命後の 1979 年から、農家請負生産責任制度[6] が導入された。JH は家の生計を維持するために、野菜販売、豆腐作り、服装の販売などをしはじめたが、商売の経験がないので、すべて失敗した。彼の長女によると、彼女と家族はまだその時に売れ残った衣装を現在も着ているという。

　1985 年になって、JH はシャーマンであった栢榕と一緒に儀礼を再開した。

　1999 年、栢榕大シャーマンが亡くなると、当時 54 歳の JH が栽立から大シャーマンとなった。

　大シャーマンになった JH は、2000 年、1 回目の儀礼を行った。彼は 1985 年の儀礼をビデオで勉強して、単独で儀礼を行うことができた。

　2003 年に、長春市の郊外にある二道竜湾に観光目的の満州族民俗村が建設された。JH はシャーマンとして雇われて、そこで、2 年間働いた。しかし、民俗村は観光客が少ないため、閉鎖された。そのため、JH は村に戻り、畑仕事に従事し始めた。

　JH は 5 人の子供がいるので、生活が裕福ではなかった。彼は、現在末子の一家と一緒に暮らしている。5 人の家族はずっと百年以上の古家に住んでいた。2003 年に、筆者が彼を訪ねた際には、新築途中の家が資金の不足から建築途中のままになっていた。しかし、2006 年に長春大学の出資の一部で儀礼を行い、新家を建てることができた。

3. 羅関氏族におけるシャーマンのライフヒストリー

　筆者が 2006 年 1 月に羅関氏族を訪ねた時、その氏族の氏族シャーマン雲鋼は数年前に亡くなっていた。4 人の若手シャーマンは、異なる村に住んでいるだけではなく、4 人は出稼ぎに行っていたため、調査が困難であった。羅関ムコンダ

144 第3部 満州族シャーマンの成巫過程

（族長）の YD は、この 4 人は若いので、儀礼の神歌を歌うことができるが、氏族の儀礼などのことはほとんど分からないだろうといった。そして、彼は亡くなった氏族シャーマン雲鋼のいくつかのエピソードを話してくれた。

雲鋼シャーマンは、毎年の大晦日の夜、壁に向かって神歌を唱えた。それは、一年のことをすべて神に報告し、何か誤りがあれば、神の叱責を受けて反省するためであったという。

雲鋼は 1945 年に、烏雲 に参加し、「擡神」儀式を経て、羅関氏族のシャーマンになった。文化大革命中、羅関氏族の儀礼は中止された。文化大革命後の 1986 年に羅関氏族は、雲鋼に「烏雲」を教えてもらうことになった。しかし、その時、雲鋼は息子と長春市に移住していた。しかも、体調が悪く、腰哈村までの交通が不便なので、雲鋼は烏雲を教えることをしたくなかった。しかし、その夜、雲鋼は神霊に棒でひどく殴られた夢を見た。そのため、彼は反省し、烏雲を教えることにした。

烏雲が終わった後、儀礼が行われた。儀礼の途中、雲鋼の妻が危篤に陥ったため、彼に長春に帰るようにという知らせが来た。しかし、満州族では、儀礼の時、シャーマンは自分の家に帰ることができないという禁制がある。雲鋼がバチをタンバリンの上に置いて、吉凶を占った。彼は妻が大丈夫であることが分かった。実際、儀礼が終わるまでに、彼の妻の病気は落ち着いたという。

雲鋼は卜占ができるばかりでなく、氏族の人々のために、皮膚病や難病を治療できたという。

雲鋼シャーマンは 1989 年に世を去った。ムコンダ YD によると、シャーマンは再生できる。そのため、シャーマンは土葬にする。中国政府が火葬を厳しく実施させているが、氏族の人々は、政府の特別の許可を得て、雲鋼を土葬にした。そして、彼の棺には 1 本の釘も打たなかった。それは、死去したシャーマンが再生するときに、棺の中から出やすくするためという。

羅関氏族にはシャーマンが複数いるが、雲鋼シャーマンのように霊感があり、卜占、病気治療ができるシャーマンがいない。

雲鋼の事例からかつて修業型のシャーマンも卜占、病気治療などの術ができることが読み取れる。しかし、現在、満州族の修業型のシャーマンは、卜占、病気治療がほとんどできなくなり、司祭の機能だけが残るようになった。このことと

1950年から中国政府が巫術を禁止したこととは、無関係ではないといえる。

4. 張氏族におけるシャーマンのライフヒストリー

漢軍八旗に属するZHシャーマンは、今年67歳で、弓通村の普通の農民であり、2男1女がいる。彼は、畑仕事をして暮らしている。彼の末子が豚肉の卸売りをしているので、この5人家族（張、奥さん、末子一家3人）の年収入は、1.5万元（約25万円）ある。1人あたりの年収入は、3,000（約5万円）元である。

ZHは8歳の時に、病気がちのために、父親に神にシャーマンになるという願いをかけられた。その後、彼は氏族シャーマンの叔父について、儀礼のことを習得し始めた。

張氏族ではシャーマンの術を修得するには2、3年かかるとされる。しかし、張氏族には、前述した満州族の「烏雲」専門の組織がなかった。氏族シャーマンが儀礼を行う時、彼は祭器を運ぶ手伝いの仕事からやり始めた。儀礼の作法をすべて覚えてから、氏族シャーマンは神歌の歌詞を少しずつ覚えさせた。張氏族の祖先は、満州族の八旗制度に帰属して満州族になったが、元々漢族であった。そのため、神歌の歌詞がすべて漢語である。彼は神歌の歌詞を覚えてから、神歌のリズム、踊り方をすこしずつ教えられた。ZHは修業をさぼると、氏族シャーマンによく叱られたという。

ZHシャーマンは、シャーマンの術を覚えた時、文化大革命が始まっていた。氏族シャーマンの叔父は、封建迷信の活動を行った理由で、村の批判の対象となった。叔父の家にあった祭壇、タンバリン、腰鈴などの祭器が没収され、焼却されてしまったという。

文化大革命後、氏族シャーマンの叔父は80歳の高齢になっていた。中国政府は文化財を保存するために、1985年、張氏族に儀礼をやらせた。その時、叔父がシャーマンで、ZHが助手の身分であった。その後、叔父が死去すると、ZHは「掌壇」シャーマン（主役シャーマンの意）となった。

5. 胡氏族におけるシャーマンのライフヒストリー

BXシャーマンは、前述の瓜爾佳氏族と同じ村に居住している。彼の祖先は、清朝初期に漢軍八旗に帰属した漢族であった。しかし彼は満州族のアンデンティティを持ち、現在でも満州族として登録されている。

BXシャーマンの年齢は68歳である。彼は2回結婚し、4人の息子がいる。前妻が上の2子を産み、後妻が下の2子を産んだ。

BXは韓屯村で野生の鷹を狩って飼い慣らし、鷹狩りすることができる唯一の人である。鷹を狩る時、彼は末子と一緒に家から100km離れた山の森の中に身を潜める。彼によると、鷹狩りの後、鷹を訓練することが大変であるという。鷹は凶暴な動物で、容易に人の意図に服従しないからである。BXは、鷹を自分に服従させるために7日間寝かせない。1週間は、鷹も彼自身も眠ることができないという。鷹を訓練する間、彼の衣服は、鷹に破られることがよくあった。訓練した後の鷹は、おとなしくなり、知らぬ人の肩に乗っても、人を攻撃しない。毎年、2、3羽の鷹を捕ることができるという（写真3-3-18）。

写真3-3-18　鷹狩りのBXシャーマン

BXは小さいときから、鷹を狩ることが好きであった。しかし鷹を狩ることは、彼にとって余技にすぎない。BXは人民公社時代に、生産隊の隊長を3年間務めた。1969年からは、国有の炭鉱での電気修理の仕事に13年就いた。1982年の炭鉱の解体にともない、炭鉱の仕事をやめた。BXは韓屯村から5km離れた烏拉街で農機の修理の仕事を1年した後、村に戻って畑仕事をし始めた。彼は、畑仕事をしながら、村の南側の松花江の岸辺で砂工場を3年間経営した。その後、現在まで続いている売店経営をはじめる。末子、妻、3人を合わせた年収は、約1万元だという。

韓屯村には胡氏族の人々が40戸、約200人弱いる。前任ムコンダの死去にともない、2000年から、BXは、胡氏族のシャーマンと族長を兼任している。胡氏族には、順治年間から伝わってきた族譜があるという。だが、族譜は彼らにとって秘密なので、容易に氏族以外の人に見せない。そのため、筆者はその族譜を見ることができなかった。儀礼の神歌を記載した漢語の神書があるが、その神書を見ることができた。その内容は、漢語で記録されたものである。神歌を写したいという筆者の希望はかなわなかった。

BXは小さいとき、原因不明の病気にかかり、1960年代に、シャーマンになる「撞神」儀式を経てシャーマンになったという。文化大革命が始まって、儀礼を行うことができなくなった。しかし文化大革命の後も、胡氏族は儀礼を復活させていない。

胡氏族は前記の瓜爾佳氏族と同じ村に住んでいるのに、なぜ儀礼を復興させなかったのかと聞いてみた。それについてのBXの答えは、「おれの家族には、政府の役人がおらんからだ」というものであった。現村長GHは瓜爾佳氏族のJHシャーマンの弟である。さらに、村長の妻の兄は長春市政府で要職を務めているという。儀礼を行うためには単純にシャーマンがいるということだけではなく、背後には政府の支持を得ることが必要であるといえよう。

6. 呉氏族におけるシャーマンのライフヒストリー

これまで紹介した5つの氏族のシャーマンは、すべて吉林市の出身であったが、ここで紹介する呉氏族のDCだけは、遼寧省の出身である。遼寧省は清朝の発祥地であるが、吉林省の南にあるので、漢化が著しい。氏族制度がほとんど崩壊した。筆者は遼寧省で精力的に満州族のシャーマンを探した。しかし病気治療を中心とする漢族シャーマンは見つかったが、儀礼を行うことができるシャーマンはDCシャーマンの一例のみであった。儀礼が出来なくても病気治療できる満州族シャーマンも見つからなかった。次にDCシャーマンのライフヒストリーを紹介する。

2003年に、筆者がDCに出会った時、彼はすでに70歳であった。しかしDCの眼光が鷹のように鋭いことは、筆者に深い印象を与えた。

DCはZHシャーマン、BXシャーマンと同じく、漢軍八旗に所属した漢族であった。その家には族譜がない。彼は少年時代には、新賓満州族自治県木奇郷の木奇村で過ごした。青年時代には、下営子鉄鉱の工場へ出稼ぎにいった。文化大革命時代には、シャーマンの身分のせいで、故郷の木奇村に下放されたという。

DCは1980年代に下営子鉄鉱の工場に戻って1990年に退職した。現在、彼は毎月、工場から得る641元の年金によって、妻と未婚の末子の3人の家族生計を維持している。

DCシャーマンは8、9歳頃から、叔父について病気治療のことを勉強し始めた。病気治療の仕事は、針灸、薬草の採集である。その他、墓地、家の風水を占うことも修業する。約7、8年後、彼はこれらすべての仕事を身につけた。現在でも、DCは針灸の針、風水を測る羅針盤を持っている（写真3-3-19）。

病気治療の修業が終わってから、DCはシャーマンである兄のDSについて儀礼のことを修業し始めた。しかし彼はシャーマンになる「擡神」儀式を経験したことがない。DCは当時二神（シャーマンの助手）であった。兄であるDSシャーマンは4、5年前に亡くなった。呉氏族では、「擡神」儀式を行わなかったので、シャーマンの候補者がいなかった。そのため、DCは助手からシャーマンになった。つまり、DCは、瓜爾佳氏族のJHシャーマン、石氏族のZXシャー

第3章 満州族シャーマンのライフヒストリー 149

写真 3-3-19 風水を占う DC シャーマンの羅針盤

マンと同じく、助手からシャーマンに昇進した。

　DC によると、呉氏族の儀礼では、70 柱の神を祀るという。儀礼の神霊は、劉備、関羽、七星、家神、蛇神、虎神、狐神、歓喜神などである。1960 年代には氏族の儀礼を 7 日間行ったという。1991 年に国からの援助を受け、兄の呉徳生が儀礼を 1 回だけ行った。それ以降、やったことがない。

　DC によると、彼は自分の氏族ばかりでなく、村の家で冠婚葬祭の時、歌を歌うこともやった。しかし文化大革命時代には封建迷信の活動に従事したという理由で、批判された。

　医療については、貧乏人の病気を治しても、ほとんど無料であったという。しかし金持ちの場合、彼はたくさんの費用を求める。彼が治療した病気は、ほとんど病院で治せない難病であったという。例えば、皮膚病、ガンなどである。

　DC シャーマンの悩みは継承人がいないことがある。なぜなら、彼は 4 人の息子がいるが、神歌を歌う才能がない。現在では、治療に関してだけ、末子に伝授しているという。呉氏族シャーマン DC が亡くなると、その儀礼がなくなる危機にある。

　DC は治療、シャーマン、芸能者を兼ねていた。筆者が調査してきたシャーマ

150 第3部　満州族シャーマンの成巫過程

ンの中では、このような多能者は、DC しかいない。

7. シャーマンのライフヒストリーの考察

　以上、取り上げたシャーマンのライフヒストリーを整理すると、次のようになる（表3-3-5）。

　満州族のシャーマンには現存するのは修業型シャーマンだけである。しかし、石氏族の神話から、かつては召命型が主であったことが明らかになった。

　① 　シャーマンになる契機

　　石氏族の伝説の中の憑依型シャーマンになる契機はすべて巫病である。これより、巫病は召命型シャーマンになる典型的なケースであることが明らかになった。

　　修業型シャーマンへの典型的なケースは巫病を経由するのである。これは召命型シャーマンとの共通点である。これはきわめて重要である。この点から修業型シャーマンには召命型シャーマンの痕跡がみられる。

　　修業型シャーマンのもうひとつのケースは氏族推薦型である。これは中国政府の政治の関係で烏雲の修業が途絶えることによって派生したことが読み

表 3-3-5　シャーマンの分類

種類	契機	名前	修業の有無	役割
召命型シャーマン	巫病体験	石氏族の初代〜10代まで	無	神技、治病、司祭
		宗軒	有	儀礼、神技（未詳）
修業型シャーマン	巫病体験	雲鋼	有	司祭、卜占、治病
		ZH	有	司祭
		BX	有	司祭
	氏族推薦	ZX	有	司祭
		JH	有	司祭
		DC	有	司祭、治病、風水

（筆者の聞き取り調査より）

第3章　満州族シャーマンのライフヒストリー　*151*

取れる。

　また、ZX、JH、DC シャーマンは、擡神儀式を経ないが、氏族シャーマン
の役割を果たしている。そもそも彼らは本来の氏族シャーマンではなくなって
いる。

②　シャーマンの役割

　かつての召命型シャーマンは、飛翔の神技や病気治療、儀礼を司祭するな
どの複合的な役割を果たした。

　羅関氏族の雲鋼修業型シャーマンの例から、羅関氏族の事例においては、儀
礼だけでなく、病気の治療やト占を行っている修業型シャーマンもあった。し
かし、現在の修業シャーマンは儀礼を司る役割だけを果たしている。これは中
国政府が烏雲の天に行く術を禁じることと無関係ではないだろう。

　第4部では、儀礼がどのようにシャーマンによって実施されているのかを
具体的に見てみよう。

注

4)　本書ではプライバシーの関係により、亡くなった氏族シャーマンの実名を使ったが、現氏
　　族シャーマンは彼らの漢名の発音の最初の字母のみ用いた。
5)　人民公社の中のグループ。
6)　請負生産責任制とは、土地の使用権と管理権を 30 年の契約で世帯主に与えるものである。

第4部

満州族のシャーマニズム儀礼

はじめに

　満州族シャーマニズム儀礼は、中華人民共和国建国後の1950年代までは、頻繁に行われていた。しかし、1950年代以降の「迷信を棄てて思想を解放しよう」という大躍進や文化大革命などの政治運動のために、シャーマニズム儀礼が禁止されるようになった。1980年代に始まる中国政府の改革開放政策とともに、少数民族の風俗習慣を尊重する政策に代わり、シャーマニズム儀礼は復興の傾向にある。筆者が取り上げる瓜爾佳氏族、石氏族、羅関氏族、愛新覚羅氏族のシャーマニズム儀礼は、そうした背景の下で復興したものである。現在、中国では少数民族に対する宗教政策の自由度が拡大しているが、復興したシャーマニズムに関しては中国政府から一定の制約がある。そうした事情から行政村の共産党書記や村長主催という形をとって、本来氏族の儀礼が行われている。

　第4部で取り上げる瓜爾佳氏族、石氏族、羅関氏族、愛新覚羅氏族の儀礼は、愛新覚羅氏族を除いて、政府の援助を受けて行われたものである。本書では、この政府の援助を受ける儀礼を「公的儀礼」と呼ぶことにする。このようないわゆる公的な儀礼の目的は、少数民族である満州族の伝統文化を保存するためである。

　一方、氏族の成員の自費による小規模の儀礼も行われている。本書では氏族成員の自費による儀礼を「私的儀礼」と呼ぶことにする。私的儀礼も行政村の共産党書記や村長の支持がなければ、検挙される危険を招く。小規模なこうした儀礼が可能なのは、政治的な指示を受けた大規模な儀礼が実施されていることによって、政治的に問題がないと判断されているといえよう。

　このように、氏族を単位として行われた儀礼は政治と絡み合っている。しかし、村に生活している満州族は裕福ではないので、私的な儀礼の規模は比較的小さい。これに対して、政府の援助を受けた公的儀礼の規模は大きい。また、私的儀礼というと、氏族以外の人が観察することができない意味もある。筆者がその私的儀礼を実見したことがなく、シャーマンへの聞き取りによる。そのため、本書では、公的儀礼の事例を取り上げることにした。しかし、遼寧省の愛新覚羅氏族の儀礼はシャーマニズム残存の形として残されている。この種の儀礼は政府の援助を受けなかった私的儀礼である。

第 1 章

従来の満州族シャーマニズム儀礼の分類の問題点

1. 『欽定満洲祭神祭天典礼』の中の儀礼

　満州族シャーマニズムにはさまざまな伝統的な儀礼がある。1747 年、清王朝によって頒布された『欽定満洲祭神祭天典礼』には以下のシャーマニズム儀礼が述べられている。

　　「（前略）王や各々の民家は、鷲鳥、鶏、魚を使うと同時に、新米、新穀などを使って、背燈祭を行う。祭神、祭天、柳樹枝求福祭、馬神祭の他、満洲人は、子供の天然痘をさけるために、豚、糕（あわもち）を供えて天を祀ることを「痘祭」と呼ぶ。

　　糕を供えて天を祀ることを「糕祭」と呼ぶ。夜、西室の壁にある屋外で子豚を使って天を祀ることを「去祟」（邪気払い）と呼ぶ。

　　畑（田）の苗の成長期の虫害、旱魃にあたっては、畑の間で紙を掛け、揺らす。細い木で鋏んだ蒸しあがった糕と飯を畑（田）に供えることを「祭田苗神」と呼ぶ。

　　秋の収穫後、糕を蒸し、庭に供えることを「祭場院」と呼ぶ。また、夜、七星を祀ることを「穣祭」（豊穣祭）と呼ぶ。

　　さらに、長らく村に居住し、儀礼を行う場合、寝室で縄の上に掛けられた新しい衣服は、神幔（絹の幔帳）のようである。そして、慣例どおり、酒、糕を作り、豚を屠って、儀礼を行っている。（中略）

　　祭天は、満洲人のいたる所どこでも行うことができる。ただし、清潔な柳の木を神杆として立てること。神杆の先に、祭斗（椀状をしている）、藁で作られた草束を縛ることもある。豚を購入し、米をとぎ、儀礼を行う。」（『欽定満洲祭神祭天典礼』「彙記満洲儀礼故事」1747：27-34）。

156　第4部　満州族のシャーマニズム儀礼

このように、『欽定満洲祭神祭天典礼』では、①「背灯祭」、②「祭神」、③「祭天」、④「柳樹枝求福祭」、⑤「馬神祭」の他、⑥「痘祭」、⑦「糕祭」、⑧「去祟」、⑨「祭田苗神」、⑩「祭場院」、⑪「穣祭」という11種類のシャーマニズム儀礼が言及されている。その中の「馬神祭」、「痘祭」、「去祟」、「祭田苗神」、「祭場院」、「穣祭」は次第に廃れ、現在実施されていない。しかし、「背灯祭」、「祭神」、「祭天」、「柳樹枝求福祭」、「糕祭」は現在でも行われている。興味深いことは、そのうちの背灯祭、柳樹枝求福祭、祭天の儀礼が柳と関連していることである。柳への崇拝の観念と結びついた儀礼が、現在にも伝承されている。このようなことは、シャーマニズム儀礼における柳崇拝観念の強さを示す。

2. 富育光の分類

　富・孟（1991:67）によれば、満州族のシャーマニズム儀礼は、「野祭^{イェジ}」と「家祭^{ジァジ}」に分かれる。「野祭」とは、動・植物の神霊などを祀る原初の儀礼である。「家祭」とは、氏族の祖先の神霊を祀る儀礼である。

　しかし、筆者は、調査の時、現地で「野祭」、「家祭」という言葉を1回も耳にしたことがない。シャーマンの儀礼は、祀られる神霊の種類を問わず、現地語で「焼香^{ショウシャン}」、「跳大神^{テオダイシン}」と呼ばれている。

　「焼香」とは、香を焚くことに注目した表現であり、「跳大神」とは、シャーマンが神霊に憑依され、跳ね回る状態を意味する。

　現在、富・孟の「家祭」と「野祭」という呼び名は、広く研究者に受け入れられている。儀礼を神霊の種類に富・孟は区分している。しかし、本書の事例研究が示すように、実際の儀礼で祀られる神霊は富・孟の言うようには明確に区別されていない。本書で紹介するのは家祭の事例であるが、そこには祖先神以外の神霊が多く登場する。そして、野祭の神霊に出ているのである。

3. 石光偉・劉厚生の分類

石・劉（1992:1）は、現地用語（「焼香」と「跳大神」）を基礎に儀礼を分類し、現地語の「焼香（ショウシャン）」を「焼太平香（ショウタイペイシャン）」、「焼還願香（ショウフォンヨンシャン）」、「焼官香（ショウギョンシャン）」、「攆神香（タイシンシャン）」に分け、「跳大神」を「跳家神（テォダイシン）」と「放大神（ファンダシン）」に分けた。

① 「焼太平香」とは、満州族が秋の収穫の後、収穫を神に感謝するために、行う収穫儀礼である。これは後述の「跳餑餑神（テォ ボ ボシン）」に相当する。

② 「焼還願香」とは、ある家の人が災いや不幸、不吉などに遭った後、祖先神の加護によって平安に戻った時、祖先神の加護に感謝するために行う儀礼である。

③ 「焼官香」とは、洪水や干ばつ、地震、火事、疫病などの全氏族の平安、利益に関わる大災難に見舞われた際、祖先神の加護によって危機を大過なく切り抜けた時、祖先神の加護に感謝するため、全氏族の成員が参加する「公的」（官の意味）な儀礼である。また、氏族の族譜を修正するための儀礼もこの類に属する。

④ 「攆神香」とは、氏族がシャーマンの候補者を承認する攆神（タイシン）儀式である。

「跳大神」は、シャーマンが神霊に憑依されて跳ね回る様子に由来する概念であるが、これはどんな神霊によって憑依されるかで「跳家神」と「放大神」という2種類に分かれる。

「跳家神」とは、祖先神に憑依される意味である。

「放大神」とは、動物神、植物神に憑依される意味である。

神霊の違いによる「跳家神」と「放大神」という分類も後にみるように、観察事例に適合しない。

4. 筆者の分析視点

　これまでの満州族シャーマニズム儀礼の分類は、儀礼の目的や儀礼の対象である神霊の種類に注目したものであるが、現状に即したものではない。そのため、筆者は、シャーマニズムの本質としての憑依問題に基いた分析を試みたい。つまりシャーマンが神霊に憑依されるかどうかに注目し、儀礼を分析してみたい。すなわち「憑依型儀礼」か「非憑依型儀礼」かに注目したい。非憑依型儀礼は、憑依することがない。そこで、この非憑依型の儀礼を「祈祷型儀礼」と呼ぶことにする。

　このような分析を踏まえ、以下の祈祷型儀礼（2章）、憑依型儀礼（3章、4章、5章）の具体的な例をみてみよう。

第 2 章

祈祷型儀礼

1. 本章の目的

　本章の目的は、吉林省における瓜爾佳氏族、石氏族、羅関氏族、および遼寧省における愛新覚羅氏族の祈祷型儀礼を取り上げ、その儀礼の特徴を論ずることである。

　満州族シャーマニズム儀礼は、さまざまな変化を遂げてきた。富・孟（1991:69-71）によると、女真時代（12C）以前においては、儀礼は、氏族に大事や不幸などが生じた時のみ、不定期に行われた。女真時代になると、各氏族は各々の独自の儀礼を形成するようになった。

　明朝末期（16C）に、建州女真のヌルハチは、女真諸部族を統一する過程で、敗れた部族のシャーマンを容赦なく殺した。そして、その部族の神霊人形、神器なども破壊した。その後、女真諸部族が統一され、満洲族という新しい民族集団が形成され、そして清王朝が成立した。

　これに伴い、1747（乾隆 12）年、満州族を統一し、清王朝の創始者となった愛新覚羅氏族には満洲族の諸儀礼を定めた『欽定満州祭神祭天典礼』が制定された。『欽定満州祭神祭天典礼』は愛新覚羅氏族の儀礼の様式に基づいて、シャーマニズム儀礼を規範化するものであった。こうして、儀礼が規範化された。

　満州族シャーマニズム儀礼は、『欽定満州祭神祭天典礼』にそって実施されるようになった。これによって、これまでの満州族のシャーマニズム儀礼の多様性は抹殺され、次第に消えた（黄強:2000:42）。そのなかで、重要なのは、「憑依現象」が取り締まられたことにある。そのかわり、シャーマンが人間のまま、タ

ンバリンを叩き、神歌を歌い、踊りを踊ることによって、人神交流の「祈祷現象」が広く存在するようになった。本書では憑依せず、人神交流を行う儀礼を「祈祷型儀礼」と呼ぶことにする。しかし、この大きな枠組みから区分した祈祷型儀礼と区分するために、後にみる各氏族の祈祷型儀礼を現地語の「焼香儀礼」と呼ぶことにする。「焼香」とは、香を焚く意味である。

次に瓜爾佳氏族、石氏族、羅関氏族、愛新覚羅氏族の焼香儀礼の構造を論じていく。

2. 事例1 — 瓜爾佳氏族の焼香儀礼

満州族の祈祷型儀礼は氏族を単位としてシャーマンによって行われるものである。満州族の氏族組織は、ムコン（mokun）と呼ばれる。しかし、清代における満州族の中国全土への分散・雑居と、中華民国時代（1912 〜 1949）の満州族排撃、中華人民共和国成立後の 1950 年代の大躍進政治運動、文化大革命時代（1966 〜 1976）の少数民族の抑圧政策によって、満州族固有の文化とともに氏族組織がほぼ崩壊してしまった。ただ、筆者が調査した松花江沿岸のような地域にのみ氏族組織が辛うじて残存している。筆者が 2004 年以来、3 回にわたって調査[1]をしてきた吉林省吉林市烏拉街鎮韓屯村に居住する瓜爾佳氏族はその氏族のひとつである（図 4-2-1）。瓜爾佳氏族では、氏族組織とともに焼香儀礼も辛うじて保存されてきた。筆者が 2006 年 1 月 9 日〜 11 日の 3 日間にわたり、瓜爾佳氏族のシャーマンによって行われた焼香儀礼の観察に基くものである。

2006 年の瓜爾佳氏族の焼香儀礼は、長春大学薩満教研究所の援助で行われたことを指摘しておきたい。さらに、この焼香儀礼の主催者は、瓜爾佳氏族が居住する行政村の共産党書記と村長であった。このことを踏まえた上で、満洲族の瓜爾佳氏族の焼香儀礼を考察する。

2.1 調査地と調査対象の概況
2.1.1 調査地の概要

瓜爾佳氏族(グワルギャ)は、他の満洲族氏族とともに吉林市南部の永吉県烏拉街鎮韓屯村(カントンソン)に居住している。韓屯村は、400年あまりの歴史を有している。瓜爾佳氏族は、約300年前に寧古塔地方（黒竜江省寧安県）から移住した海西女真のフェ・マンチュ（旧満州族）の氏族であった。瓜爾佳氏族は、昔は、漁猟や真珠の採集などをして生活を支えてきたが（黄：2000:31）、現在は、松花江の下流に居住し農業を営んでいる。

現在韓屯村の主な生業は農業である。耕作地の面積は310haで、農産物は主にトウモロコシである。村人の一人当たりの年収は約2,500元（4,000円弱）である。韓屯村の総人口は約1,280人、世帯数は274戸である。そのうち、満州族は256戸で、総世帯の大半を占めている。その中で、瓜爾佳氏族は約60戸、200人で、韓屯村では人口が一番多い氏族である。

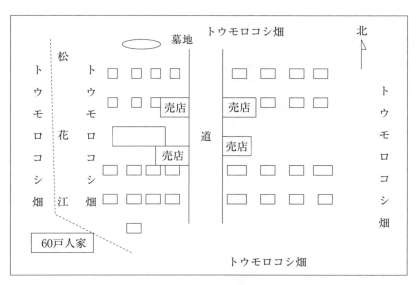

図4-2-1　韓屯村略図
（☐屋敷）

2.1.2 瓜爾佳(グワルギャ)氏族の氏族組織

満州族の社会組織の基本単位は、父系氏族である。シロコゴロフによると、満州語の「瓜爾佳」(guwalgja)は、「菜園の周囲の堀」の意味である。瓜爾佳の漢名は、「関」という[2] (Shirokogoroff:1967:31)。氏族の首長をムコンダ (mokunda＝mokun＋da, da は、大主、頭、長の意) と呼ぶ (Shirokogoroff:1967:84)。

もともと瓜爾佳氏族にはムコンダが4人いた。つまり、瓜爾佳氏族には従来4つのムコンダがあったことになる。その4人のムコンダが老齢化したので、1985年に、族員全体が参加した氏族会議が開かれ、若いムコンダを選出した。その際、約200人の瓜爾佳氏族が集まった。このような多数の氏族の成員を管理するために、ムコンダの人数が1985年以前の4人から7人に変わり、1人を総ムコンダとした。それまで総ムコンダは存在しなかった (図4-2-2)。

この新しいムコンダの構成をみると、4人が前任の4人のムコンダを継承するムコンダであり、瓜爾佳氏族の4つの下部集団の長という役割を負っている。新たに選ばれた3人は、1人 (YL) が総ムコンダ、1人 (GH) が村長、1人 (SC) が第14世代の代表として新たに創設されたムコンダである。ムコンダは第13世代に属する長老であるが、瓜爾佳氏族の人口は第14世代が最も多い。そこで、14世代の代表が、新ムコンダと創設されたわけである。

総ムコンダYLは、42歳で、韓屯村の治安主任5年、村長5年、共産党書記5年を務めた人材である。そして、彼は、この瓜爾佳では希少な中学校卒業の学

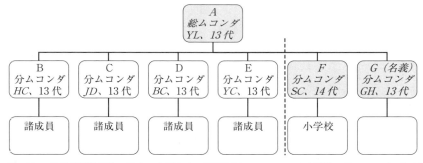

(注:B〜Eは瓜爾佳氏族の元来の血縁中心の下部集団で、A、F、Gは増設の新ムコンダである)

図4-2-2 瓜爾佳氏族の氏族組織

歴を持ち、氏族の人々に公認された能力のある人物であった。そのため、YL が総ムコンダに選ばれた。

他方、新ムコンダに任命された現村長の SC は、瓜爾佳氏族シャーマンの実の弟であるが、実質には名義だけのムコンダである。彼の選出は村長の身分と無関係ではない。このように、氏族組織に氏族的原理以外の要素が混入する形で瓜爾佳氏族の組織が再編された。なお、満州族の氏族ではムコンダを 1 人設けることが多く、7 人のムコンダを有する氏族組織はまれである。

瓜爾佳氏族は、1646（順治 3）年から保存されてきた 360 年の族譜を持っている。その族譜は、約 10 〜 12cm の幅を持つ薄い布（あるいは紙）で作られた一巻の巻物である。この族譜には現在までに 15 代の氏族成員が記録されている。さらに、族譜には男性だけが掲載されることから、瓜爾佳氏族は、父系氏族制度であることが分かる（写真 4-2-1）。

瓜爾佳氏族の現任ムコンダ YL によると、1958 年に始まる大躍進時代に、族譜および儀礼の神器などは、「迷信」として、村役所に提出して燃やさなければならなかった。瓜爾佳氏族の「三奶奶」（3 番目のおばあさん）という 70 歳の女史はその族譜を隠して保存した。そのため、その女史は瓜爾佳氏族の人々に尊敬されている。彼女が亡くなった時、瓜爾佳の人々は、彼女に感謝するために最高格の葬礼を行ったという。

現在、瓜爾佳氏族の他、筆者が調査を行ってきた後述の吉林省の石氏族、羅関

写真 4-2-1　瓜爾佳氏族の族譜

164 第4部 満州族のシャーマニズム儀礼

氏族および遼寧省愛新覚羅氏族も族譜を保存している。

　瓜爾佳氏族の族譜は、現在80歳の退任したムコンダ BZ に保存されている。その族譜は大晦日の夜に出すことができる。族譜を出すことは、「亮譜」と呼ばれる。筆者の調査の際、彼は上機嫌でその族譜を見せてくれた。族譜を開ける前に、彼は、丁寧に手を洗って、線香をつけた。それは、祖先に敬意を表すためである。しかし、筆者の族譜内容を写したい願望はかなわなかった。

2.1.3　瓜爾佳氏族のシャーマンの構成

　瓜爾佳氏族のシャーマンには階級制度がある。それは、氏族シャーマン（大シャーマン）、シャーマンの候補者である「小シャーマン」、および小シャーマンに次ぐ者である「栽立」（助手）である。現在、瓜爾佳氏族には、氏族シャーマンが1人（JH）、小シャーマンが1人（XB）、「栽立」が2人いる。

　JH シャーマンは、1951年、10歳年長の栢榕とともに叔父である老シャーマンに修業し、シャーマンの助手としての「栽立」となった。その際、栢榕は、小シャーマンとなった。老シャーマンの死後（時期不明）、栢榕が後任の氏族シャーマンとなった。JH は栽立のままであった。1999年に、栢榕シャーマンが亡くなると、瓜爾佳氏族には小シャーマンがいなかったので、当時54歳の JH が、栽立から氏族シャーマンと昇進した。

　1999年、JH がシャーマンとなると、瓜爾佳氏族の会議では、シャーマン後継者の育成をはかる「烏雲」を再開することになった。今回の烏雲は、1951年以降、はじめて行われる烏雲であった。烏雲の修業を経て、1人（XB）が小シャーマンとなり、ほかの3人（SY、SY、HS）は、栽立となった。

2.2　瓜爾佳氏族の焼香儀礼の構造

2.2.1　家祭の種類

　富・孟育光（1991:66-67）の言う満州族の家祭は、目的によって次の4種類に分けられる。

　(1) 春と秋、祖先神の加護を祈るために、定期的に行われた儀礼。

　　春と秋に行う儀礼は、「常例祭」あるいは「春秋大祭」とも呼ばれる。漁猟、狩猟時代の満州族の前身民族である女真人は、家畜に必要な牧草の萌え始める春に「春狩り」を頻繁に行った。しかし満州族の生業が農業に移るとともに、

春の祭は次第に廃れていった。現在の祭は秋に行う収穫儀礼である。

(2) ある家の人が災いや不幸、不吉などに遭った時に、祖先神の加護によって災いを転じて平安に戻った時、祖先神の加護に感謝するための儀礼。

この儀礼は、「許願祭」、「還願祭」ともいい、春秋大祭と異なり、吉日さえあれば随時に行うことができる。参加する人数は、その家の財力によって決まる。

(3) 洪水や干ばつ、地震、火事、疫病などの全氏族の平安、利益に関わる大災難に見舞われた際、祖先神の加護によって危機を大過なく切り抜けた時、祖先神の加護に感謝するための儀礼。

この儀礼は、「焼官香」とも呼ぶ。「焼官香」は上の第②ケースのように、1つの世帯が中心となる「許願祭」、「還願祭」と違い、族員の全体が参加する氏族的な儀礼である。

(4) 氏族の族譜を修正するための儀礼。

この儀礼は「族譜儀礼」とも呼ばれる。氏族の成員が変化するので、数年（12年）おきに、その間に生まれた成員の名前を追加したり、亡くなった成員の名前に黒色のペンで印をつけたりする「続譜」の活動を行う。「続譜儀礼」は一般的に辰年、寅年、あるいは子年の正月2日から5日までの4日の間に行われる。「続譜儀礼」は上述の「焼官香」と同じく、全体の族員が参加する氏族的な儀礼である。

瓜爾佳氏族の焼香儀礼は、第②ケース「還願儀礼」である。

JHシャーマンは、61歳で、2男3女の子供がいる。次女が喉のガンに罹ったが、4時間の手術を2回経て治った。次男が8歳の時、白菜を載せたトラックにひかれたが、少しも怪我をしなかった。これは彼の娘と息子には天や祖先神の加護があったからであると考えられた。JHシャーマンは、神霊の加護に感謝するために儀礼を行うことを望んでいたが、経済上の問題のために行うことができなかった。しかし、今度は長春大学薩満教研究所の援助[3] を得たことで、焼香儀礼を行うことができた。

JHシャーマンによると、2006年の焼香儀礼の他、瓜爾佳氏族では、1985年、1990年、2000年、2004年に焼香儀礼が行われたという。焼香儀礼の運営資金は、氏族の人々によって出費される私費、および政府の援助の公費に分けられている。その資金の状況は次頁の表のようになる（表4-2-1）。

166 第4部 満州族のシャーマニズム儀礼

表 4-2-1　近年の瓜爾佳氏族の焼香儀礼費用の出所

年	1985	1990	2000	2004
出費	私費・公費	私費	私費	公費

（筆者の聞き取り調査より）

　上記の5回の儀礼は、瓜爾佳氏族の多数の成員が参加するので、その規模が大きかった。その他、JHシャーマンによると、氏族のなかのひとつの家族を中心とした小規模な儀礼は一年中頻繁に行われているという。

2.2.2　焼香儀礼の準備

（1）　運営委員会の設立

　ここで述べるのは、JHシャーマンが自分の家族のために行ったものである。儀礼を順調に行うために、運営委員会を設立した。運営委員には女性は含まれない（表 4-2-2）。

　運営委員は、発起者、主催者、治安担当、総指揮、鍋頭、総務、司祭から構成されている。

　鍋頭とは、漢語であり、厨房の担当者の意味である。鍋頭は焼香儀礼におい

表 4-2-2　瓜爾佳氏族の焼香儀礼の運営委員会

役割	名前	肩書	世代（代）
発起者	G・JH	JH シャーマン	13
主催者	*Z・YQ*	韓屯村共産党書記	
	G・GH	村長兼ムコンダ	13
治安担当	*T・H*	韓屯村治安主任	
総指揮	G・YL	総ムコンダ	13
鍋頭	G・SY	炊事担当	14
総務	G・HC	分ムコンダ	13
司　祭	G・JH	JH シャーマン	13
	G・XB	小シャーマン	14
	G・SY	大裁立	14
	G・C	小裁立	15
	G・YL	兼タンバリンの演奏	13

（筆者の聞き取り調査より）

て、ムコンダ、シャーマンと同様に、不可欠の人物である。鍋頭もシャーマンの術を修業する「烏雲ウィォン」に参加しなければならない。鍋頭はシャーマンと栽立（助手）の不合格者である。彼らは「烏雲」に参加する間、主に、焼香儀礼のあらゆる順序を修業する。こうして、焼香儀礼の時、鍋頭はシャーマンに協力して儀礼を順調に行うことができるという。SY は JH シャーマンのいとこであり、焼香儀礼の鍋頭を担当した。

　瓜爾佳氏族の成員もこの運営委員に選ばれた。韓屯村の行政組織は共産党書記、村長、会計、婦人主任[4]、治安主任から構成される。総指揮は前任の村長であり、主催者は村の現任共産党書記と村長であり、氏族とは無関係である。そのうち、共産党書記と村長が主催者として、村の治安主任も治安担当として運営委員に参加した。彼らは、瓜爾佳氏族の成員ではないが、運営の中枢部をしめる地位についた。総指揮者となった前任村長の総ムコンダも従来のムコンダ長ではない（写真 4-2-2）。

（２）　祭壇の配置

　焼香儀礼の前日に、以上の運営委員のメンバーは村から 5km 離れた公衆浴場に行き、「浄身」（身体を清める）を行った。彼らは「浄身」のほかに、焼香儀礼

写真 4-2-2　瓜爾佳氏族のムコンダたち
（中央 総ムコンダ　右１分ムコンダ）

の 3 日前から夫婦の生活を離れ、家を出て別居しなければならない。その間、彼らは JH シャーマンの新築された家裏にある倉庫用の古家に泊まった。さらに、儀礼を行う間も、彼らは自分の家に戻ることができなかった。それは神霊を冒涜しないためである。

焼香儀礼の前日には、まず焼香儀礼を行う家屋や庭をきれいに掃除し、「年期香(ネンチシャン)」と呼ばれる香を焚き、穢れを払う。「年期香」は、山頂の石間にあるつつじで作られるものであり、「乾枝梅(カンズメイ)」とも呼ばれる。毎年 7 月 7 日にムコンダやシャーマンは山から採ったつつじの葉を乾燥して粉末にし、焼香儀礼の際に使う。その「年期香」は満州族の特有のものである。「焼香」儀礼の名称は、この年期香を焼くことに由来する。

年期香を焚いた後、祭壇を設置する。神棚を漢語で「祖宗板」(ズゥズオバン)(満州語「渥轍庫 wocckuｳ」)と呼ぶ。祖宗板（60×40cm）は、さまざまな祭用具を置く柳の木で作られた板である。祖宗板は、家長が住む西の部屋に置かれる。すなわち、3 間房であれば、その西側の部屋西の壁の上部に東面して取り付けられている（図 4-2-3）。祖宗板は、果たして満洲族の本来のものであるかについて、赤松・秋葉（1941：195）が「この祖宗板は祖霊の信仰と仏教との結合を示している」という他文化の影響を指摘している。

祖宗板の上には、柳の木で作られた「祖宗匣」や「香碟」(シャンディ)といわれる香炉な

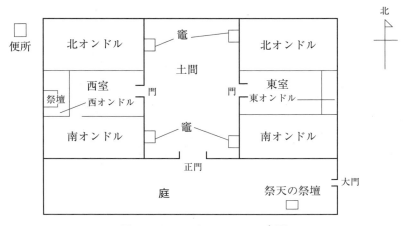

図 4-2-3　JH シャーマンの家屋

どが置かれる。祖宗匣（ズゥズォシャ）（40 × 10 × 10cm）は、柳の木製の箱である。その中に族譜、哈瑪刀（神刀）、香炉などの神器などが納められている。それらの物は聖物とみなされるので、普段は祖宗匣から取り出すことができない。

香碟（シャンディ）（10×3cm）は、長方形の柳の木で作られた香炉である。その上に年期香を一直線に撒いて、その片端に火をつける。この香碟の数は氏族によって異なっている。瓜爾佳氏族の香碟は7つある。JHシャーマンの話によると、この7つの香碟は、天神、地神、山神、財神、病神、喜神、貴神にそれぞれささげるためであるという。

祖宗板（ズゥズォバン）、祖宗匣、香碟が柳の木で作られたことによって、柳への崇拝の観念が表現されている。

JHシャーマンと総ムコンダが、前回焼香儀礼を行った民家から祖宗匣を祭場に運んできた。そして、1枚の黄色の絹織物（155×150cm）が、祖宗板の下方の壁にかけられた。この黄色の絹織物が「神位」を表す（黄：2000：32）。「神位」とは、神霊が位置するところである。その後、JHシャーマンは、焼香儀礼用の酒杯、香碟などの神器を祖宗板の下の机に置き、酒（地元の玉蜀黍や粟で作ったもの）やケーキ、饅頭、ろうそくなどの供物を祭壇上に供えた（写真4-2-3）。

その後、JHシャーマン、総ムコンダたちは、再び年期香を焚き、祭壇の周りの場所を清め、祭壇に叩頭した。以上の祭壇の設置が終わると、いよいよ焼香儀

写真 4-2-3　瓜爾佳氏族の祭壇

170 第4部 満州族のシャーマニズム儀礼

礼が始まった。

2.3 焼香儀礼の式次第

　焼香儀礼は、祭壇配置の後、3日間かけて行われた。その間、次のような儀礼が行われた（表4-2-3）。
　1日目の「跳餑餑神」儀式と「跳肉神」儀式。
　2日目昼間の「跳肉神」儀式と「背灯」儀式。
　3日目の「祭天」儀式と換索儀式と「送神」儀式。
　「跳餑餑神」儀式とは、供物の粟もち（餑餑）を神に供える儀礼である。
　「跳肉神」儀式とは、生贄の豚肉を神霊に供える儀礼である。1日目の夜と2日目の昼間に実施された。
　「背灯」儀式は、現地の人々に「仏托媽媽祭」、「星祭」とも呼ばれる。「背灯」儀式とは、すべての灯火を消し、黒闇の中で、生贄の豚肉を神霊に供える儀礼である。2日の夜に実施された。
　「祭天」儀式とは、生贄の豚肉を天神に供える儀礼である。
　「換索」儀式とは、氏族の5歳以下の子供のために行う「索線」を代える儀礼であり、「換鎖」とも呼ばれる。
　索線とは、布切れを五色の糸でおったものである。糸に縫いこまれる小さい布切れは「索」と呼ばれる。この糸と布切れを合わせて、「索線」という。焼香儀礼の前日、シャーマンは多くの索線を作る。儀礼を行うとき、シャーマンがこれらの索線を庭に立てた柳の枝と西室の祭壇の間に設けられた子孫縄の上にぶらさげる。
　儀礼を行うとき、シャーマンは子孫縄に結び付けられた索線を取り、氏族の子供の首にかける。翌年儀礼を行うとき、新しい索線に代える。この儀式を「換索」という。
　「送神」儀式とは、食べ残したものや祭天に使った柳の幹などを松花江に送る儀式である。
　第1部で既述したように、満州族では1632年以前の無文字時代、氏族の系譜は、主に記憶と口頭によって伝えられたが、一族に生まれた子供の性別、輩行（世代）を「子孫縄」で示した。

表 4-2-3　瓜爾佳氏族の焼香儀礼の式次第

	儀式名称	場所	時間	供物	神霊	特徴	目的
	1. 祭壇配置	西室内	前日	酒、(ケーキ)、饅頭			神霊などを祀る祭壇が設けられ、祖先神などを迎える。
一日目	2. 跳餑餑神儀式	西室内の儀礼壇前、台所	1日目午後(9日)	粟、粟餅	堂子托盤諸神　奴才貝勒神　→農業の神(苗神)	祈祷共食	粟で作った餅を苗神等に供える。人々が神と粟餅を共食する。
	3. 跳肉神儀式(夜)	西室内の祭壇前	1日目夕方から(9日)	1匹目の豚肉	天子神　白山主神　英雄師父神　衆貝子神　思考できる鷲神　疫病神　順風耳の師父神　誦読貝子神　七星神	祈祷共食	豚を祖先神や守護神に供える。人々が供物の豚肉で作った「大肉飯」を神と共食する。
二日目	4. 跳肉神儀式(昼)		2日目朝(10日)		白山主神　英雄師父神　衆貝子神　思考できる鷲神　疫病神　順風耳の師父神　誦読貝子神　七星神　夫妻神　香火神	祈祷共食	豚を祖先神や守護神に供える。人々が供物の豚肉で作った「大肉飯」を神と共食する。
	5. 背灯祭儀式	西室内の祭壇前	2日目深夜(10日)	2匹目の豚肉	思考できる鷲神　疫病神　順風耳の師父神　誦読貝子神　七星神　鷲神と鳥神　仏托媽媽	祈祷共食	豚を祖先神や守護神に供える。人々が供物の豚肉を神と共食する。
三日目	6. 祭天儀式	庭	3日目夜明け(11日)	3匹目の豚肉	阿布卡瑪法(天神)	祈祷共食	天神に豚肉を供える。人々は供物の豚肉で作られた「小肉飯」を共食する。
	7. 送神儀式	川辺	3日目昼(11日)				神霊を送る。

(筆者の聞き取り調査より)

172 第4部 満州族のシャーマニズム儀礼

以下、各儀式を詳しく紹介する。
2.3.1 跳餑餑神儀式（1月9日）
1日目の焼香儀礼は、「跳餑餑神（テォボ ボシン）」儀式と、夜の「跳肉神（テォロシン）」儀式からなる。「跳肉神」儀式は、朝から行う予定であったが、当日は停電したので午後に始まった。その次第は次のようであった。

焼香儀礼が始まる前に爆竹を点火した。これは穢れをはらうためであるという。それから、JHシャーマンと栽立は井戸から汲んだきれいな水で顔を洗い、口をゆすいだ。そして、JHシャーマンは、年期香を焚き、祭壇に叩頭した。

その後、「跳餑餑神」儀式に移った。

① 「淘米」（tao mi）。粟をとぐことである。

鍋頭と手伝いたちが、井戸から汲んだきれいな水で粟をとぎ、木製の長方形の容器に入れた。この作業を「淘米」と呼ぶ。

② 「震米」（zhen mi）。粟を清めることである。

粟をといだ後、鍋頭と助手たちは、粟を盛る容器や臼と杵を祭壇の前に運んだ。JHシャーマンと3人の助手は、粟を清めるために、その粟を囲んで、タンバリンをたたいたり、神歌を歌ったりした。これは粟を清める意味がある。この間、鍋頭は、何回もその粟がきれいになっているかどうか確認した。粟が

写真4-2-4　JHシャーマンたちは粟を囲んで、神歌を歌い、踊りを踊る「震米」

きれいでなければ、シャーマンたちは、続いてタンバリンを打ち鳴らして神歌を歌ったりした。この作業を「震米」という（写真4-2-4）。
③ 「蒸糕」（zheng gao）。粟を蒸すことである。
　鍋頭は、清めた粟をかまどの上の蒸し器に入れ、蒸した。
④ 「打糕」（da gao）。木の槌で粟をつくことである。
　約1時間経って、男性2人が単位になって木杵で蒸し終わった粟をつきはじめた。この作業は、労力を要し、人々は何回も交替した。交替の2人は、必ず跪いて木杵を取る。その間、鍋頭は、その粟の中に水をくりかえして足した。それを「下雨」（シャイウ）（雨が降る）と呼ぶ（写真4-2-5）。
⑤ 「做糕」（zuo gao）。供物の「餑餑」（ポポ）（もち）を作ることである。
　女性たちは、そのついた粟で「餑餑」（もち）を作った。この際、生理中、妊娠中などの女性は、手伝ってはいけないという。
　「餑餑」が出来上がると、シャーマンは、6皿の餑餑を神霊に供えた。
⑥ 「供糕」（gong gao）。「餑餑」を供えることである。
　シャーマンがタンバリンを叩きながら、神歌を歌い、「餑餑」を神霊に供えることである。
　JHシャーマンと助手たちは、「神服」を身につけ、鉄で作られた鈴を腰につけた。JHシャーマンは腰の鈴をならしながら、タンバリンをたたいたり、神

写真4-2-5　男性2人が木杵で蒸し終わった粟をついている

174 第4部 満州族のシャーマニズム儀礼

歌を歌ったりして踊りだした。

⑦ 「吃糕」(chi gao)。神霊と「餑餑」を共食することである。

神歌を唱え終えると、瓜爾佳氏族の人々は、祭壇の周りで神霊と餑餑を共
食した。

2.3.2 夜間の跳肉神儀式 (1月9日)

「跳肉神」儀式のなかの生贄としての黒豚は必ず真っ黒で、去勢した雄の豚で
なければならない。

① 抓猪 (zhua zhu)。黒豚を縛ること。

4人の男性は、黒豚の両足を縛って、西の部屋に運び、頭を西の祖宗板に向
け、その腹を南に向けて置いた。

② 踩猪 (duo zhu)。黒豚を清めること。

JH シャーマンは、祭文を唱えることによって、黒豚を清める。

③ 領牲 (ling sheng)。シャーマンが黒豚の耳に浄水を入れること。

JH シャーマンは、黒豚の耳に浄水を1杯入れることによって、神霊の意思
を確認する。豚の耳が揺れ動くと、神霊が豚を受け入れたことを示す。満洲族
には神霊は動物の耳を通じて降臨するという信仰がある。

④ 殺牲 (sha sheng)。黒豚を屠ること。

鍋頭は、刃物の先を祖宗板に向けないようにして黒豚の頸動脈を一突で切
り、その血を祖宗板の前に供えた。それから、黒豚の背毛をむしり取り、豚の
陰茎を徐々に切り離し、順次に解剖した。

⑤ 擺件 (bai jian)。豚肉を並べること。

鍋頭は、4分煮の豚肉を頭から尻尾まで祭壇の前に豚の形に整え、供えた
(写真 4-2-6)。それは、神にまるごと黒豚を謹んで献上することを意味する。

⑥ 祭神 (ji shen)。神を祀ること。

JH シャーマンと栽立たちは祭壇の前で神歌を唱えながら踊った。

⑦ 大肉飯 (da rou fan) の共食。

人々は、黒豚の肉で作られた「大肉飯」と血で作られた「血腸」を食した
(写真 4-2-7)。玉蜀黍で作られた約50度の強い酒が大量に消費された。「大肉
飯」は大きい塊の豚肉を食する意味である。

鍋頭は、儀式の間、厨房で神霊に供えた血に塩、胡椒、長ネギなどの調味料を

第 2 章　祈祷型儀礼　175

写真 4-2-6　豚の形に整えられて祭壇前に供えた供物

写真 4-2-7　血腸を作る

加える。その血を洗浄された大腸に入れる。血を入れた腸は、「大肉飯」用の肉と一緒に煮られた後、小さく切られる。それを「血腸」と呼ぶ。

2.3.3　跳肉神儀式（1月10日午前中）

2日目の儀式は、午前中の跳肉神儀式と夜の「背灯」儀式からなる。

跳肉神儀式では豚を屠らず、前夜の生贄の豚肉を供えたまま、JH シャーマン

176 第4部　満州族のシャーマニズム儀礼

たちがタンバリンを叩きながら神歌を歌いながら踊った。

それから、瓜爾佳氏族の人々は大肉飯を食した。

その後、人々は、昼食を取り、休憩し、夜の「背灯」儀式を待った。

2.3.4　「背灯」儀式（1月10日の夜）

背灯儀式は、上述の跳肉神儀式と同じく、次のプロセスを経た。

①　抓猪（zhua zhu）。黒豚を縛ること。

②　跥猪（duo zhu）。黒豚を清めること。

③　領牲（ling sheng）。シャーマンが黒豚の耳に浄水を入れること。

④　殺牲（sha sheng）。黒豚を屠ること。

⑤　擺件（bai jian）。豚肉を並べること。

　　鍋頭は4分煮の豚肉を頭から尻尾まで祭壇の前に豚の形に整え、まるごと豚を神に、謹んで献上した。

⑥　閉灯（bi deng）。電灯を消すこと。

　　その後、西の部屋の窓が布で覆われ、外光が遮断された。すべての明かりを消す。それから、黒闇の中でJHシャーマンたちは、神歌を歌って踊った。

⑦　祭神（ji shen）。神を祀ること。

　　神歌を歌い終わると、明かりをつけ、人々は祭壇に叩頭した後、豚肉の調理と「血腸」、共食した。

　　これまで1日目の跳餑餑神儀式、跳肉神儀式と2日目の跳肉神儀式、背灯儀式のすべてが屋内の祭壇で行われた。その後、屋内の祭壇が撤去された。

　　背灯儀式は、「仏托媽媽」女神を祀るためである。江帆（1996:211）によると、満州語の「仏托」（fodo）は、柳の枝の意味である。「媽媽」とは「おばあさん」の意味である。満洲族では柳葉は女性性器の象徴であった。そのため、「仏托媽媽」は子孫繁栄を守る女神となった。

2.3.5　換索儀式

　　「換索」儀式が行われるのは、3日目の祭天儀式の午前、肉を煮る間行い、一般に氏族全員参加の大祭である。しかし、今回の焼香儀礼は、一家族を中心とする「還願祭」である。したがって、「換索」は行われなかった。それにかわって、JHシャーマンが1985年の換索儀式を紹介してくれた。その式次第は、次のようになる。

① 柳の枝の設置。
　シャーマンは庭の東南隅に柳の枝を1本立てた。柳の枝は仏托媽媽(フォドママ)を象徴する。
② 拉索 (la suo)。
　「拉索」は、索線を設けることである（写真4-2-8）。
　シャーマンは柳の枝と西室の祭壇との間に索線の結びつけられた「子孫縄」

写真4-2-8　1985年の瓜爾佳氏族の「換索」儀式
（左から1番目は小学校の先生のBRシャーマンで、中央は現JHシャーマン、当時栽立であった。JHシャーマン提供）

写真4-2-9　人々が柳の枝に掛けられる水団子を奪い合う
（1985年、JHシャーマン提供）

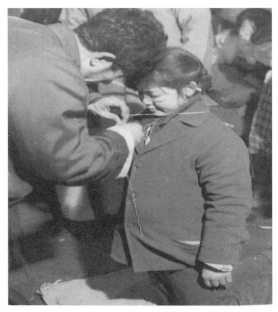

写真 4-2-10　BR シャーマンが索線を子供の首にぶらさげる
（1985 年、JH シャーマン提供）

を張った。
③　上供（shang gong）。供物を供える。
　シャーマンは粟で作られた水団子を柳の枝にかけた。
④　神歌。
　シャーマンは矢を持ち、祝詞を唱えながら柳の枝の周りを 3 回回った。
⑤　水団子の共食。
　水団子は粟で作られたもちである。女性や子供等は、柳の枝につけた水団子を奪い合って食した（写真 4-2-9）。
⑥　換索（huan suo）。
　シャーマンは、子供の首に「索線」をぶら下げた（写真 4-2-10）。換索儀式の時、子供が来ない場合、索線を母親の親指にまいた。
　この儀礼は、柳女神仏托媽媽に子孫の繁栄を祈る儀礼である。換索儀式も柳への崇拝と深くかかわっている。

2.3.6 祭天儀式（1月11日午前中）

3日目の儀式は、午前中の祭天儀式と午後の送神儀式である。

① 祭壇の配置。

朝、JHシャーマンは神卓（150×50cm）と呼ばれる机を準備した。玉蜀黍、高粱、大豆、粟、黍の穀物が木製の容器[5]に盛られ、神卓の上に置かれた。祭天儀式の祭壇が庭の東南隅にJHシャーマンによって設置された。

② 神杆の設置。

まずムコンダとJHシャーマンが家屋正門の前に香を焚き、天に叩頭する。そして、JHシャーマンは、庭の東南隅に「索莫杆」（「索羅杆」ともいう）と呼ばれる柱を立てかける。その「索莫杆」は、柳の幹で作られ、高さは約3mである（写真4-2-11）。祭天儀式で重要な役割を果たす索莫杆が、柳の木で作られているから、柳への崇拝がみられる。

「索莫杆」の前に神卓が置かれる。その神卓の横の3つ石かまどに釜がすえられた。3つ石は単なる石ではなく、長白山の神霊を象徴する聖物である（黄強：2000：34）。

上述の跳肉神儀式のプロセスと同じく、いけにえとしての3匹目の黒豚が屠られる。

写真4-2-11　豚の血が塗られた柳の木の索莫杆

③ 抓猪（zhua zhu）。黒豚を縛ることである。

④ 踩猪（duo zhu）。黒豚を清めることである。

⑤ 領牲（ling sheng）。シャーマンが黒豚の耳に浄水を入れること。

⑥ 殺牲（sha sheng）。黒豚を屠ることである。

⑦ 擺件（bai jian）。

　鍋頭は4分煮の豚肉を頭から尻尾まで祭壇の前に豚の形に整え、まるごと豚を神に、奉る。

以上の過程を経て、3匹目の生贄としての黒豚が屠られた。

⑧ 祭神（ji shen）。神霊を祀ることである。

　黒豚を屠った後、JHシャーマンは、黒豚の頭を神卓の上に供えた。黒豚の血を「索莫杆」の上部に塗り、黒豚の内臓や生殖器、5種類（蜀黍、高粱、大豆、粟、黍）の穀物をわらで包む。その包んだ草束を「索莫杆」の先に縛って再び立てた。これは神鵲、烏などに供えるためである。

JHシャーマンが神歌を唱えた後、瓜爾佳氏族の人々は神卓に叩頭した。

祭天儀式の神歌は以下のようである（黄：2000：35）[6]。

> 「天を祀る宴席の準備ができました。
> 高い天よ、聞いてください。
> 供物を心より味わってください。
> 諸姓氏の中の瓜爾佳氏族は儀礼を行います。
> 祭主は何年に生まれるのでしょうか。
> 私は謹んで天神に祈ります。
> どうぞ我一族が幸福であるよう守ってください。
> 吉日の吉時を選んで、家で飼う黒豚を捕まえ、礼法によって縛りました。
> 謹んで神杆を立てかけ、祭天の草束を縛り、生け贄などの供物を入れました。
> 上天神よ、降臨してそれらを味わってください。
> 百年間にわたり、病気に罹らないよう懇請します。
> 天神が恩恵を施せば、老人は無事・健康に暮らし、幼児は平和に暮らし、豚や羊などは栄えます。
> 過去から未来に至り、代々神を祭って福を懇願します」[7]。

その後、人々は黒豚で作った「小肉飯」と「血腸」を共食した。鍋頭は、黒豚

写真4-2-12 小肉飯

の各部分から取った肉を細かく切った。その小さく切られた肉を粟と一緒に3つの石でかまどにすえられた釜で煮て粥を作った。この細かい肉が入った粥を「小肉飯」と呼ばれる（写真4-2-12）。

萩原（2001:105）によると、柳の幹で作られた「索莫杆」は、宇宙樹で、神が昇降する道であり、その先に血を塗ることは、神に血を饗応することの象徴である。

2.3.7 送神儀式（1月11日午後）

以上の瓜爾佳氏族の焼香儀礼が終わると、JHシャーマンと氏族の人々は香碟（シャンディ）（香炉）などの祭器を祖宗匣に納め、祭壇を撤去する。それから、午後3時半に、JHシャーマンと人々は、祭天用の索莫杆や食べ残した豚骨などを家の前の松花江に流し、岸辺で叩頭した。

3. 事例2—石氏族の焼香儀礼

3.1 調査地と調査対象の概要

石氏族は、主に吉林省九台県東哈村に居住している。東哈村は、標高200mの低丘陵地帯に位置する。東哈村の総人口は、約1,000人で、そのうち、石氏族の

182 第4部　満州族のシャーマニズム儀礼

人口は、約400人である。総世帯数300戸のうち、石氏族の世帯は、126戸である。村の生業は農業で、主要な農産物は水稲とトウモロコシである。村人の1人当たりの年収入は、約2,000〜2,500元（3万3,000〜4万円弱）である。

　現在満州族固有の氏族制度はほぼ崩壊しているが、石氏族においては、その固有の氏族制度が残存している。石氏族の族譜によると、東哈村に居住している石氏族は、長白山の輝発河から移住したフェ・マンチュ（旧満州族）の海西女真の後裔である。石氏族の祖先三兄弟は、ヌルハチ（1559〜1626）の軍隊とともに南下し、現在の瀋陽市の西部の郊外に移住した。1644（順治元）年にその中の二兄弟は、順治帝の遷都にともない、北京に行った。3番目の末弟である吉巴庫は、朝廷の命令を受けて、吉林市烏拉街へ真珠の採集に来た。その後、彼の子は、松花江の上流の東哈村と小韓屯[8]に定住した。

　石氏族のムコンダWYは、元シャーマンの息子である。現在59歳、1967年に吉林市九台師範学校の国語学科を卒業した後、九台市中学校の国語教師や小学校校長を務めた。風湿病[9]にかかったので、3年前、村に戻って、小学校教師をしている。彼はこの村では数少ない高学歴者で、石氏族の人々に公認された能力

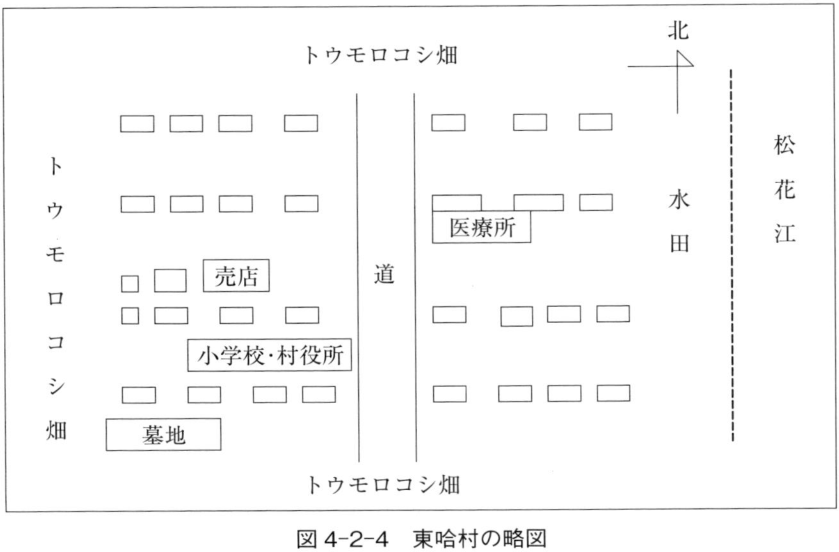

図4-2-4　東哈村の略図
（注：□ 屋敷）

のある人間である。WYは、無給でムコンダの仕事を約20年間務めていた。

　その上、この小学校の中には、村役所に設けられていた。現村長は甥（兄の子）である。そのため、WYは村役所との関係が密接であり、村の代表として、卿政府を度々訪れ、郷政府との関係が密接であった。吉林市芸術事務室の主任も石氏族の成員であった。

　第3部で記述したように、現在の石氏族の氏族シャーマンは、67歳のZXである。彼は、栽立から昇進した氏族シャーマンであった。栽立（助手）は、DQ、WT、WB、ZC、GH、JT、Hの7人である。その内部の複雑な階級についてはすでに紹介した。

　石氏族の憑依型儀礼（富の言う「野祭」）は、比較的知られている（富・孟：1991）が、石氏族の焼香儀礼については、断片的な言及だけである。例えば、石・劉（1992）『満族薩満跳神研究』は焼香の神歌を記述したが、その詳細に言及しなかった。また、宋・孟（1997）『満族薩満文本研究』は、石氏族の焼香があることに触れたが、儀礼の詳細、神歌を記述していない。石氏族は、1993年3月に吉林市満族文化研究会の出費によって、焼香儀礼を行った。1993年の儀礼はZXシャーマン（儀礼のなかに「シャーマン」と呼ぶ）によって行われた。以下、石氏族のZXシャーマンの聞き取り調査と石らが採集された神歌に基いて、石氏族の焼香を紹介する。

3.2　祭壇設置

　まず焼香儀礼の日には、儀礼を行う家屋や庭をきれいに掃除した後、庭と屋内に2箇所祭壇を設ける。シャーマンは、庭の真ん中に机を1つ置き、机の上に米を量る四方形の木製容器である「昇斗」を置く。「昇斗」の中に高粱や玉蜀黍、大豆が入っているが、「昇斗」の外側に赤い紙が貼られる。この祭壇は、祭天のために設けられる。

　そして、屋内の西室の西壁の柳の木で作られた祖宗板の上に柳の木の「祖宗匣」や、香炉（銅製）などが置かれる。祖宗板の下には「家神案子」が掛けられる。「家神案子」には、馬に乗った石氏族の男性祖先の1人と2人の護衛が描かれている。前述した瓜爾佳氏族では、黄色の絹織物だけを掛けた。

　「家神案子」の前の机を赤い布で被る。その上に、灯台1対、銅製香炉2つ、

184　第 4 部　満州族のシャーマニズム儀礼

粟餅 3 皿、酒盃 3 個がシャーマンによって供えられる。家の柱の上にタンバリンが 1 つ掛けられる。「祖宗匣」の北側に子孫袋を掛ける。その袋の中に「子孫縄」が入っている。さらに、その下に香炉を 1 つ供える。

　それから、南オンドルには机を 1 つ置き、仏托媽媽の神位を供える。屋内の厨房に奥都媽媽の神偶を供える。その前に香炉を 1 つ供える。奥都媽媽は、馬に乗った英雄女神である。奥都媽媽女神は、石氏族の特有の女神である。

　これらの準備が終わると、香炉の香に火をつける。「家神案子」の前の香炉には満州族の特有の「年期香」（「芸香」ともいう）、および線香をつける。男の子は、香炉に火をつけるたびに、叩頭する。それから、シャーマンは、盃の中に酒を注ぎ、皿の中には菓子を入れる。これで、西室の祭壇と庭の祭壇が設置されると、焼香儀礼が始まる。

3.3　石氏族の焼香儀礼の構造

　焼香儀礼は 3 日間行われた。1 日目は「跳南炕神・跳西炕神」儀式、「領牲」儀式、2 日目は昼間の「換索」儀式、夜間の「奥都媽媽」儀式、3 日目は「祭天」儀式と「送神」儀式が実施された。その中で、1 日目の「跳南炕神・跳西炕神」は、瓜爾佳氏族の跳餑餑神儀式に相当する（表 4-2-4）。

3.3.1　跳南炕神・跳西炕神（跳餑餑神儀式）

①　「淘米」（tao mi）。粟をとぐこと。

　「鍋頭」と呼ばれる厨房担当者たちが、井戸から汲んだきれいな水で粟をとぎ、木製の長方形の容器に入れた。この過程を「淘米」と呼ぶ。

②　「震米」（zhen mi）。粟を清めること。

　粟をといだ後、鍋頭と手伝いたちは粟を盛る容器や臼と杵を祭壇の前に運んできて粟をといだ。シャーマンは粟を清めるために、その粟を囲んで、タンバリンをたたき、神歌を歌った。この間、鍋頭は何回もその粟がきれいになっているかどうかを確認する。粟がきれいでなければ、シャーマンはもう一度続いてタンバリンを打ち鳴らし、粟を清めた。この過程を「震米」という。

③　「蒸糕」（zheng gao）粟を蒸すこと。

　鍋頭は清めた粟をかまどの上の蒸し器に入れ、蒸した。米を蒸すとき、女性が厨房に入ることができない。厨房の人々は騒いではいけない。鍋頭は、蒸

第2章　祈祷型儀礼　*185*

表 4-2-4　石氏族の焼香儀礼の式次第

儀式順序		場所	時間	供物	神霊	特徴	目的
1. 祭壇配置		庭 西室内	前日	酒 菓子			神霊などを祀る祭壇が設けられ、神などを迎える。
一日目	2. 跳南炕神、跳西炕神	西室内の祭壇前、南オンドルの前	1日目午前	粟 粟餅	撮　哈 占爺	祈祷 共食	粟で作った餅を祖先神等に供える。人々が神と粟餅を共食する。
	3. 犠牲儀式	西室内の祭壇前	1日目午後	1匹目の豚肉		祈祷 共食	神にささげる豚を屠る。人々が供物の豚肉で作った「大肉飯」を神と共食する。
二日目	4. 換索儀式		2日目朝		仏　托 媽媽	祈祷 共食	豚を祖先神や守護神に供える。人々が供物の豚肉で作った「大肉飯」を神と共食する。
	5. 奥都媽媽	西室内の祭壇前	2日目深夜	2匹目の豚肉	奥　都 媽媽	祈祷 共食	豚を祖先神や守護神に供える。人々が供物の豚肉を神と共食する。
三日目	6. 祭天儀式	庭	3日目夜明け	3匹目の豚肉	天神	祈祷 共食	天神に豚肉を供える。人々は供物の豚肉で作られた「小肉飯」を共食する。
	7. 送神儀式	川辺	3日目昼				神霊を送る。

（筆者の聞き取り調査より）

し器の中に米を入れるたびに、鍋へ叩頭しながら、「順喜、吉利」（順調・歓喜、吉祥の意）と唱えた。

④　「打糕」（da gao）。木の槌で粟をつくことである。

　約1時間経って、シャーマンは「神服」を身につけ、鉄で作られた鈴を腰につけた。シャーマンたちは腰の鈴をならしながら、タンバリンをたたいたり、神歌を歌ったりして踊りだした。その神歌の内容は以下のようである。

186 第4部 満州族のシャーマニズム儀礼

「何のために儀礼を行うか。

石姓氏の某年（出生年の干支）生まれのシャーマンは、身体が清潔である。

スカートと鈴を腰につけた。

シャーマンは祖先の名前を報告する。

跪いて叩頭する。

願をかけたが、口先だけではだめである。

某年生まれの男女は秋に五穀が収穫の際、敬意をこめて、盆、浄水を用意し、粟をといだ。

夏が過ぎ、秋が来た。

40里以外のところで紫蘇の葉、穀の穂を採って神にささげる。

旧年がすぎ、新年が来た。

今日の吉の時刻に線香、年期香をつけ、かまどに火もつけた。

臼が運ばれてきた。

餅をつく木槌を持ってきた。

子々孫々、老少がゆかに跪いて叩頭する。

子孫繁栄、万代永続、全家幸福と佑助してください」（石・劉：1992：306-307）。

1時間後、男2人が単位になって、木の杵で蒸し終わった粟をついた。この間、石氏族の人々は何回も交替した。交替の2人は必ず跪いて木杵を取った。その間、鍋頭はその粟の中に水を足しながら「雨を少し降らせてください」と唱えた。

⑤ 「做糕」（zuo gao）。供物の「餑餑」（もち）を作ること。

女性たちはつかれた粟で「餑餑」（もち）を作った。この際、生理中、妊娠中などの女性は手伝ってはいけないという。「餑餑」が出来上がると、シャーマンは餑餑を祭壇の前と香炉のあるところに供えた。

⑥ 「供糕」（gong gao）。「餑餑」を供えること。

シャーマンは作った「餑餑」（もち）を祭壇の机、および香炉の前に供えた。

⑦ 「吃糕」（chi gao）。神霊と「餑餑」を共食すること。

石氏族の人々は祭壇の周りで神霊と餑餑を共食した。

3.3.2 領牲儀式

石氏族の領牲儀式は、以下のようになる。

① 抓猪（zhua zhu）。黒豚を縛ること。

4人の男性は黒豚の両足を縛って、西の部屋に運び、頭を西の祖宗板に向け、その腹を南に向けて置いた。

② 跺猪（duo zhu）。黒豚を清めること。

シャーマンは豚の身体の上に立って、後ろに栽立がシャーマンの体を支えた。シャーマンはタンバリンを叩きながら神歌を唱えた。豚がほえなくなると、神に服従したことを示す。

③ 領牲（レァンシャ）（ling sheng）。シャーマンが黒豚の耳に浄水を入れること。

これは「領牲（レァンシャ）」と呼ばれる。シャーマンが豚の耳に清水を一杯注ぎ入れながら、満州語で祖先神に祈祷し、祖先の神霊の意志を確認する。豚の耳が揺れ動くと、神霊が来たことを示す。人々は互いに「大喜」と祝いの言葉をいった。

④ 殺牲（sha sheng）。黒豚を屠ることである。

鍋頭は左手で刀を持ち、豚の頚動脈を一突で切った。その下に盆を置いて、血を受けた。その血は祖宗板の前に供えられた。鍋頭が豚の背毛をむしり取り、尻尾から頭まで徐々に解剖した。

⑤ 擺件（bai jian）。豚肉を並べること。

鍋頭は4分煮の豚肉を頭から尻尾まで祭壇の前に豚の形に整え、供えた。それは「擺件」といい、祖先神に、まるごと黒豚を謹んで献上することを意味する。

⑥ 祭神（ji shen）。神霊を祀ること。

シャーマンと栽立たちは神歌を唱えたり、踊ったりした。その後、シャーマン、ムコンダや氏族の人々は祖宗板に向かって跪き、叩頭した。その神歌は、以下のようである（石・劉：1992：223）。

「供物の黒豚を用意した。
神様、受領してください。
ハイ！ 犠牲を楽しんでください。
2回目の神歌を唱えることになりました。
われわれが石の氏族です。
神様よ、降臨してください。
シャーマンは龍年生まれです」。

188 第4部 満州族のシャーマニズム儀礼

⑦ 大肉飯（da rou fan）の共食。

上の儀式が終わると、石氏族の成員たちが豚肉で調理された「大肉飯」を共食する。

3.3.3 換索儀式

2日目の午前中、「換索」を行う。5歳以下の子供のすべては換索儀式に参加する。換索儀式は、「祭天儀式」の豚肉を煮ている間に行われた。

換索の式次第は、次のようである。

① 柳の枝の設置。

シャーマンが庭の東南隅に柳の枝を1本立て、粟で作られた水団子を柳の枝につけた。

② 拉索（la suo）。索線を設けること。

シャーマンは、祖宗板の下に「福」の字を書いて張り、香炉を降ろして香をつけた。そして、「子孫袋」から「索線」と呼ばれる子孫縄を取り出し、一方の端を祖宗板の支脚に結び、もう一方の端を門口の柳の枝、つまり仏托媽媽に結んだ。

③ 上供（shang gong）。供物を供えること。

シャーマンが柳の枝に粟の水団子（もち）を掛けた。

④ 繞柳（rao liu）。柳の枝を回ること。

シャーマンは矢を持ち、神歌を唱えながら柳の周りを3回回った。

⑤ 水団子の共食。

女性や子供などが柳の枝にかけられた水団子を奪い合って食した。

⑥ 換索。「索線」を代えること。

シャーマンが子供の首に「索線」をぶら下げた。

そして、シャーマンは索線を男子と女子の首に結びつけた後、女性と子供たちを率い、柳にむかって数回叩頭した。シャーマンはタンバリンをたたきながら次の神歌を歌った（石・劉：1992：308-309）。

「何のために石姓氏の某年（出生年の干支）生まれのシャーマンは身体を清めた。
シャーマンは、スカートと鈴を腰につけ、祖先に名前を報告する。
跪いて叩頭する。

願をかけて、空約束ばかりではいけない。

春夏が過ぎ、秋が来た。

日々がすぎ、儀礼の日が近づく。

旧年がすぎ、新年がきた。

今日の吉の時刻に盆、浄水を用意し、粟の供物を作った。

仏托媽媽よ、佑助してください。

某年（出生年の干支）の人は、口先だけの願をかけない。

索線を代え、柳の枝にきれいな紙切れを掛け、索を繋ぐ。

子孫がこのひものように脈々と続いていくよう。

仏托媽媽よ、全氏族を守ってください。

皆健康で平安であるよう、佑助してください。

富貴喜吉、子孫繁盛を守ってください。」

3.3.4 奥都媽媽儀式

奥都媽媽女神は最古の戦神であった。

奥都媽媽女神を祀る儀式が２日目の夜に行われるのである。その一連の儀礼が瓜爾佳氏族の「背灯祭」と同様な過程を経る。

① 抓猪（zhua zhu）。黒豚を縛ること。

② 踤猪（duo zhu）。黒豚を清めること。

③ 領牲（ling sheng）。シャーマンが黒豚の耳に浄水を入れること。

④ 擺件（bai jian）。豚肉を並べること。

豚の頭と４分煮の豚肉は、豚の形が整えられ、祭壇前の神卓の上に供えられる。その後、西の部屋の窓が布で覆われ、外光が遮断される。

⑤ 閉灯（bi deng）。電灯を消すこと。

すべての明かりを消す。それから、黒闇の中でシャーマンたちは神歌を歌いながら踊る。この神歌の内容は以下のようになる（石・劉：1992：310-312）。

奥都媽媽を頼むよ。

一列の供物を供えて捧げる。

奥都媽媽は軍営にいらっしゃる。

主人を救うために出征した。

二匹の青色の馬に乗り、

馬は、水面に現れた蛟（みずち）のように

190　第4部　満州族のシャーマニズム儀礼

行程を急ぐために一刻も止まらぬ。
目的地に着いて主人が助かった。
一日に千里の道を走った。
一夜に八百里の道を走った。
急いで前へ走っているよ。
遠方へ影が見えなくなった。
奥都媽媽は度量が大きくて鷹揚であり、
美名が永遠に伝えられていた。

⑥　小肉飯の共食。

　神歌を歌い終わると明かりをつけ、人々は祭壇に叩頭した後、「小肉飯」と「血腸」を共食する。

3.3.5　祭天儀式

　石氏族の祭天儀式は、庭の東南の隅で神杆を立て、豚を屠って、天神を祀るものである。その儀礼作法は、瓜爾佳氏族とほぼ同じである。

(1) シャーマンは庭の祭壇の前で香を焚き、天に叩頭する。そして、シャーマンは庭の東南隅に「索莫杆」（「索羅杆」ともいう）と呼ばれる柱を立てかける。「索莫杆」は柳の幹で作られ、高さは約3mである。「索莫杆」の前に神卓を置く。その神卓の横の3つの石のかまどに釜をすえる。

(2) 黒豚を屠る。

　　抓猪（zhua zhu）、跺猪（duo zhu）、領牲（ling sheng）殺牲（sha sheng）、擺件（bai jian）のプロセスを経て、生贄としての3匹目の黒豚が屠られる。

(3) 黒豚を屠った後、シャーマンが、豚の頭を神卓の上に供える。黒豚の血を柳の木で作られた「索莫杆」の上部に塗り、黒豚の内臓や生殖器、5種類（玉蜀黍、高粱、大豆、粟、黍）の穀物をわらで包み、その草束を「索莫杆」の先に縛って再び立てる。それは神鵲、烏などに供えるためである。

　　柳の木で作られた索莫杆にも柳崇拝の観念がみられる。

(4) シャーマンは神歌を唱えた後、石氏族の成員たちと祭壇に叩頭する。この神歌の内容は次のようである（石・劉：1992：276-278）。

第 2 章　祈祷型儀礼　*191*

どうかお聞きください。

われわれは、感謝のために、神歌を唱え、天を祀る。

天神よ、よく聞いてください。

我々の敬意を受けてください。

尊敬する天よ、ご指導をお願いするよ。

九天にある天神を迎えるよう。

今日は吉日であり、早朝から順調である。

石姓氏の某年（出生年の干支）生まれの若手シャーマンは、天神を祀るために、地面に跪いて天神に叩頭する。

まず、片手を出し、それから両手で礼拝する。

両手を天上に向けて礼拝する。

某年（出生年の干支）の男の子、女の子のために、自ら願をかけた。

天神の承諾を得た。

春が過ぎ、金色の秋が来た。

旧年を去って、新年を迎えた。吉日を選んだ。

吉の時刻を選んだ。

天神を迎える。

浄水で米を炊く。

泉の水を汲んで豆羹を作る。

それを鉄鍋の中に入れた。

火をつけた。

家で飼った豚を縛って、部屋の机の上に供えた。

山でよくて新しい木の枝を選んで、松の索羅杆をたてあげた。

矢を木の上に置いた。阿布卡恩都力（天神）を謹んで迎える。

某年（出生年の干支）の子供は不幸で病気にかかった。

邪気払いを行ったが、病気がもっとひどくなった。炕（オンドル）に病臥している。

7、8 日経ったが、木の板に横たわっている。

約 40 日経ったが、喉が渇いている。

飲食ができなくなった。

大神よ、治してください。

八方のシャーマン、栽立に診てもらった。

9 人のシャーマンを頼んだが、まだ治らない。

これは何でだろうか。

彼は何の過ちがあるのか。

その経緯をお調べください。

天神よ、佑助してください。

彼の生命のために、その病気を心配している。

今年、彼はお湯を飲むことができた。

熱い汗が出た。

いい水を飲んだ。

いい汗が出た。

白湯を飲んで、汗がびっしょり出た。

ご飯を食べておいしくなった。

立ち上がることができた。

炕（オンドル）から床に移動できた。

百年間災害がなく、60年間に病がないよう。

皆、たいへん喜んでいる。

歯が整って、髪も多くなった。

前に子がいる、後ろに奴婢が増える。

夫妻が対になり、子孫がふえるよう。

牛馬が増えるよう。

鶏、家鴨が庭いっぱいになるよう、いい飼養の方法を賜れ。

給料をもらい、役員になれるよう、馬を駆使し、耕すことができるよう。

災難に逢わず、盗賊にあわぬよう。

幸福を得て、盗賊が門の中に入らぬよう。

生きる道を得るため、手の掌を天にむけて、両手をあげ、雲の端に届ける。

借金をしないよう、年々平安を祈願する。

災いを取り除き、すべてが順調、健康が維持できますよう。

（天神を）氏族史に記載し、ご恩を心に銘記し、よく供物を供える。

いい香を選んで取ってください。

シャーマンに託宣を下してください。

神に祈祷し、供物を受領してください。

3.3.6　送神儀式

　以上の儀式が終わると、シャーマンと人々は、食べ残した骨などを松花江の中に送った。これで、石氏族の焼香儀礼のすべての儀式が終わった。

　このように、石氏族の換索儀式、奥都媽媽儀式、祭天儀式にも柳への崇拝の信

第2章　祈祷型儀礼　*193*

仰が析出された。

4.　事例3── 羅関氏族の焼香儀礼

4.1　調査地と調査対象の概況

4.1.1　調査地の概況

　羅関氏族は、主に吉林省九台腰哈村に居住している。腰哈村は石氏族が居住する東哈村の西側に位置する。両村の距離は、2kmである。「腰哈」とは、「腰哈什瑪」の略称であり、「哈什瑪」は満州語で、赤い蛙の意味である。この地域が松花江の西部の岸辺にあり、赤い蛙が多かった。この赤い蛙は朝廷にささげる貢物であったが、汚染や過度の捕獲のために絶滅した。「哈什瑪」という同じ名前を持つ村が、3つある。すなわち「東哈什瑪」、「腰哈什瑪」、「西哈什瑪」である。その略称は「東哈」、「腰哈」、「西哈」という。腰哈村は3つの村の中間に位置しているため、「腰哈」と呼ばれるようになった。

　腰哈村の総人口は、1,000人弱である。総世帯数は約200戸である。その中で、羅関氏族の世帯数は、約150戸である。村の生業は農業で、主要な農産物

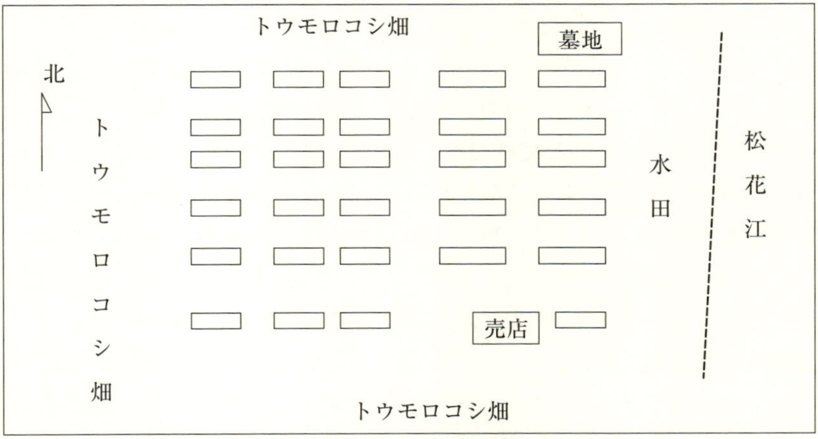

図4-2-5　腰哈村の村略図
（注：□屋敷）

194 第4部 満州族のシャーマニズム儀礼

は、水稲とトウモロコシである。村人の一人当たりの年収入は、約2,000〜2,500元（3万3,000〜4万円弱）である。

　この村の副業は藁縄生産である。あちこちの農家に山のように藁縄が積まれている。

4.1.2　羅関氏族について

　筆者は2006年1月に腰哈村を訪ね、羅関氏族のムコンダYDの家に住み込み、調査をした。

　現在満州族固有の氏族制度は崩壊してしまったが、辺境の地域に居住している羅関氏族には、満州族氏族制度が残存している。

　「羅関」は、「羅関瓜爾佳」の略称である。瓜爾佳の漢字名称は「関」であるが、なぜ「関」の前に「羅」を加えるかについては定説がないという。前述した韓屯村の瓜爾佳氏族はこの「羅関」氏族と同じ「瓜爾佳」であるが、近い血縁関係がないと、両氏族の人々は異口同音に言う。

　羅関氏族の族譜によると、羅関氏族は、長白山の輝発河から移住したフェ・マンチュ（旧満州族）の海西女真の後裔である。羅関氏族の祖先はヌルハチ（1559〜1626）の軍隊とともに南下し、順治年間（1661年）に盛京（現在の瀋陽）で八旗に編入され、鑲紅旗に属し、山で狩猟の仕事に従事した。

　羅関氏族の祖先烏達胡の子である翁薩と東薩二兄弟は、1789（乾隆54）年に2つの分枝の祖となった。翁薩の分枝は、吉林永吉県通渓蓮花泡に居住した。東薩の3子のうち、長男は永吉県三道嶺に居住し、次男の古勒納の分枝は、現在の腰哈に住むようになった。三男の那密達は、永吉県打漁楼に住む。

　腰哈村は、独立の行政村ではなく、その北の劉家村に属している。ムコンダYDによると、氏族には昔朝廷からもらった勅書などの文物があったが、文化大革命時代に燃やされたという。彼の父親、当時のムコンダであったG・Kは、祖宗匣、祭器、族譜を高粱畑に隠して保存した。そのため、1986年、羅関氏族が、族譜を修正する儀式を行った際には、G・Kの功績が族譜に記載された。

　腰哈村には羅関氏族のような満州族旧家が存在するため、2000年2月22日に長春市民族事務委員会は、この村を「満族民族村」と命名した。これは吉林省の初の民族村である。そして、腰哈村が民族村に指定された背景には村の成員たちが吉林省政府の秘書長、公安局副局長などの政府関係の役職を務めていることも

大きい。こうして、羅関氏族は、長春市民族事務委員会の金銭の援助を得て、3間の民俗展示室を建てた。

羅関氏族の族譜、「祖宗匣」、祭器などは広い部屋に堂々と並べられている。現在、ムコンダ YD の末弟 YC が、この民俗展示室の管理人である。ムコンダ YD によると、1999 年、羅関氏族の族譜は、ムコンダらの私費によって出版されている。

羅関氏族のムコンダ YD は、59 歳で、彼が 10 歳の時、母親が亡くなった。中学校卒業後、農民になった。貧乏の時は、20 元（300 円）の自転車さえ買えない生活であったという。

YD は、19 歳の時結婚して、3 人の息子をもうけた。彼は、1972 年に共産党に加入し、人民公社の生産隊で会計の仕事に従事した後、公社の牧畜所で衛生管理員の仕事を 3 年間務めた。当時の給料は 45 元であった。人民公社解体後、村に戻った。1980 年から、村で売店を 4 年間経営した後、四輪車を買って運輸の仕事をやった。現在、野良仕事のほかに余暇を利用して、紙手芸の副業に従事している。紙でさまざまな造型を行い、これを売る。また、儀礼用のタンバリンを作ることができる。そのため、彼は有能者として羅関の人々に認められている。それゆえに、1986 年に、ムコンダの父親が亡くなった後、YD はムコンダに選ばれた。政府に出費させて、民俗展覧室を建てさせたのも彼の尽力によるのである。

4.1.3 　羅関氏族の管理組織

羅関氏族の氏族は 4 つの村に分散して居住している。4 つの村は腰哈村、劉家村、西哈村、東窰村である。

羅関氏族の管理組織は、シャーマン、鍋頭、神鼓手（タンバリンを叩く人）、抬鼓手（タンバリンの運搬者）、総ムコンダ、支ムコンダ、戸欄（族譜を書く人）、財務、保管（神器の管理）からなる。そのうち、ムコンダは居住の村の数に対応して、4 人いる。しかし、YD が実際は腰哈村の氏族のことを管理する同時に、4 村の氏族の総合的な仕事を管理するという（表 4-2-5）。

4.1.4 　羅関氏族のシャーマン

羅関氏族には 4 支族が各々住む 4 村出身の 4 人シャーマンがいる。4 人のシャーマンの地位は、平等である。彼らは、神歌を分担して歌う。YD シャーマンは換

196 第4部　満州族のシャーマニズム儀礼

表 4-2-5　羅関氏族の管理組織

役　割	名　前	
薩満（シャーマン）	YD（東）、CX、CJ、LH	
鍋頭（厨房の担当者）	YD（多）、YS、CY	
神鼓手（タンバリンを叩く人）	YK、CK、YD（ムコンダ）、CD、CT、CS、CW	
抬鼓手（タンバリンの運搬者）	YJ	
穆昆達（総ムコンダ）	YD（腰哈村）	
穆昆（支ムコンダ）	YD（腰哈村）、YC（劉家村）、CH（西哈村）、CK（東窯村）	
戸欄（族譜を書く人）	YD（ムコンダ兼任）、CD、CJ（薩満）	
財務	審査	YD（ムコンダ兼任）
	会計	CJ（薩満兼任）
	出納	CJ（吉）
保管（神器の管理）	YC（ムコンダの弟）	

(筆者の聞き取り調査より)

索儀式の神歌で、CX シャーマンは、祭天儀式の神歌で、CJ シャーマンは、背灯儀式の神歌で、LF シャーマンは、震米神歌、領牲神歌、玄関で神を迎える神歌を唱えることである。

　シャーマンだけが存在し、助手がいないことは、筆者の調査の例のなかでこの一例だけである。第3部第2章で前述したように、氏族シャーマンが村に住んでおらず、かつ老弱と健康状態のため、後継のシャーマンを正式に育てることができず、4人の若者に分担させて神歌を習得させたためである。

4.2　羅関氏族の焼香儀礼の構造

　羅関氏族では焼香儀礼を行うたびに、祖先板の上に新しい1枚の赤布を掛ける。これを祖先に衣服を着せるという（写真 4-2-13）。現在までその赤布の枚数は、113枚になった。つまり羅関氏族では焼香儀礼を 113回行ったことを示す。1980年代以降は、1986年、1988年、2000年、2005年に焼香儀礼を4回行った。

　羅関の近年の焼香儀礼の費用の出所は下表のようである（表 4-2-6）。

　1988年の焼香儀礼には氏族と政府の両方からの支援があったため、焼香儀礼の規模が大きかった。2000年以外の3回の焼香儀礼は、氏族の私費で行ったの

写真4-2-13　羅関氏族の祖先に着せる衣服

表4-2-6　羅関氏族における近年の焼香儀礼の費用

年	参加人数	目　　的	費用出所
1986	全員参加	族譜を添削する	私費
1988	全員参加	新薩満の入巫儀礼	公費・私費
2000	全員参加	民俗室竣工の祝い	公費
2005	一家族＋氏族成員の一部	病気治癒の感謝	私費

（筆者の聞き取り調査より）

で規模が比較的小さかった。下表は1988年焼香儀礼の出資状況である（表4-2-7）。

　このように、1988年の焼香儀礼の費用分担をみると、政府の負担があわせて3,000元、羅関氏族の人々が2,770元である。費用を拠出した氏族の人々とは外で働いている成員であった。村に居住する人々は農業に従事し、収入が少ないので金を出さないで、儀礼を手伝った。

　筆者は羅関氏族の1988年の焼香儀礼のビデオを見た。次に羅関氏族のムコンダYDの聞き取り調査を加えて、羅関氏族の1988年の焼香儀礼を紹介し、その特徴を考察する。

　1988年の儀礼は、4人の新シャーマンが初登場した焼香儀礼である。

198 第4部 満州族のシャーマニズム儀礼

表 4-2-7 1988 年焼香儀礼の 100 元以上の出費

（2007 年 9 月レート、1 元＝約 15.5 円）

名　前		金額（元）
公費	吉林省政府	2,000
	吉林市民族委員会	200
	劉家村役所	500
	西哈村役所	300
	小　計	3,000
私費	CY（吉林省秘書長）	500
	CG（社長）	500
	CF（警察局副局長）	250
	LJ（林業局長）	220
	LP（公安局戸籍科長）	200
	YD（份）（未詳）	200
	他の 9 人（社員など）	900
	小　計	2,770
総　計		5,770

（筆者の聞き取り調査より）

4.2.1　焼香儀礼の準備

　羅関氏族は、焼香儀礼を行う前に運営委員会を設置した。その委員会メンバーの役割分担は、下記のようである（表 4-2-8）。

　羅関氏族の焼香の運営委員会のメンバーはすべて男性である。

表 4-2-8 羅関氏族の焼香儀礼運営委員会

役　割	名　前
主催者	YD（ムコンダ）
挨拶	YD（ムコンダ）
司祭（シャーマン）	YD、G・CX、G・CJ、G・LF
厨房	CK
総務	YQ
娯楽	CX
治安	CY、CS、CQ、LG

（筆者の聞き取り調査より）

第2章　祈祷型儀礼　*199*

表4-2-9　羅関氏族の1988年の焼香儀礼の式次第

儀礼順序		場所	時間	内容	特徴
一日目	亮譜	西室祭壇	朝	族譜を出し、成員の名前を添削する。	
	1. 神案設置	西室祭壇	午後	部屋や庭を清め、祭場を設ける。	神を祀る祭壇が設けられ、神を迎える。
	2. 跳餑餑神儀式	西室祭壇	夜	1. 供物として粟をとぐ。 2. 粟を盛る容器の前、シャーマンはタンバリンを叩き、粟を清める。 3. 粟を蒸して、木の槌で粟をつく。 4. 女性達は粟で供物の「餑餑」を作る。 5. シャーマンはタンバリンを叩きながら、神歌を歌い、粟で作った「餑餑」を祖先神に供える。 6. 人々は祖先神等と一緒に供物の「餑餑」を共食。	祈祷共食
二日目	3. 跳肉神儀式	西室祭壇	朝	1. シャーマンが玄関で神歌を唱えて神を迎える。 2. 生け贄としての黒い豚を祭壇の前に置く。 3. シャーマンはタンバリンを叩きながら神歌によって豚を清める。 4. シャーマンは豚の耳に浄水を入れる。 5. 豚を屠る。 6. 祭壇の前に煮た豚肉を置く。 7. シャーマンはタンバリンを叩きながら神歌を歌い、豚肉を神霊に供える。 8. 人々は祖先神等と一緒に豚肉を共食。	祈祷共食
	4. 背灯儀式	庭	夜中	1. 生け贄としての黒い豚を祭壇の前に置く。 2. シャーマンはタンバリンを叩きながら神歌を歌い、豚を清める。 3. シャーマンは豚の耳に浄水を入れ、豚を屠る。 4. 祭壇の前に煮た豚肉を置く。 5. すべての明かりを消す。黒闇の中でシャーマンはタンバリンや腰鈴等を持ちながら神歌を歌い、豚肉を神霊に供える。 6. 人々は神霊と一緒に豚肉を食べる。	祈祷、共食

200 第4部　満州族のシャーマニズム儀礼

三日目	5. 換索儀式	庭の東南柳樹の前	朝	1. 柳樹。庭の東南隅に柳を1本立てる。柳の枝に水団子をたくさんつける。 2. 拉索。柳と西室の祭壇との間に「子孫縄」を1本引っ張る。「子孫縄」には「索線」に結びつけて下げられる。 3. 上供。シャーマンは柳の前に供物を供える。 4. シャーマンは矢を持ち、祝詞を唱えながら柳の周りを3回回る。 5. 団子を奪い合う。女性や子供等は柳の枝につけた水団子を奪い合って食べる。 6. 換索。シャーマンは子供の首に新しい「索線」をぶら下げる。	祈祷共食
	6. 祭天儀式	庭の東南	午前	1. 夜明けの時、庭の東南隅に索羅杆（柱）を1本立てる。 2. 上述の「跳肉神儀式」と同様に黒い豚を殺す。 3. 索羅杆の上に血を塗り、豚の内臓、穀物などを索羅杆の上に縛る。 4. 索羅杆の前に煮た豚肉を置く。 5. シャーマンは索羅杆に向かって神歌を歌い、天神や鳥神などに生け贄を供える。 6. 人々は天神と豚肉を共食する。	祈祷共食
	7. 送神儀式	岸辺	午後	シャーマンと人々は索羅杆、食べ残した豚肉等を川の中に捨てる。	神を神の世界に送る。

(筆者の聞き取り調査より)

4.2.2　羅関氏族の焼香儀礼の式次第

　まず前日に祭場、庭をきれいに掃除する。そして、玄関の前に稲藁が一束かけられる。それは、乞食、妊婦、喪服者などが家の中に入ることを禁止するためである。稲藁は、「神聖な空間」を象徴する（黄：2000：32）。

　羅関氏族の焼香儀礼は、1日目の亮譜、神案設置、跳餑餑神儀式、2日目の跳肉神儀式、背灯儀式、3日目の換索儀式、祭天儀式、送神儀式からなる（表4-2-9）。

　「亮譜」とは、族譜を「祖宗匣」（族譜、祭器を収蔵する柳木の箱100cm×20cm×17cm）から出して、祖宗板の下に掛けることである。

　瓜爾佳氏族、石氏族の場合、族譜は、正月の大晦日の夜に氏族の人々に見せるが、羅関氏族では族譜を定期的に公開する習慣がない。そのため、焼香儀礼の中に族譜の公開儀礼が組み込まれている。

(1)「亮譜」(1日目の朝)

　羅関氏族の族譜、祭器などが納められる「祖宗匣」(ズゥズォシャ)(100cm×20cm×17cm)は、2000年の民俗展示室完成以前は、儀礼を行った家にそのまま置かれていた。YDによると、羅関氏族の「祖宗匣」は満州語が記され、儀礼を行うたびに、ムコンダは、前回に儀礼を行った家へ「祖宗匣」を受け取りに行った。その際、「祖宗匣」は、必ず5尺の赤い布で慎重に包まなければならなかった（写真4-2-14）。

　「祖宗匣」が焼香儀礼を行う家に運ばれると、氏族の全員が西壁の祖宗板にむけて叩頭した。それから、ムコンダが「祖宗匣」を開けて、盃、香炉などを祭壇前の机の上に並べ、族譜を西壁の祖宗板の下に掛けた。戸欄（族譜を書く人）が、亡くなった人の名前を黒く塗りつぶし、誕生した男子の名前をそれぞれの父親の下に赤いインクで添加した。族譜には男子だけ記載する。男子がいない時、兄弟などの子を養子として族譜に入れることもできる。新中国成立後、女子を族譜に載せることができるようになった。しかし、娘は生まれると族譜に載せられることに対して、嫁としての妻は、亡くなってから、族譜に記入することができた。

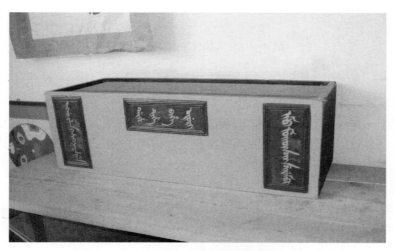

写真4-2-14　満州語がある羅関氏族の「祖宗匣」
（満州語の意は、神霊の佑助の下で、一族のあらゆることが順調で、子孫が脈々と続くことである。）

族譜は添削されてから、そのまま祭壇に1週間掛けられた後、ムコンダによって「祖宗匣」の中に納められた。

（2）祭壇の設置（1日目の午後）

祭壇に祭器を並べた後、ムコンダは挨拶をしてから、年期香をつける。4人のシャーマンはタンバリンを叩き出し、祖宗匣のから神霊の神位を象徴する、柳の木で作られた香炉（香礇〈シャンディ〉）を取り出し、机の上に据えた。さらに、南炕（オンドル）に置かれた祖宗匣の前に仏托媽媽〈フォドママ〉、金盔媽媽〈ジンキィママ〉の神位を象徴する香炉が供えられた。この2柱の女神の神位は平日には竈の南端に供えられている。祖宗匣は儀礼の時、シャーマンによって開けることができるが、平日勝手に開けることができない。

羅関氏族の祖宗板はaとbの2つがある（図4-2-6）。

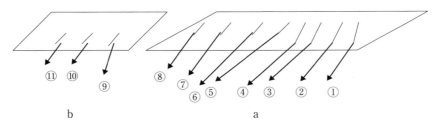

図4-2-6　羅関氏族の祭壇の神霊

ムコンダYDによると、羅関氏族の祖宗板に供えられる神霊は以下のようである（表4-2-10）。

羅関の儀礼に祀る神霊の種類は多様である。5柱の祖先神の他、双馬神、大蛇神、金虎神、鷹神の4柱の動物、天神1柱、治病神1柱、合計11柱の神霊である。また、南炕（オンドル）の上には、仏托媽媽1柱、金盔媽媽1柱の神霊を供える。これらの神霊のうち、5柱の神霊だけは祖先神であるが、その他の天神、治病神、動物神、仏托媽媽、金盔媽媽等の神霊は富に定義された「家祭」の定義に合わない。

しかし、重要なのは、羅関氏族の祭壇に供えられる仏托媽媽女神を祀ることが柳崇拝と関連していることである。

第2章　祈祷型儀礼　203

表4-2-10　羅関氏族の儀礼の神霊

神霊（漢語）		満州語表記	ローマ字表記
祭壇の右側 （a）	①祖先神	沙拉嘎吉貝子	Sha la ga ji bei zi
	②双馬神	蘇禄莫林阿占爺	Su lu mo lin a zhan ye
	③大蛇神	扎破占色夫	Zha puo zhan se fu
	④金虎神	愛心他思哈	Ai xin ta si ha
	⑤天神	阿布卡朱色	A bu ka zhu se
	⑥祖先神	索林恩都力	Sou lin en du li
	⑦治病神	牛渾太色	Niu hun ta se
	⑧原始神（鷹神）	嘎思哈	Ga si ha
祭壇の左側 （b）	⑨祖先神	牛郎阿貝子	Niu lang a bei zi
	⑩祖先神	渾渾貝子	Hun hun bei zi
	⑪祖先神	烏林依然恩都力	Wu lin yi ran en du li
南炕	⑫保護神	仏托媽媽	Fou tuo ma ma
	⑬保護神	金盍媽媽	Jin kui ma ma

（筆者の聞き取り調査より）

（3）　跳餑餑神儀式

　1日目の夜、跳餑餑神儀式が行われる。「淘米」（粟をとぐ）、「震米」（粟を清める）、「蒸糕」（粟を蒸す）、「打糕」（餑餑を作る）、「做糕」（餑餑を作る）、「供糕」（餑餑を供える）、「吃糕」（餑餑を共食する）の一連作法は、瓜爾佳氏族や石氏族の跳餑餑神儀式とほぼ同じなので、その中で異なる「震米」神歌の内容だけを紹介する。

　　満州族の源よ。
　　供物を供える。
　　神位も供えた。
　　龍年生まれのシャーマン、牛年生まれのシャーマンが、諸神を迎える。
　　神卓（神霊に供物を供える机）の前で、浄水を汲んで、粟をきれいにとぐ。
　　年祈香（年期香）を両列に並べ、火をつける。
　　酒を1甕供える。
　　それは、粟で作られた甘い酒であるよ。
　　家の邪気を払うよう、子供が健康、端正であるよう、老若が平安であるよう、

204 第4部 満州族のシャーマニズム儀礼

佑助してください（YD の聞き取りより）。

シャーマンたちが上記の神歌を歌った後、1日目の儀式が終わる。

（4） 跳肉神儀式（2日目朝）

夜明けに2日目の儀礼が始まる。

① 迎神。神を迎えること。

まず神を迎える。儀礼を行う家の主婦は玄関の前に跪いて、銅製の皿を高く挙げた。1人のシャーマンがその皿の中に置かれた盃の中に米酒を入れた。それから、シャーマンたちはタンバリンを叩きながら、次の神歌を歌った。

羅関一族の人々は、某年（出生年の干支）生まれの人の名前を報告する。
ゆかに跪いて立ち上がる。
天地開闢以来、（神様が）天地の間に立ち上がるよ。
われわれは神様に供物を供えた（YD の聞き取りより）。

神を迎える儀式が終わると、生贄の黒豚を屠る。

② 黒豚を屠る。

抓猪（zhua zhu）、跥猪（duo zhu）、領牲（ling sheng）殺牲（sha sheng）のプロセスを経て、生贄としての1匹目の黒豚が屠られた。それから、シャーマンが豚肉を丸豚の形に整えて、神に供えた。

③ 「跳姑娘舞」

跳姑娘舞とは、シャーマンが手を袖の中に隠して、女性の動作をまねて踊りだすことである。ムコンダ YD によると、羅関氏族の初代シャーマンが女性であった。そのため、その舞踊が伝えられてきたという。シャーマンたちは、神歌を唱え、「姑娘舞」を踊る。この舞踊は羅関氏族の特有のものである。

その後、シャーマンは、供えられた豚肉の頭の祭壇に行き、360度の旋舞を3回踊った。それから豚の頭の両顎を開けた後、祭壇に跪いて、叩頭した。

④ 共食

上の儀式が終わると、羅関氏族の人々は黒豚の肉を共食する。

（5） 背灯儀式

背灯儀式の式次第は次のようである。

① 抓猪（zhua zhu）。豚を縛ること。

② 跥猪（duo zhu）。黒豚を清めること。
③ 領牲（ling sheng）。シャーマンが黒豚の耳に浄水を入れること。
（レァンシャ）
④ 殺牲（sha sheng）。黒豚を屠ること。
⑤ 擺件（bai jian）。豚肉を並べること。

　豚の頭と4分煮の豚肉が豚の形に整えられ、祭壇前の神卓の上に供えられた。

⑥ 閉灯（bi deng）。電灯を消すこと。

　西の部屋の窓が布で覆われ、外光が遮断された。すべての明かりが消された。それから、黒闇の中でシャーマンが神歌を歌って踊った。その神歌は、以下のとおりである。

　　今晩、明け暮れて黄昏になった。
　　某年（出生年の干支）生まれのシャーマン、天上の星よ。
　　三更後、星がすべて現れた。
　　三星、七星北斗、南斗六星、東斗大星、西斗三星、太子星がすべて、出た。
　　皿を供えた。鶏を3皿に分けて並べた。かまどをきれいに掃除した。
　　火をつけた。
　　諸天上の星様よ、香を受領してください。
　　腰の鈴を部屋の門や壁の上に掛けてある。
　　豚の皮を剥いて、8つの盆の中に入れた。
　　よく神様に供物を供える。
　　年期香を一列一列つけた。
　　米酒を一つ一つで供えた。
　　神霊に供えた豚は清潔なものである。
　　我々に長寿を与え、佑助してください（YDの聞き取りより）。

⑦ 共食

　神歌を歌い終わると、明かりをつけ、人々は祭壇に叩頭した後、豚肉と「血腸」を共食した。

　羅関氏族の背灯儀式には柳女神の仏托媽媽を祀ることにより、柳への崇拝の観念がみられる。

206 第4部 満州族のシャーマニズム儀礼

（6） 換索儀式

3日目の午前中、「換索」を行う。シャーマンは5歳以下の子供のために換索儀式を行った。換索儀式が「祭天儀式」の豚肉を調理する間に行われた。

① 柳の枝の設置。

シャーマンは庭の東南隅に柳の枝を1本立てる。この柳の枝は仏托媽媽を象徴する。水団子が柳の枝の上にシャーマンによって、たくさんつけられた。

② 拉索（la suo）。

シャーマンは、祖宗板の下に「福」の字を書いて張り、香碟を降ろして香をつけた。そして、「子孫袋」から子孫縄を取り出し、一端を祖宗板の支脚に結び、もう一方の端を門口の柳の枝に結びつけた。その子孫縄の上に多色の布切れがついた索線をぶら下げた。

③ 上供（shang gong）。

シャーマンは柳の枝の上に粟で作られた水団子をたくさん掛けた。

④ 繞柳（rao liu）。

シャーマンは矢を持ち、神歌を唱えながら柳の周りを3回回った。羅関氏族の人々は満州語ができる人がいないので、その神歌の意味が分からない。したがって、ここで紹介できない。

⑤ 水団子の共食。

女性や子供等は柳の枝につけた水団子（白色の粟で作られたもち）を奪い合って食した。

⑥ 換索（huan suo）。

シャーマンは子孫縄から索線を取り出し、男子と女子の首にぶらさげた。その後、シャーマンは女性と子供たちを率い、柳にむかって数回叩頭した。

この索線は仏托媽媽が子供たちに賜る吉祥物で、男子の武勇と女子の健康を祈るためである。これによって、換索儀式は仏托媽媽を祀る儀礼である。換索儀式には羅関氏族は柳への崇拝の観念があることを示している。

（7） 祭天儀式

羅関氏族の祭天儀式は、庭の東南の隅に柳の幹で作られた神杆を立て、豚を屠り、天神を祀った。その祭作法は、瓜爾佳氏族、石氏族と同じであり、満州語の神歌を唱えた。その神歌も「換索」儀式の神歌は満州語で伝承されている。この

翻訳は今後の課題とする。

祭天儀式にも柳への崇拝の観念が析出できる。

（8） 送神儀式

これらの儀式が終わると、シャーマンと人々は、食べ残した骨などを松花江に流した。これで、羅関氏族の焼香儀礼が終わった。

5. 事例4──愛新覚羅氏族の儀礼

上記の事例1、事例2、事例3は、吉林省の焼香儀礼であった。しかし、筆者の調査の出発点は、遼寧省の東部の山間地帯に位置する「満州族の発祥の地」、「満州族の故郷」としての新賓満州族自治県であった。その中でも、清王朝王族愛新覚羅王族の後裔が居住する腰站村で繰り返し調査した。

しかし、腰站村は氏族組織が崩壊し、シャーマンが存在しなかった。このことに失望し、筆者は吉林省で調査を始めたのである。だが、清王朝愛新覚羅王族の後裔たちの村ではなぜシャーマンが消滅したのか、これは考えてみる価値がある。愛新覚羅王族の後裔たちは、清朝崩壊後の中華民国（1912 ～ 1949）、中華人民共和国時代（1949 ～）にしばしば排撃を受けた。

愛新覚羅王族の祖先の墓地は、腰站村から 61km の永陵にある。そのため、清朝時代、皇帝が盛京（今の瀋陽）から永陵へ墓参りに行く時の腰站村は宿駅となった。交通も現在でもバスがない吉林省の石氏族、羅関氏族居住地より、便利である。

そして、漢族と雑居することも吉林省の満州族より早かった。このようなさまざまな理由で、愛新覚羅氏族のシャーマンの儀礼は急速に崩壊したと考えられる。それにもかかわらず、彼らの祖宗板に黙々と叩頭する儀礼が依然として存在している。そのため、ここで、愛新覚羅氏族の祖宗板に黙々と叩頭する儀礼を紹介する。

5.1 調査地と調査対象の概要
5.1.1 腰站村の概要

　腰站村の位置は、遼寧省撫順市新賓満州族自治県の北部上夾河鎮の中部である。この村は、清代の皇帝が興京（新賓満州族自治県の旧称）にある祖先の陵墓を祀るときに必ず通る宿駅であった。腰站村の位置は、撫順市から60km、新賓満州族自治県の首府である新賓鎮からも61kmの距離にある。村は撫順市と新賓鎮のほぼ真ん中に位置することより、「腰站」、すなわち「中間駅」と呼ばれるようになった。腰站村は、東崗、西崗、周家溝の3つの居住区に分かれている。

　腰站村は、南北を山に囲まれ、平原が少ない。村の北側には海抜400～500mの蓮花山がある。1本の小河が蓮花山の麓から村の中を通って南の五竜河に流れ込む。腰站村の気候は、乾季と雨季が明瞭に分かれる大陸性気候型である。年降雨量は800mmである。

　2003年5月30の統計によると、腰站村の総人口1,193人のうち、満州族の人

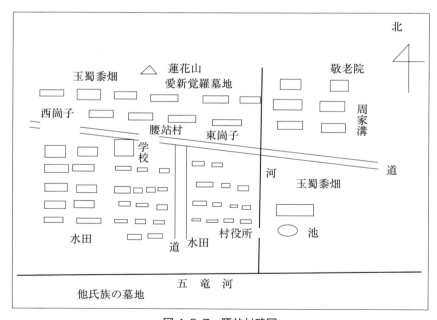

図 4-2-7　腰站村略図

口は1,019人、総人口の約86%を占める。総世帯数324戸のうち、満州族世帯数が304戸である。その中で、愛新覚羅一族は109戸、409人である。

5.1.2 腰站村の愛新覚羅王族の後裔たち

最初に腰站村に移住してきた人々が愛新覚羅（現在 肇 と改称）一族だという。この一族の祖先は、清朝第一代の皇帝、ヌルハチの曽祖父（福満）第3子索長阿の子孫の阿塔である。すなわち、かれらは、清朝愛新覚羅王族の傍系である。

1644年、清王朝は、瀋陽から北京に遷都した。しかし、新賓の祖先の陵墓を管理するために、愛新覚羅阿塔は、清朝皇帝に派遣されて、1686年に、北京から新賓に赴任した。腰站村を通る途中、この村の風水がいいので、阿塔は6人の息子をこの村に残した。阿塔の残した6子の名は留格、察馨、尹登、察庫丹、哲懇、賽必図であった。彼らが腰站村の愛新覚羅一族の祖先となった。愛新覚羅一族は300年あまりの全氏族の家系を記録した族譜を持っている。筆者はこの氏族の族譜『愛新覚羅家譜』を手に入れた。

『玉牒』とも称されている『愛新覚羅家譜』は、甲、乙、丙、丁、戊、己、庚冊に区分され、甲、乙、丙、丁冊は宗室冊あるいは黄冊と呼ばれ、戊、己、庚冊は、覚羅冊あるいは紅冊と呼ばれる。腰站村愛新覚羅の一族は、『愛新覚羅宗譜：己冊』に記載されている。

かつて腰站村の愛新覚羅一族は、以下の2つの特権を享受していた。1つは、男子が誕生すると、清朝政府から24両白銀と皇室の傍系としての象徴の赤帯（皇族の直系は黄色の帯）1本を受領することであった。もうひとつは、村の北側にある蓮花山の麓には一族の専有墓地を持っていることであった。現在でもその墓地に他氏族の人々は埋葬されない。

5.2 愛新覚羅一族の祖宗板に叩頭する儀礼の構造

5.2.1 祖宗板の神霊

腰站村には、シャーマンが存在しない。しかし、人生儀礼、年中行事および日常生活はシャーマニズムと深く関連している。その痕跡のひとつは、祖宗板を中心とする儀礼である。

祖宗板とは、儀礼に関するさまざまな用具を置く柳木の板のことであり、満州族の人々はそれに向かって儀礼を行う。祖宗板は、伝統的には家長が住む西の部

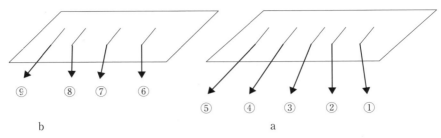

図 4-2-8　HK 家の祖先祭壇

屋の西壁に据えられていた。しかし、腰站村の HK 家の祖宗板は、東室の東壁に付けられている。それは、老人が日当たりがいい東部屋に移ることになったからである。祖宗板は、柳木で作られた長さ約 60cm 前後、幅約 40cm 前後の木板で、その上に柳の木で作られた祖先匣と、柳の木の香碟が供えられている。吉林省の満州族では筆者が調査した羅関氏族を例外として、1つの祖宗板を供える家が多い。しかし、新賓の満州族では、祖宗板を2つ供える家が多い。

　この祖宗板には次の9柱の神霊が祀られる（図 4-2-8）。

a
① 太祖高皇帝努尔哈赤（ヌルハチ）
② 顕祖宣皇帝塔克世
③ 景祖昇皇帝覚昌安
④ 興祖直皇帝福満
⑤ 肇祖原皇帝孟特穆

b
⑥ 万暦媽媽（仏托媽媽）　　ワンリママ　フォドママ
⑦ 関羽関雲長
⑧ 観世音菩薩
⑨ 佛祖如来

　右側の a 祖宗板に供えられている神霊のうち、①から⑤までが愛新覚羅の祖先の太祖高皇帝努尔哈赤（ヌルハチ）、顕祖宣皇帝塔克世、景祖昇皇帝覚昌安、興祖直皇帝福満、肇祖原皇帝孟特穆であった。

　左側の b 祖宗板に供えられている神霊は、仏托媽媽（フォドママ）、関羽関雲長、観世音菩

写真 4-2-15 HK家の柳の木で作られた祖宗板上の香碟

薩、佛祖如来であった。その中で仏托媽媽(フォドママ)は、満州族シャーマニズムの中心となる女神である。関羽関雲長は竈神であり、道教の系譜に属する。観世音菩薩と佛祖如来は、仏教の神々である。愛新覚羅の祖宗板の神霊には宗教混交の状態がみられる。

次に、HK家の祖宗板に叩頭する儀礼を見てみよう。

5.2.2 祖宗板に叩頭する儀礼の目的

82歳のHK老人は、2男・5女を得た。彼の家に供えた祖宗板は文化大革命時代に「迷信」として燃やされた。現在の祖宗板は、文化大革命が終息してのち、1980年代に新たに備え付けられたのである。その理由は孫の病気であった。

撫順市にいる孫はずっと病気がちであった。そこで、HKは、神霊に、孫の病気が治るなら、祖宗板を供えるという願をかけた。孫の病気が治った後、HKは祖宗板を供えた。

愛新覚羅後裔が居住する腰站村にはムコンダがいないので、血縁の近い長男の家で祖宗板に黙々と叩頭する儀式を行っている。その式次第は次のとおりである。

212 第4部　満州族のシャーマニズム儀礼

5.2.3　祖宗板に叩頭する儀式の式次第

（1）　韃子香の準備

「韃子香」は、山で採集されるつつじで作られる香である。「韃子」は満州族に対する漢族の蔑称である。すなわち「韃子香」は、満州族の香の意である。吉林省の羅関氏族、石氏族などは、毎年の7月7日にムコンダあるいはシャーマンが山でつつじを採集する。しかし、ムコンダもシャーマンもいない腰站村では、男性の家長が毎年の7月15日に山で採る。そのつつじを家の裏の軒下にかけて乾燥させる。12月28日（旧暦）に、家長がその乾燥したつつじの葉っぱを臼で擦って粉末にし、専用の箱に入れて保存する。儀礼の際、「韃子香」は、柳木製の香碟（長方形の香炉）の中に盛って燃やされる。

（2）　祖宗板に叩頭する儀式

12月29日（旧暦）に、家長であるHKは、手をきれいに洗った後、祖宗板の上に9つの香碟を下ろし、祖宗板下のタンスの上に置き、その9つの香碟の前に1皿ずつの菓子（小麦粉で作ったもの）を供える。そして、香碟の中に韃子香を入れ、火をつける。

これらの準備が終わると、HKは家族たちを率いて祖宗板に向かって黙って数回叩頭する。彼の2人の息子が撫順市で働いているが、毎年この日に必ず家族を連れて儀礼に参加する。

この香碟は、正月の6日になると、祖宗板の上に戻される。翌月の1日目にまた、HKは、祖宗板の上の香碟をおろしてタンスの上に置いて16日まで供える。

香碟を供えている間、この家を訪ねる者は、愛新覚羅一族の人でなくても必ずその祖宗板に向かって黙って数回叩頭する。

この他、毎月の1日、15日に、HKは祖宗板にむけて叩頭するだけである。また、家族にめでたいことなどがあれば、祖宗板にむけて祖先に報告し、叩頭し、感謝する。家族が遠方へ旅するときなども、HKは旅の無事を祈って祖宗板に叩頭する。

5.3 シャーマニズム儀礼の喪失

愛新覚羅のシャーマンに行われた儀礼がいつ喪失したかということについて、村の老人7人に聞き取りを行った（表4-2-11）。

表4-2-11　シャーマニズム儀礼の消失年代

対象	年齢	性別	年代	シャーマニズム儀礼の有無
Z・HK	82	男	1940	有
Z・PW	80	男	1940	有
Z・PJ	83	男	1930	有
Z・WB	76	男		分からない
H・GX	76	女	1940	有
Z・YS	70	女	1940	有
L・ZS	80	女	1930	有

（筆者の聞き取り調査より）

その結果、病気で記憶力がはっきりしないため、「分からない」と答えた76歳の老人Z・WBを除いて、全員が1940年代までシャーマニズム儀礼を行っていたと述べた。つまり、中華人民共和国成立から、愛新覚羅氏族のシャーマニズム儀礼は行わなくなったのである。

上述した吉林省の瓜爾佳氏族、石氏族、羅関氏族の中のメンバーを通じて、村役所ないしは政府の支持を得て、シャーマニズム儀礼を行うことができた。また、瓜爾佳氏族、石氏族では、氏族のメンバーが村長を務めることは、氏族のシャーマニズムの復興のために重要な役割を果たした。

愛新覚羅氏族の氏族の儀礼がその後、復興しなかった理由として注目したいのは、愛新覚羅氏族が清朝皇族に属する氏族だったということである。彼らは旧皇族の血統を継いだので、政治運動があるたびに、批判の対象となりやすかった。そのため、彼らは政治を避け、村長や共産党書記などの村役所の幹部を務めることも少なかった（表4-2-12）。

1949年から2004年までの55年間にわたり、愛新覚羅氏族のメンバーが共産党書記（表4-2-12）を担任したのは、中華人民共和国が成立した年の1949年の1年間と、文化大革命が終わった後の1977年〜1980年、1991年〜1993年の2回だけである。こうした状況下では、吉林省の瓜爾佳氏族、石氏族、羅関氏族の

214 第4部 満州族のシャーマニズム儀礼

表4-2-12 腰站村歴任の共産党書記

名前	年
肇玉樹	1949
洪連吉	1950-1958
単慶祥	1958-1960
王徳貞	1960-1963
潘志河	1974-1976
肇暁光	1977-1980
王徳春	1981-1984
劉慶貴	1984-1990
肇玉春	1991-1993
劉慶貴	1993-2002
高中洋	2002～現在

(張・何：2004 より)

ように、政府の援助を得て氏族の儀礼を復興するようなことは困難である。自費
で行うほかにならなかった。村政権の要職を務めた氏族のメンバーの支持がない
ことは、愛新覚羅氏族のシャーマニズム儀礼を復興できないことと無関係ではな
いだろう。この支持は政治的な支持と経済的な支持が含まれている。

5.4 柳崇拝の残存

愛新覚羅氏族にはシャーマンがいないが、祖宗板、祖先匣と香碟は吉林の満州
族と同じく柳の木で作られたものを使用している。そして、祖宗板上に「仏托媽
媽」が供えられている。

6. 祈祷型儀礼にみる特徴

以上、瓜爾佳氏族、石氏族、羅関氏族、愛新覚羅氏族の事例の焼香儀礼を通じ
て、満州族の祈祷型儀礼の全体像を描いてみた。まとめなおすと、以下のように
なる。

（1）政　治

これまで取り上げた瓜爾佳氏族、石氏族、羅関氏族の焼香儀礼は政治と絡み合っている。

まず事例1（瓜爾佳氏族）の儀礼の主催者は、儀礼の運営委員会の中で中枢部を占める地位である村長や共産党書記であった。主催者が政府との間、このような深い関係があるため、彼らの儀礼は長春大学薩満教研究所の援助を受けた。

事例2（石氏族）の焼香儀礼においても、そのムコンダは、村役所や市政府と深い関係があることによって、政府の援助を受けた。

事例3（羅関氏族）も、多くの氏族成員は、政府の中で要職をつとめるため、民族村を成立し、その焼香儀礼が政府の出資の援助を獲得した。

このように、上記の3つの氏族の事例には、氏族の成員が政府と密接な関係にあるため、その氏族の焼香儀礼は政府の政治的な援助と経済的な援助を受けることができた。

政府や研究機関がこれらの氏族の焼香儀礼に援助を与える動機は、少数民族の伝統文化を維持するためである。

さらに、事例4の旧皇族愛新覚羅氏族では、祖宗板に叩頭する儀礼は、氏族の成員が村の共産党書記の要職を務める者が少ないので、政府の援助を得られないで、私費によって行われている。そのため、愛新覚羅氏族の儀礼は、公的に復興できなかったが、家長を中心としてひそやかに行われている。彼らの儀礼の目的は、病気治療と家族の平安を祈願するためである。

（2）憑依の残存

2006年の瓜爾佳氏族の焼香儀礼においては、シャーマンは、「憑依型」や「脱魂型」ではなく、「祈祷型」の司祭の役割を果たした。

しかし、大山は1939年に調査した依爾根覚羅氏族の「背灯（ベイデン）」儀式について、「此の真闇の間に降神あり。神を看るは貴薩満一人のみとさる。神懸かり及び神託は此間に降る（今は神託を受くることは国禁の由）。」と述べている（1941：16）。この場合のシャーマンは「祈祷型」ではなく、「憑依型」である。

黄強が指摘したように、1747年の清王朝の『欽定満州祭神祭天典礼』の頒布によって、満州族の儀礼が規範化されて以降、「憑依型」は次第に儀礼から消え、「祈祷型」が残った。大山も依爾根覚羅氏族の「背灯」儀式で見られた神懸

216 第4部　満州族のシャーマニズム儀礼

かりと神託は『欽定満州祭神祭天典礼』の規範を超えたものであると述べている（黄：2000：42）。

『欽定満州祭神祭天典礼』の規範を超えた憑依現象が1930年代の儀礼には存在したが、2006年の瓜爾佳氏族の焼香儀礼では見られなかった。それは、焼香儀礼そのものの変化ともみられるが、共産党書記、村長や治安主任が焼香儀礼の運営の中枢部をしめる運営委員会のメンバーであることや、長春大学薩満教研究所のような公的機関の援助で行われた儀礼であったこととも無関係ではないだろう。そもそも、現在の瓜爾佳氏族の氏族組織自体が、満洲族固有の血縁中心の氏族組織ではなくなっている。それは、氏族組織内に氏族とは関係ない行政村として要職を務めていた人物が組みこまれているからである。

このように、さまざまな政治的な要素が浸透した瓜爾佳氏族の2006年の焼香儀礼は、本質において大きく変形していたといえよう。

（3）柳崇拝の原理

これまでの4つの事例の儀礼に祀られる神霊は多様であった。それについて、次表のように整理してみる（表4-2-13）。

下表からわかるように、4つの事例に柳女神仏托媽媽を祀ることが共通している。そして、取り上げた4つの氏族には用いられる祖宗板、祖先匣と香碟はすべて柳の木で作られたものである。

これより、取り上げた4つの氏族の儀礼が政治を受けて大きな変化を遂げたが、柳崇拝の観念が保存されてきた。

富育光によれば「家祭」を「祖先祭」と定義している（1990：67）。その説が正しいかどうか、瓜爾佳氏族の各儀礼に祀られる神霊を考察してみたい。瓜爾佳氏族の儀礼の各儀式において、歌われる満州語の神歌がある。その神歌の中に登場する神霊を表4-2-13で列挙した（宋・孟：1997：128-138）。

粟もちを中心とする「跳餑餑神」儀式においては、「堂子托盤諸神」、「奴才貝勒神」だけが登場する。「堂子托盤諸神」の「堂子」とは、儀礼用の部屋の意であり、「托盤」は「皿」（香炉）の意味である。すなわち、「堂子托盤諸神」は部屋に供える諸神霊の意である（宋・孟：1997：307）。

「奴才貝勒神」は、苗の生長と豊作を佑助する農神である。また、粟をつく時、蒸した粟の中に水をたすことは、「奴才貝勒神」が人間に雨を賜ることを象徴す

表 4-2-13　各氏族の焼香儀礼の神霊

氏族	吉 林 省			遼寧省
	瓜爾佳	石	羅関	愛新覚羅
神霊	天子神 *仏托媽媽* 堂子托盤諸神、 奴才貝勒神（苗 の神） 祖先神（白山主 神） 英雄師父神 衆貝子神 思考できる鷲神 疫病神 順風耳の師父神 誦読貝子神 七星神	天神 *仏托媽媽* 奥都媽媽 祖先神（撮哈 占爺）	天神 *仏托媽媽* 双馬神 大蛇神 金虎神 祖先神（沙拉嘎 吉貝子） 祖先神（牛郎阿 貝子） 原始神（鷹神） 祖先神（渾渾貝 子） 祖先神（烏林依 然恩都力） 治病神	*仏托媽媽* 太祖高皇帝努尓 哈赤（ヌルハチ） 顕祖宣皇帝塔克 世 景祖昇皇帝覚昌 安 興祖直皇帝福満 肇祖原皇帝孟特 穆 関羽関雲長 観世音菩薩 佛祖如来

(筆者の聞き取り調査より)

るという（富：1990：75）。

　夜間の「跳肉神儀式」と、昼間の「跳肉神」儀式と、夜の「背灯^{ベイデン}儀式」において
は、思考できる鷲神、疫病神、順風耳の師父神、誦読貝子神、七星神が共通し
て登場した。その中で、疫病神だけは、子女の平安と健康に対する加護に感謝す
る今回の儀礼の目的に対応している。他の神には説明がつかない要素が浸透して
いる。

　羅関氏族の場合、双馬神、大蛇神、金虎神、鷹神の動物神も混入している。

　また、瓜爾佳氏族、石氏族、羅関氏族の天神も祖先神の範疇ではない。

　こうして、上述したいずれの神々は、富が定義する祖先神ではない。

218　第4部　満州族のシャーマニズム儀礼

注
1)　本書では、使用するデータは2004年2〜3月、8〜9月、2006年1〜2月に、吉林省吉林市烏拉街鎮韓屯村に居住する瓜爾佳氏族に行った現地調査中に得たものである。
2)　本書では、瓜爾佳氏族の氏族名を「瓜爾佳」、人々の名前を漢名の「関」として統一する。
3)　援助の金額は、2万5,000元、約36万円で、3匹の豚などの供物、3日間の約100人の食費、服装、雇い人の給料などの支出に用いる。
4)　中国では一人っ子政策を実施する。そのため、婦人主任は主に、村の女性の計画生育のことや女性の健康のカウンセラーなどの役割を果たす。
5)　その容器は農家が米を量る用の四方形のものであり、「昇斗」という。
6)　漢語の神歌は宋和平（1997）による。その内容は、「敬天宴席擺上了。高天聴著、請納享供品吧。衆姓氏之中的席姓挙行儀礼。東家何属相？　奴才恭請天神、施恩佑護我族。択選了良辰吉日、抓来了家養神猪、遵礼捆綁、恭敬樹立了索莫杆、綁好儀礼天草把、放入犠牲供品。乞請上天神降臨納享。乞請百年無誠、天神施恩、老者安康、幼者太平、豚羊満院。従前至後、世世代代敬神求福」。
7)　同上。
8)　石氏族のもう一部分の人々は吉林省九台県小韓屯に居住している。石氏族のムコンダとシャーマンたちは東哈村に居住するので、東哈村だけ調査を行った。
9)　風湿病は漢方で、関節および筋肉リウマチのこと。

第 3 章

憑依型儀礼

1. 本章の目的

　本書で、神霊の憑依現象の有無に注目し、憑依現象がない「祈祷型儀礼」に対して、憑依現象がある儀礼を「憑依型儀礼」と呼ぶことにする。しかし、以下の事例の中の儀礼名称を現地語の「跳大神」儀礼と呼ぶことにする。

　「憑依型儀礼」は、最も古い儀礼であり、中国の宗教政策に大きく左右されて変容してきた。かつて、満州族シャーマンの儀礼にはすべて神霊をシャーマンの身体に依りつく「憑依現象」が存在した。しかし、1747年の『欽定満州祭神祭天典礼』の頒布によって儀礼は規範化され、前述した「祈祷型儀礼」には「憑依現象」が消えた。しかし「憑依型儀礼」には「憑依現象」が依然として存在していた。そのため、清王朝から中華人民共和国の成立まで、とくに文化大革命時代（1966～1976）には、憑依型儀礼は激しい弾圧を受けた。

　1979年以降、改革開放政策とともに「封建・迷信」とされた弾圧の対象であった「憑依型儀礼」が復活するようになった。しかし、憑依型儀礼の復活が政治的に指定されている。本章では、石氏族の「跳大神儀礼」の事例を取り上げ、その儀礼の特徴を論ずる。

220 第4部　満州族のシャーマニズム儀礼

2.　石氏族のシャーマン

　第3部第3章では、石氏族のシャーマンのライフヒストリーを詳述したように、石氏族には、神霊に憑依された召命型シャーマン（神抓薩満）の伝統がある。

　現在では、石氏族には召命型シャーマンがいなくなり、栽立から昇進した修業型シャーマンが1人、助手が7人いる。以下では、石氏族の最後の召命型シャーマン宗軒（以下、シャーマンとする）によって行われた「跳大神儀礼」を紹介する。

3.　石氏族の跳大神儀礼の構造

　石氏族の跳大神儀礼は1949年新中国成立前に頻繁的に行われていたが、文化大革命時期の中断を経て、現在、不定期に行われている。1987年3月6日〜10日、石氏族の跳大神儀礼の舞踊、神歌などを保存するために、石氏族出身のGWが主任を務めていた吉林省芸術事務室の出費によって、石氏族は九台市莽卡鎮のある民家で跳大神儀礼を行った。それは文化大革命終了の後、石氏族の初の跳大

表4-3-14　石氏族における近年の跳大神儀礼資金

年	資金出所	司祭シャーマン
1987	公費	召命型シャーマン
1993	公費	修業型シャーマン
1997	公費	修業型シャーマン
1999	私費	修業型シャーマン
2000	私費	修業型シャーマン
2003	私費	修業型シャーマン
2004	公費	修業型シャーマン
2005	私費	修業型シャーマン

（筆者の聞き取り調査より）

神儀礼であったが、石氏族の最後の召命型シャーマンによって行われた儀礼でもあった。なぜなら、儀礼の3年後、石氏族の召命型シャーマン宗軒が世を去ったことにより、石氏族には召命型シャーマンがいなくなったからである。それ以降、石氏族では1993年、1997年、1999年、2000年、2003年、2004年、2005年に小規模の跳大神儀礼を行ったが、それは「攅神」儀式を経ない修業シャーマンZXによって行われた。これらの儀礼の資金の状況は上表のようになる（表4-3-14）。

このように、石氏族の跳大神儀礼は8回行われたが、1987年、1993年、1997年、2004年の儀礼は政府の出費によって行われている。後の4回の儀礼は私費によって行われたのである。筆者が観察したのは2004年の跳大神儀礼である。2004年の跳大神儀礼は現修業シャーマンZXによって行われたのである。

1987年の跳大神儀礼は、1980年代以降、召命型シャーマンによるただ唯一の「跳大神儀礼」であるため、その価値が貴重であると考えられる。現修業シャーマンZXは、当時、40歳で、栽立としてその跳大神儀礼に参加していた。

以下では、ZXシャーマンに対する聞き取り調査と、1987年の儀礼のビデオに基づき、1987年3月に行われた石氏族の焼香を紹介する。そして、儀礼の中の満州語神歌は、主に石・劉（1992）によって翻訳されたものに依拠した。しかし、石・劉が紹介していない神歌は王（2002）の研究を参考した。

石氏族の焼香は、①「祭壇配置」、②「排神儀式」、③「領牲儀式」、④「放大神儀式」、⑤「清宅儀式」からなる。

① 「祭壇配置」は、儀礼壇を用意することである。

② 「排神儀式」は、シャーマンが神歌を唱えて、野祭で祀られる神霊をすべて呼び出して祭壇に降臨させることである。

③ 「領牲儀式」は、「祈祷型儀礼」と同じく、生贄としての黒豚を屠って、神霊に供えることである。

④ 「放大神儀式」は、普段、神世界に住む神霊たちがシャーマンの懇請に応じて、次々に人間世界に降臨し、シャーマンの身体に憑依して氏族の人々と交流することである。

⑤ 「清宅儀式」は、シャーマンが祭場でタンバリンを叩いて、爆竹を鳴らし、掃除し、邪気をはらうことである。

222　第4部　満州族のシャーマニズム儀礼

　焼香儀礼は、すべての儀式が終わった後、一回だけの「送神」儀式を行う。し
かし、跳大神儀礼は1柱の神霊ごとに送神儀式を行う。つまり、22柱の神霊を
祀る儀式を行うと、諸々の神霊を祀ってからすぐその「送神」儀式を行う。さら
に、跳大神儀礼を行うとき、シャーマンが神霊を迎える前に必ず神帽をかぶる
が、祈祷儀礼の際、シャーマンが神帽をかぶらない。

3.1　祭壇配置

　石氏族の祭壇（図4-3-9）は、焼香儀礼と跳大神儀礼によって異なる。焼香儀
礼の祭壇は「家神案子」と呼ばれ、石氏族の男性祖先の1人の神像を描いてある
ものであり、焼香を行うとき、西室の祖宗板の下に掛けられる。跳大神儀礼の祭
壇は、「大神案子」と呼ばれ、6個の亭式の楼閣を描いたものである。その6個
の楼閣の中には石氏族の亡くなったシャーマンの画像と、名前、業績、神世界の
住処、伝説などが満州語で記載されている。この6個の楼閣の外側は、垣で囲ま
れて、1つの屋敷のようである。また大門が設けられた。大門の前に黒熊、虎、
猪が描かれている。前述した9代目シャーマンの殿峰（現ムコンダの父親）が、
手に三叉を持って、氷穴の前に立っている姿も描かれている。「大神案子」の周
りに鷹、蛇、狼、熊、鷲、虎、豹、大蛇、河、山、神樹などが描かれている。

　跳大神儀礼の祭壇は焼香儀礼の祭壇と同じく西室の祖宗板の下に掛けられる。
「大神案子」の周縁には赤、緑、黄の絹の帯が飾られている。そして、銅鏡が掛
けられる。

　シャーマンは、香炉、線香、豚の頭、鶏、饅頭、果物などの供物を「大神案子」
の前に供えた。さらに5杯の酒（蒸留酒）も供えられた。5杯の酒は、亡くなっ
た初代シャーマンから5代目のシャーマンの神霊に捧げるためであるという。そ
れとともに、その机の下段に木製の神偶（人形）を35個置いた。この35個の
神偶は、石氏族の英雄神（満洲語で「瞞尼神」という）を象徴する。

　その後、庭の真ん中に2つの机が重ねて置かれた。その机の上に米を量る四方
形の木製容器である「昇斗」が置かれた。そして、鷹、蛇、狼、熊、鷲、虎、豹、
大蛇の8種類の動物が描かれた旗が、机の両側に立てられた。

　このようにして、西室の祭壇と庭の祭壇が設置されると、シャーマンと石氏
族の人々は、香を焚いて、部屋の祭壇に叩頭した。同時に爆竹が鳴らされた。そ

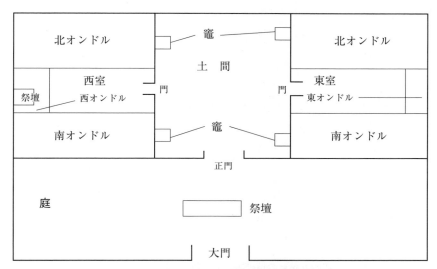

図 4-3-9　石氏族の跳大神儀礼の祭壇

れから、シャーマンは、神歌を歌い、亡くなった 5 代目シャーマンに儀礼を行う理由を報告した。すると、5 代目のシャーマンの魂がシャーマンの身体に憑依した。シャーマンがトランスの状態に入り、栽立と以下の神歌を唱えた。その神歌は、シャーマンと栽立の問答の形で歌われた（石・劉：1992：212）。

　シャーマン：
　　「大栽立よ、よく聞いてください。
　　お前たちはどの村、何の氏族であろうか。
　　何のために儀礼を行うか。
　　誰のために神を迎えるか。」

　栽立：
　　「われわれは小韓屯に住んでいる。
　　石氏族の男児だ。
　　心をこめて、神様に感謝を表したい」。

224　第4部　満州族のシャーマニズム儀礼

シャーマン：

「小栽立は何か不安のことがあるのか。
何の神様に降臨してもらいたいか」。

栽立：

「小栽立としてのわたくしは、神様たちがどこの山、どこの河に住んでいるかよ
く分らない」。

シャーマン：

「長白山に住んでいる、ナヤン河から来る。
神は庭の祭壇の前に降臨し、
シャーマンの身体に憑依する」。

栽立：

「はい！　長白山の九番目の頂にある金色の高楼に住んでいらっしゃる。
ナヤン河から下りていらっしゃる。
神様よ、祭壇の前に降臨してください。
シャーマンの身体に憑依してください。
高い机の上に供物を供えてあります。
神様よ、降臨してください。
石氏族の人々はお願いします。
さまざまな供物を用意しています」。

シャーマン：

「門から神を迎えてください。
あらゆる門を開けて迎えてください」。

栽立：

「はい！　玄関でお待ちしております。
正門をお入りください。
門を開けました。
正門を通ったら、土間を経て、西部屋の祭壇にいらっしゃってください。
その上に供物を供えていますから、どうぞ、めしあがってください。」

その後、シャーマンはトランス状態から意識を取り戻した。

第3章　憑依型儀礼　*225*

3.2　「排神儀式」

　シャーマンと栽立たち（少なくとも4人）は、手と、顔を洗い、口をゆすいだ。栽立は、儀礼用のスカートをシャーマンに穿かせ、腰鈴（15kg）をシャーマンの腰につけた。

　それから、「排神儀式」が始まった。シャーマンと栽立たちは、祭壇の前に跪いて、タンバリンを叩きながら、儀礼の準備状況、目的などを神霊に報告し、祭壇に降臨するよう願う神歌を唱えた。この神歌には太爺神（死去したシャーマン神）、瞞尼神（氏族の英雄神）、動物神などの22柱の神霊が登場した（表4-3-15）。

表4-3-15　1987年3月石氏族の跳大神儀礼に登場した神霊

種　類	名　称	数量（柱）
太爺神 （シャーマン神）	初代シャーマン、5代目シャーマン	2
瞞尼神 （氏族の英雄神）	飛翔神、大英雄神、大食神、舞踊神、英雄神、祖先英雄神、2本剣を使う英雄神、鉄棒神、白馬英雄神、（太陽神、松樹の神、）、火神	12
動物神	鷹神、鷲神、白鳥神・白馬英雄神、白水鳥神、豹神、虎神、蛇神、	7
外来の神	かまど神	1
総計		22

（筆者の聞き取り調査より）

　神霊に憑依されたシャーマンは土間のかまどを通ると、かまどに供えられた関羽であるかまど神に礼をした。かまど神は満州族の神ではなく、道教に属する外来神である。そのため、かまど神の神歌はない。

　次に、「排神儀式」の神歌を紹介する（石・劉：1992：178）。

　　　「はい！
　　　何のために、儀礼を行うか。
　　　哈蘇里ハラに属する石姓が儀礼を行う。
　　　老シャーマンは何年に生まれたか。
　　　神様よ、供物を受領してください。
　　　JHシャーマンは何年に生まれたか。

226 第4部 満州族のシャーマニズム儀礼

年祈香（満州族のつつじの葉の粉末で作られた香）を受領してください。
ある年に生まれる石氏族のシャーマンは儀礼を学ぶために、村の人に三回頼ん
で神への敬虔な心を伝えてもらう。
代々の子孫は、氏族の平和と繁栄を祈って、地面に跪いて叩頭する。
シャーマンからムコンダまで神に謹む気持ちを持っている。
きれいに掃除し、すべての供物を用意している。
香を焚き、安春香を焚いて、漢香をつける。
小さい水団子は小麦粉で作ったのである。
君子（薩満）は祠堂（祭場）で神を祀る。
人々は彼について儀礼を行う。
謹んで神霊を迎える。」

　神歌で呼び出される神霊は、上表のように、①亡くなったシャーマンの神霊
（太爺神）、②部族の英雄神（瞞尼神）、太陽、火のような自然神、③鷹、虎のよ
うな動物神、④外来の竈の神に分けることができる。

　1987年3月石氏族の跳大神儀礼に登場したこのような神霊は、石氏族の清朝
末年の神譜（神歌などを記載するメモ）に載せられる神霊の一部にすぎなかっ
た。その神譜には、祖先神が5柱、太爺_{タイイェ}神が7柱、瞞尼_{マンニ}神が35柱、動物神が
27柱、合計で74柱の神霊が記録されているという。

3.3 「領牲」儀式

　「排神儀式」が終わると、生贄としての黒豚を屠って神々に供える「領牲儀_{レァンシャ}
式」になる。経済事情によって、豚を屠る頭数が異なる。「領牲儀式」は、祈祷
型儀礼の跳肉神_{ティオロシン}儀式と同じである。「領牲儀式」の式次第を以下のようにに示す
（表4-3-16）。

　この領牲儀式にはいけにえとしての豚の肉、血を神に供えて、神人共食する原
理がみられる。

3.4 「放大神」儀式

　石氏族の「放大神儀式」は、「請神」、「神降臨」、「賛神」、「送神」からなる。「請
神」とは、シャーマンが神歌によって神霊を祭壇に降臨するよう、懇請すること
である。動物神を迎える儀式では「放神」と表現するが、動物以外のシャーマン

第3章　憑依型儀礼　*227*

表4-3-16　石氏族の領牲儀式の式次第

名称	過程
1. 抓猪（黒豚を縛る）	4人の男性は黒豚の両足を縛って、西の部屋に運び、頭を西の祖宗板に向け、その腹を南に向けて置く。
2. 踩猪（黒豚を清める）	シャーマンは生贄の豚の身体に立って、タンバリンを叩いて祭文を唱えることによって、豚を神に服従させる。
3. 領牲	シャーマンは黒豚の耳に浄水を1杯入れることによって、神霊の意思を確認する。豚の耳が揺れ動くと、神霊が豚を受け入れたことを示す。人々は互いに「大喜」という祝いの言葉をいう。
4. 殺牲（黒豚を屠る）	鍋頭は豚の頚動脈を一突に切り、その血を祖宗板の前に供える。黒豚を屠る人がその背毛をむしり取り、豚の陰茎を徐々に切り離し、順次に解剖する。
5. 擺件	鍋頭は4分煮の豚肉を頭から尻尾まで祭壇の前に豚の形に整え、供える。それは神に、まるごと黒豚を謹んで献上することを象徴する。
6. 祭神	シャーマンと栽立たちは神歌を唱えながら、踊る。
7. 大肉飯	その後、人々は「大肉飯」と「血腸」を共食する。

（筆者の聞き取り調査より）

神、英雄神を迎える儀式では敬意を込めて「請神」と表記する。

　「神降臨」とは、祭壇に降臨した神霊がシャーマンの身体に憑依することである。

　「賛神」とは、栽立（助手）が神に賛歌を唱えることである。

　「送神」とは、栽立が神歌を歌って、神を神の世界に送ることである。

　石氏族の跳大神儀礼では、神霊を迎える順序が決まっていない。跳大神儀礼の際、神霊を迎える順序が栽立によって決められる。1987年の跳大神儀礼における22柱の神霊を祀る儀式を次のように紹介する（表4-3-17）。

（1）　鷹神降臨の儀式

　鷹神は石氏族の守護霊なので、鷹神を迎える儀式が「放大神儀式」の第1として行われる。

　①　「請神」。

　　栽立がJHシャーマンの身に腰鈴をつけた後、シャーマンと1人の栽立が庭の真ん中に立って、タンバリンを叩きながら神歌を歌って、鷹神を迎えた。その神歌は次のようである（石・劉：1992：203）。

228 第4部 満州族のシャーマニズム儀礼

表4-3-17 石氏族の跳大神儀礼の式次第

名称		場所	道具	基本内容	目的
1. 祭壇配置		西室、庭		供物を用意し、祭壇が設けられる	神を迎える
2. 排神儀式		庭	タンバリン	神歌によって、神霊を呼び出す	神人交流
3. 領牲儀式		庭	タンバリン、腰鈴	生贄の豚を屠って、神に供える	神人交流
4. 放大神儀式	鷲神降臨	西室、庭	タンバリン、腰鈴	1. 請神、2. 神降臨、3. 賛神、4. 送神	神人交流
	大蛇神降臨	西室、庭	タンバリン、腰鈴、線香	1. 請神、2. 神降臨、3. 賛神、4. 送神	神人交流
	虎神降臨	西室、庭	タンバリン、腰鈴	1. 請神、2. 神降臨、3. 賛神、4. 送神	神人交流
	鷹神降臨	西室、庭	タンバリン、腰鈴、帽子の帯	1. 請神、2. 神降臨、3. 賛神、4. 送神	神人交流
	太陽神降臨	西室、庭	タンバリン、腰鈴、銅鏡	1. 請神、2. 神降臨、3. 賛神、4. 送神	神人交流
	火神降臨	西室、庭	タンバリン、腰鈴、鉄のチェーン	1. 請神、2. 神降臨、3. 賛神、4. 送神	神人交流
	豹神降臨	西室、庭		1. 請神、2. 神降臨、3. 賛神、4. 送神	神人交流
	英雄神降臨	西室、庭		1. 請神、2. 神降臨、3. 賛神、4. 送神	神人交流
	白鳥神・白馬英雄神降臨	西室、庭	タンバリン、腰鈴、帽子の帯	1. 請神、2. 神降臨、3. 賛神、4. 送神	神人交流
	査愍布庫瞞尼神（英雄神）降臨	西室、庭	2つの木槌	1. 請神、2. 神降臨、3. 賛神、4. 送神	神人交流
	舞踊神降臨	西室、庭	2つの木槌	1. 請神、2. 神降臨、3. 賛神、4. 送神	神人交流
	胡歯気瞞尼神（英雄神）降臨	西室、庭	三叉	1. 請神、2. 神降臨、3. 賛神、4. 送神	神人交流
	朱禄瞞尼（2本の棒もちの英雄神）降臨	西室、庭	2本の槍	1. 請神、2. 神降臨、3. 賛神、4. 送神	神人交流
	賒冷泰瞞尼降臨（鉄棒英雄神）	西室、庭	2つの剣	1. 請神、2. 神降臨、3. 賛神、4. 送神	神人交流
	飛翔神降臨	西室、庭	タンバリン、腰鈴、帽子の帯	1. 請神、2. 神降臨、3. 賛神、4. 送神	神人交流
	大英雄神降臨	西室、庭	三叉	1. 請神、2. 神降臨、3. 賛神、4. 送神	神人交流
	大食神降臨	西室、庭	三叉	1. 請神、2. 神降臨、3. 賛神、4. 送神	神人交流
	松樹神降臨	西室、庭	三叉	1. 請神、2. 神降臨、3. 賛神、4. 送神	神人交流
	太爺神降臨	庭	タンバリン、腰鈴三叉	1. 請神、2. 神降臨、3. 賛神、4. 送神	神人交流
	水鳥神降臨	西室、庭	タンバリン腰鈴三叉	1. 請神、2. 神降臨、3. 賛神、4. 送神	神人交流
5. 清宅儀式		西室、庭	タンバリン爆竹	タンバリンを叩き、爆竹を鳴らす	邪気払い

（筆者の聞き取り調査より）

第3章 憑依型儀礼 *229*

「はい！

何のために、儀礼を行うか。

哈蘇里ハラに属する石姓が儀礼を行う。

老シャーマンは何年に生まれたか。

はい！

シャーマンは修業してから、首領に選ばれた。

はい！

老シャーマンは某年（シャーマンの生年）に生まれたのである。

人々が集まって、儀礼を行う。

はい！ 亡くなったJHシャーマンは辰年に生まれたのである。

年祈香を受領してください。」

以下の各儀式の「請神」儀式の神歌の内容も同じなので省略する。

② 「鷲神降臨」。

　シャーマンがタンバリンを叩いている間、裁立がシャーマンに神帽をかぶせると、鷲神が降臨しシャーマンの身体に憑依した。シャーマンは、突然目を閉じ、興奮して、タンバリンを叩く速度が急に速くなった。

　それから、裁立が2つのタンバリンをシャーマンに渡した。シャーマンが2つのタンバリンを上下に振った。その2つのタンバリンは鷲の両翼を象徴する。シャーマンは、その2つのタンバリンを持って、鷲の飛翔の動作をまねて、繰り返して360°の旋舞を踊った。両手にタンバリンを持ったシャーマンは、右手のタンバリンを耳のところに上げ、左手のタンバリンを下に垂らす動作を繰り返して行った。

　石氏族の初代シャーマンが亡くなった時、敖氏族のシャーマンによって油をかけられ、棺が燃やされた。その時、鷲神が火のなかから初代シャーマンを救い、長白山に連れて行った。その間、鷲神の一翼が怪我をしたという伝説がある。それゆえに、シャーマンが手を下に垂らす動作は、鷲神の一翼が怪我をしたことを示す。

③ 「賛神」。

　裁立はタンバリンを叩きながら鷲神に次の賛歌を歌い始めた（宋・孟：1993：38）。

230　第4部　満州族のシャーマニズム儀礼

「何のために儀礼を行うか。

どの家のために神霊を迎えるか。

天山の山頂に居住している、金、銀の楼閣に住んでいる鷲神が高い天上から降臨する。

日月の間に飛翔している鷲神よ。

鷲神よ！　鳳凰のように美しく、高空を飛翔している。」

④　「送神」。

賛歌を歌った後、栽立は神歌を歌って鷲神を神の世界に送る。

「夜がまもなく暮れた。

小栽立たちは敬虔にタンバリンを叩いている。

香を3本付け出した。

鷹神たちよ、

雲と霧に乗って山の住処にお帰りなさい。

その静かな高楼に住んでいらっしゃい。

帰ろう！　帰ろう！

諸神は三、五柱で群れになって、帰った。

シャーマンは今後（神霊を感謝するために）いいことだけをやる。

栽立は勤勉に修業する。

われわれの平安や豊作を守ってください。

鷲神をいつまでも供えていく。」（石・劉：1992：267）。

　シャーマンがタンバリンを叩いた後、西室の祭壇に3回叩頭し、神帽子を脱いで、腰の鈴を後ろの方へ投げ捨てると、栽立はそれを受けた。その後、鷹神はシャーマンの身体を離脱し、シャーマンはトランスの状態から戻った。

　鷹神降臨の儀式がこれで終わる。

　これ以降の各儀式でも、「請神」と「送神」の神歌の歌詞が同じで、降臨する神霊の呼称だけが異なる。以下の各儀式の紹介では、「賛神」の神歌を中心として紹介する。

（2） 大蛇神降臨の儀式

① 「請神」。

　栽立がシャーマンの身に神服を着させ、腰鈴をつけ、神帽をかぶせた。その後、シャーマンと栽立は庭の真ん中に立って、タンバリンを叩きながら神歌を歌い、大蛇神を迎えた。

② 「大蛇神降臨」。

　大蛇神が降臨し、シャーマンの身体に憑依すると、シャーマンは突然目を閉じて、仰向けに倒れた。その際、助手はシャーマンの身体を支えて、ゆっくり庭の祭壇前の地面に横たえた。シャーマンは地面に横たわったまま、両手で胸の前を抱き、鼻で燃えた１本の線香をくわえ、両肩を動かして、大蛇がうごめくように、ゆっくりと西部屋の中の祭壇へはいながら動いていった。門のしきいを通る時、栽立はシャーマンの頭を軽く上げた。大蛇神は西部屋の祭壇の前までもぐもぐ動いて来た。

③ 「賛神」。

　大栽立はタンバリンを叩きながら大蛇神に次の賛美の神歌を唱え始めた（石・劉：1992：235-236）。

「（大蛇神）長白山の九重の山頂に居住している。
　白雲の間から丘陵を降りて、尼西哈河から雲に乗って降臨する。
　八尺大蛇神よ、九尺の蛇仙よ。
　日夜に仙の洞穴に泊っている。
　今日は吉日であるよ。
　石姓はお願いがある。
　某年（シャーマンの生年）に生まれたシャーマンは北斗に叩頭し、神々を歓待する。
　大声で呼びかけ、小声で回答する。
　タンバリンをトントン鳴らしているうちに。
　神霊がシャーマンの身体にとりつく。
　シャーマンは身体を清める。
　修業を終え、師になり、家の門に入る。
　正門で神を迎える、高い机に供物を並べる。
　氏族の人々は八回も祈祷し、神々を供える。
　大祠堂で神を迎え、家祠堂で神を供える。

平安・豊作幸福・吉祥を祈る。

春夏が去り、金の秋がやってくる。

旧年を去り、新年を迎える。

吉日をより、良辰を決める。

石臼で粟をつき、供物の餅を作る。

芸香をつけ、線香を焚く。

儀礼を行う理由を報告する。

子孫の安楽、平安、豊作を佑助する。

家の薩満、今夜祈祷する。

タンバリンの音が伝わってきて、香を三回焚く。

神々を山に送る。

神々は一緒に去り、各自で出発する。

某シャーマンよ、ご自愛をいのる。

シャーマンは福を祈る。健康、安寧をいつまでも祈る。」

④ 「送神」。

大蛇神は人々が祭壇に供えた供物を受領し、賛歌を聞くと、うれしくなった。このとき、石氏族の人々は口をそろえて大声で大蛇神に「吉順」（吉祥、順調の意）と唱えて、大蛇神を神の世界に送った。

シャーマンが神帽子と神服を外し、腰鈴を後ろに投げ捨てると、意識を回復した。

（3）虎神降臨の儀式

虎神は石氏族の跳大神儀礼にとって重要な神である。石氏族の儀礼の中には、「飛虎神」、「母臥虎神」、「公坐虎神」、「懸挈虎神」、「金虎神」、「大黒虎神」の6柱の虎神がある。この儀礼では「母臥虎神」を迎える儀式だけが行われた。その段取りは以下のようになる。

① 「請神」。

栽立がシャーマンの身に神スカートを穿かせ、神帽子をかぶせた後、シャーマンと栽立が庭の真ん中に立って、タンバリンを叩きながら神歌を歌って、虎神を迎えた。

② 「虎神降臨」。

虎神が降臨し、シャーマンの身体に憑依すると、シャーマンは突然目を閉

じて、仰向けに倒れた。その際、助手はシャーマンの身体を支えて、ゆっくり
庭の祭壇前の地面に横たえた。

　シャーマンは、両手で地面をついて虎の四肢で歩く動作をまねた。そして、
歩きながら、虎に化身したシャーマンは虎のほえ声を出したり、周囲を見回
したりした。この時、虎の子の仮装をした2人の子供が庭の祭壇の前に来た。
シャーマンはほえながら、その2人の子供を片手で1人ずつ抱いて、西部屋
の祭壇の前に運んで来た。そして、シャーマンは、祭壇の前に横たわる2人の
子供を愛撫しながら、口にくわえた饅頭を子供に食わせた。

③　「賛神」。

　栽立はタンバリンを叩きながら虎神に次の賛美の神歌を歌い始めた（石・
劉：1992：337-340）。

「杓中山の山頂に居住している。
杓中山の谷に沿って、葦の地を経て、親切に歩いてくる。
母臥虎神よ。
体を振って降臨した。
公虎神よ！　斑紋の虎神よ！　大白虎神よ！
皆親切に歩いて降臨してくれた。
シャーマンは何年に生まれたのであろうか。
（虎神）シャーマンの身体に依りつく。
今日今夜、人々は跪いて祝福を祈る。
タンバリンを叩いて神を歓待する。タンバリンの音が四方に響く。
正門から入って門の前で踊りを踊る。
ろうそくの光が四周に明るく照らす。
頭を上げてその光を見る。
南山の小屋からでる、
北山の草小屋から出る。
山を越えて、高地を這った。
闇の中から降りて、威厳で荘重に降臨した。
肉を銜えて虎の子を連れて降臨した。」

④　「送神」。

　賛歌を歌った後、栽立は神歌を歌って虎神を神の世界に送った。

234 第4部 満州族のシャーマニズム儀礼

シャーマンは西室の祭壇で叩頭し、腰鈴を外すと、意識を回復した。

（4） 鷹神降臨の儀式

前述した鷲神と鷹は異なる動物で、それぞれの儀式を行った。

① 「請神」。

　栽立がJHシャーマンの身にスカートを穿かせ、腰鈴をつけ、神帽をかぶせた後、シャーマンと栽立は庭の真ん中に立って、タンバリンを叩きながら鷹神を祭壇に降臨させるため、神歌を歌った。

② 「鷹神降臨」。

　上記の神歌によって、鷹神が庭の祭壇に降臨し、シャーマンの身体に憑依すると、シャーマンは突然目を閉じて、仰向けに倒れる。その際、栽立はシャーマンの身体を支えて、ゆっくり庭の地面に横たえる。それから、シャーマンはゆっくり立ち上がって、助手の案内の下で、土間を経て、西部屋の祭壇の前に来る。シャーマンは神帽子から垂れた8色の2本の帯を振って、鷹のように、翼をはばたいたり、飛翔したりして踊りだす。

③ 「賛神」。

　この時、栽立はタンバリンを叩き、鷹神に次の賛歌を唱えた（石・劉：1992：231）。

　　　　長白山にいて、青天から降臨する。
　　　　一番目の峰の上に金の楼閣がある。
　　　　二番目の峰の上に銀の楼閣がある。
　　　　三番目の峰の上に鉄の高楼がある。
　　　　三つ目の峰に九重の高楼がある。
　　　　檀の木は三尺ぐらい、葉っぱが茂る。
　　　　金の巣、銀の穴が恋しくないが、松のある人間へ飛んでくる。
　　　　アンチュウラ鷹神よ。
　　　　石の頭、金の嘴、銀の鼻、銅の首、鉄の冠、錫の腰、翼は天地を覆っている尻尾が星と月を隠した。
　　　　体中が真っ黒で、羽毛が濃密である。
　　　　大国のご出身で、抜群である。
　　　　万年の修業の後、出世し、千年を経て術を修業した。
　　　　石姓は懇請するよ。

七星の祭壇の下に、シャーマンは香を1本焚いている。

④ 「送神」。

上の賛歌を歌った後、栽立は鷹神をまた庭の祭壇の前につれ戻した後、神歌を歌って鷹神を神の世界に送った。

シャーマンは西室の祭壇で叩頭し、腰鈴を外すと、意識を回復した。

(5) 太陽神降臨の儀式

① 「請神」。

栽立がJHシャーマンの身に神服を着させ、腰鈴をつけ、神帽子をかぶせた後、シャーマンと栽立が庭の真ん中に立って、タンバリンを叩きながら神歌を歌って太陽神を迎えた。

② 「太陽神降臨」。

太陽神が降臨し、シャーマンの身体に憑依すると、シャーマンは突然目を閉じて、仰向けに倒れた。その際、栽立がシャーマンの身体を支えてゆっくり庭の祭壇前の地面に横たえた。

それから、太陽神に憑依されたシャーマンが両手で銅鏡を持って、上下に振って踊りだした。銅鏡は満洲族の人々に日神の化身とみなされている。シャーマンは狂ったように、銅鏡を持って踊りだした。まもなく祭壇は銅鏡がヒラヒラ光る神秘の世界となった。

③ 「賛神」。

栽立（助手）は太陽神に向けて、賛美の神歌を歌った。栽立はタンバリンを叩きながら太陽神に次の賛美の神歌を歌い始めた（石・劉：1992：259-260）。

> 石姓は頼むよ。
> ある年に生まれたシャーマンは七星北斗の祭壇できれいな地面に跪いて叩頭して懇請した。
> 亡くなったシャーマンの神霊はシャーマンの身体に憑依すると、左肩は動いてくる。
> 神は立ち上がって、大声で唱え、小声で回答する。
> きれいに掃除し、謹んで供物を供える。
> 香を一本焚き、
> 歓喜のきもちをもって神霊を迎える。

神霊を部屋に案内し、門を通る、

担当の栽立は石氏族の人々を率いて、叫ぶ。

小男児の誕生日を報告し、願をかけて、人々は一斉に承諾する。

春がすぎ、金色の秋がやってくる。

旧年が去り、新年を迎える。

吉日を選び、月が輝く。

米をといで、神にささげるもちを作る。

香・蝋燭を点し、年祈香を焚く。

家畜を買い、家で飼う。

豚を屠り、神祇を祀る。

神に佑助を祈り、福、瑞を賜る。

吉祥を祈祷し、平安を守る。

三方の神が矢のように歩いてくる。

四方の神が追ってくる。

神々よ、降臨してください。

各自の席にお座りください。

④ 「送神」。

賛歌を歌った後、大栽立は神歌を歌って太陽神を神の世界に送った。

シャーマンは西室の祭壇で叩頭し、腰鈴を外すと、意識を取り戻した。

（6） 火神降臨の儀式

石氏族の神歌の中には、金煉火竜神、金花火神、火煉金神３柱の火神が記録されているが、今回の憑依型祭では「金煉火竜神」降臨の儀式だけが行われた。その内容は以下のとおりである。

① 「請神」。

栽立がシャーマンの身に神スカートを穿かせ、腰鈴をつけ、神帽子をかぶせた後、シャーマンと栽立が庭の祭壇の前に立って、タンバリンを叩きながら神歌を歌って、火神を迎えた。

② 「火神降臨」。

火神が降臨し、シャーマンの身体に憑依すると、シャーマンは突然目を閉じて、仰向けに倒れた。その際、助手はシャーマンの身体を支えて、ゆっくり庭の祭壇前の地面に横たえた。

それから、シャーマンは、突然立ち上がって、5尺の真っ赤な熱い鉄チェーンを手の中に入れた。それから、片手にチェーンを持ち、片手で真っ赤な鉄チェーンの一端からもう一端までしごいていた。

③　「賛神」。

　栽立はタンバリンを叩きながら火神に次のような賛美の神歌を歌い始めた（王：2002：118-119）。

> 「（前略）。長白の山頂に居住している。
> 天上から降臨する。
> 第五重の山峰、高い九重の銀楼閣にいらっしゃる金煉火竜神よ！
> 富尔尖河を沿っておりてください。
> 千年の修業をへて万年を経て神通力を持った神様よ！
> 手で真っ赤な金のようなチェーンをしごいている。
> 火の光、四方に照らす、金光が輝いている。
> 石姓の祖先神は皆大国の出身であり、鷲神の世界でよく知られる。
> 多くの場に行き、多くの城を回る。
> 金煉火竜神よ！　千年の修業をへて万年で道を得た。
> 神通力が高い。
> 龍脈の風水をもたらしてくださる。」

④　「送神」。

　上の賛歌を歌った後、大栽立は神歌を歌って水鳥神を神の世界に送った。

　シャーマンが神帽子、腰鈴を外すと、意識を取り戻した。

（7）　豹神降臨の儀式

①　「請神」。

　豹神の降臨儀式は夜に行われる。電灯などをすべて消してから、栽立がシャーマンの身に神服を着させ、腰鈴をつけ、神帽子をかぶせた後、シャーマンと栽立が庭の祭壇の前に立って、タンバリンを叩きながら神歌を歌って豹神を迎えた。

②　「豹神降臨」。

　豹神が降臨し、シャーマンの身体に憑依すると、シャーマンは、両手で床をつきながら豹のように歩いた。玄関の前にくると、両手で膝を支えて見回って

238 第4部　満州族のシャーマニズム儀礼

から部屋の中に入った。西室の祭壇の前で、シャーマンが柳の木で燃やした炭火を回って旋舞を踊った。助手がシャーマンの口の中に炭火を入れた。シャーマンが口の中に含んだ炭火を回りにどんどん噴出した。

③　「賛神」。

栽立がシャーマンを庭の祭壇につれて戻った。そうして、栽立がタンバリンを叩きながら豹神に賛美の神歌を歌い始めた（王：2002：151）。

「長白山の峰に居住している。
銀の山谷から降臨してきた真っ赤の金色の模様がある豹神よ！
銅銭（皮にある模様）が体に満ちている。
豹神よ、遊びを好むよ。
神技がうまい。
口の中に炭火を含んで、火花を回りに噴出す。
全身が真っ赤になり、火球のようである。
今日の夜、強い豹神を頼むよ。
香をつけ、タンバリンを叩きだし、大声で歌い、一つずつお願いする。」

④　「送神」。

賛歌を歌った後、栽立は神歌を歌って豹神を神の世界に送った。

シャーマンが、腰鈴、神帽子を外すと、意識を取り戻した。

（8）　英雄神降臨の儀式

英雄神は満州語で「巴図魯瞞尼」という。

①　「請神」。

栽立がシャーマンの身に神服を着させ、腰鈴をつけ、神帽子をかぶせた後、シャーマンと栽立が庭の真ん中に立って、タンバリンを叩きながら神歌を歌って英雄神を迎えた。

②　「英雄神降臨」。

英雄神が降臨し、シャーマンの身体に憑依すると、シャーマンが三叉（漁猟用の道具）を振って踊りだした。

8人の栽立が庭の祭壇に立てられた旗を持って、庭の祭壇を回る。シャーマンの後ろを追って走り出す。シャーマンが「殺せ」と呼んでいる。栽立たちが旗を持って8の字のコースにシャーマンの後ろを追って走った。

③　「賛神」。

　栽立がタンバリンを叩きながら英雄神に以下の賛美の神歌を歌い始めた。

　　「長白山の峰の第9階の高峰よ。

　　石の上の金楼の中にいます。

　　巴図魯瞞尼神が松花江に沿って前進し、叫び声をあげて降臨された。

　　巴図魯瞞尼は元々ヌルハチの護衛であった。

　　三叉を持って、神帽を被って、色とりどりの帯をたらしている。

　　巴図魯瞞尼神の兵隊千万人を8名の英雄が率いて、8組に分けて出征した（後略）」（王：2002：334-335）。

④　「送神」。

　上の賛歌を歌った後、栽立は神歌を歌って英雄神を神の世界に送る。

　シャーマンが神帽子、腰鈴を外すと、意識を取り戻す。

（9）　白鳥神・白馬英雄神降臨の儀式

　白鳥神は満州語で「山眼嘎思哈恩都力」といい、白馬英雄神は満州語で「蘇禄瞞尼」という。

①　「請神」。

　栽立がシャーマンに神服を着させ、腰鈴をつけ、神帽子をかぶせた後、シャーマンと栽立が庭の真ん中に立って、タンバリンを叩きながら神歌を歌って白鳥神・白馬英雄神を迎えた。

②　「神降臨」。

　査懇布庫瞞尼神が祭壇に降臨し、シャーマンの身体に憑依すると、シャーマンが2本の刀を背負って、左手に帽子から垂れた帯を取って、右手にタンバリンをもって、飛ぶ動作を踊りだした。これは白馬英雄が白馬に乗って、鳥のように飛んでいることを示す。

③　「賛神」。

　栽立がタンバリンを叩きながらに賛美の神歌を歌い始めた（石・劉：1992：333-335）。

　　「（前略）天上の金楼に住んでいらっしゃる。

　　きれいな白鳥は修練して神になった。

高い机の上に線香をつけた。
年祈香もつけた。
旧月が去り、新月が来た。
明日は吉日である。
粟もちを作って机の上に供えた。
諸神にさしあげる。
（中略）
石氏族のわれわれに長寿と幸福と佑助してください。」

④ 「送神」。
　上の賛歌を歌った後、大栽立は神歌を歌って白鳥神・白馬英雄神を神の世界に送った。シャーマンが神帽子、腰鈴を外すと、意識を取り戻した。

（10）　査憨布庫瞞尼神（英雄神）降臨の儀式
査憨布庫瞞尼は、2つの木槌（木棒）を使う大英雄神の意味である。
① 「請神」。
　栽立がシャーマンの身に神服を着させ、腰鈴をつけ、神帽をかぶせた後、シャーマンと栽立が庭の真ん中に立って、タンバリンを叩きながら神歌を歌って査憨布庫瞞尼神を迎えた。
② 「神降臨」。
　査憨布庫瞞尼神が同時に降臨し、シャーマンの身体に憑依すると、シャーマンが2つの木槌を持って、前後、左右に振って、回旋したり、走ったりして踊り出した。これは石氏族の戦神が敵と戦うことを象徴する。
③ 「賛神」。
　栽立がタンバリンを叩きながらに賛美の神歌を歌い始めた（王：2002：345）。

「白山の日向かいの所に居住している。
そこは第三番の峰の頂上であり、険しい石崖の金楼であるよ。
査憨布庫瞞尼神よ、銀の渓谷を経て、色勒河をそって降臨した。
査憨布庫瞞尼神は佛の心を持っているが、怒りっぽい神である。
手に鉄槌を持って、両手で振っている。
戦争中の勇士である。
山間の小道を通っていただいて、山麓の谷道をお降りください。」

④ 「送神」。

上の賛歌を歌った後、栽立は神歌を歌い、査憨布庫瞒尼神を神の世界に送った。

シャーマンが神帽、腰鈴を外すと、意識を取り戻した。

（11）　舞踊神の降臨儀式

舞踊神は満州語で「瑪克鶏瞒尼」（ma ke ji man ni）と呼ばれる。「瑪克鶏」は舞踊の意味であり、「瞒尼」は神の意味である。

① 「請神」。

栽立がシャーマンの身に神服を着させ、腰鈴をつけ、神帽をかぶせた後、シャーマンと栽立が庭の真ん中に立って、タンバリンを叩きながら神歌を歌い、舞踊神を迎えた。

② 「神降臨」。

舞踊神が降臨し、シャーマンの身体に憑依すると、シャーマンが両手で銅の鈴（満州語で「洪武」という）を持って踊り出した。栽立たちも銅の鈴を持って踊ってシャーマンの踊りに和した。シャーマンたちが銅の鈴を前後、左右、上下に振って、8の字などのコースに踊ったり、2人で1対になって踊った。これは舞踊神が人々と踊って楽しみを分かち合うことを示している。

③ 「賛神」。

栽立がタンバリンを叩きながらに賛美の神歌を歌い始めた（石・劉：1992:248）。

（栽立）何のために、誰のために白山を歩いているのか。
（人々）ジャー、ジャー、アイシン・ホン・ウ（銅の鈴）。
（栽立）9階の峰の頂上の
（人々）ジャー、ジャー、アイシン・ホン・ウ（銅の鈴）。
（栽立）銀の楼を降りた。
（人々）ジャー、ジャー、アイシン・ホン・ウ（銅の鈴）。
（栽立）清い月色の中に
（人々）ジャー、ジャー、アイシン・ホン・ウ（銅の鈴）。
（栽立）瑪克鶏神が現れた。
（人々）ジャー、ジャー、アイシン・ホン・ウ（銅の鈴）。

242　第4部　満州族のシャーマニズム儀礼

（栽立）瑪克鶏は英雄神である。

（人々）ジャー、ジャー、アイシン・ホン・ウ（銅の鈴）。

（栽立）鉄の鈴、金の鈴、小さい鏡を身に着けている。

（人々）ジャー、ジャー、アイシン・ホン・ウ（銅の鈴）。

（栽立）部屋の門から入ってきた。

（人々）ジャー、ジャー、アイシン・ホン・ウ（銅の鈴）。

④　「送神」。

　上の賛歌を歌った後、大栽立は神歌を歌い、舞踊神を神の世界に送った。

　シャーマンが神帽、腰鈴を外すと、意識を取り戻した。

（12）　胡歯気瞞尼神の降臨の儀式

「胡歯気瞞尼」は、満州語で（hu ya qi man ni）といい、鷹のように鳴く神の意味である。この神は気まぐれなので、仕えにくいという。

　①　「請神」。

　栽立がJHシャーマンの身に神服を着させ、腰鈴をつけ、神帽子をかぶせた後、シャーマンと栽立が庭の真ん中に立って、タンバリンを叩きながら神歌を歌って胡歯気瞞尼を迎えた。

　②　「神降臨」。

　胡歯気瞞尼が降臨し、シャーマンの身体に憑依すると、シャーマンが三叉を持ってすばやく踊り出した。その三叉を前、左、右の方へ刺したり、叫び声を出したりして踊った。

　③　「賛神」。

　栽立がタンバリンを叩きながら賛美の神歌を歌い始めた（王：2002：351-352）。

　「白山の上に居住している。

　9階目の険しい崖の上、第3番の楼閣の中、

　金楼・銀閣の中で修業した。

　胡歯気瞞尼神よ、

　輝発河に沿って降臨してください。

　胡歯気瞞尼神よ。

　手に鋼の三叉を持っている。

頭輩太爺神（初代シャーマン）の部下であった。

玄関の門に面し、祭壇を設けた。

祭壇の上に弓、矢を置いた。

香をつけ、高い机の上に供物をささげた。

主人が宴会を設けて、七星斗（祭壇）の前で祈る。

儀礼が始まった。

正門から土間の門を経て祭壇に入って供物を楽しんでください」

④ 「送神」。

賛歌を歌った後、栽立は神歌を歌って胡歯気瞞尼を神の世界に送った。

シャーマンが神帽子、腰鈴を外すと、意識を取り戻した。

（13） 朱禄瞞尼（2本の棒もちの英雄神）降臨の儀式

満州語の「朱禄瞞尼」（zhu lu man ni）が2本の矛を使う英雄神である。

① 「請神」。

栽立がシャーマンの身に神服を着させ、腰鈴をつけ、神帽をかぶせた後、シャーマンと栽立が庭の真ん中に立って、タンバリンを叩きながら神歌を歌って朱禄瞞尼神を迎えた。

② 「神降臨」。

朱禄瞞尼神が降臨し、シャーマンの身体に憑依すると、シャーマンが両手に赤色の矛（約2mの木棒）を持って、栽立がその2本の矛のもう一端をつかんで左右、上下にひっくりかえして踊り出した。

③ 「賛神」。

栽立がタンバリンを叩きながらに賛美の神歌を歌い始めた（王：2002：352-353）。

「白山に居住している。

第5階の山峰の上、

金色の楼閣、

銀色の楼閣、

朱禄瞞尼神よ。

朱禄河に沿って降臨してください。

遊んだり、歌ったりして降臨してください。

244 第4部 満州族のシャーマニズム儀礼

朱禄瞞尼神様よ。
2本の矛の術を持っている。
白山の頂上、
多くの山陵の間で千百年の修業をした。
万年になって技が上達した。
朱禄瞞尼神様よ。
今日、主人が宴会を設けた。
庭に降臨し、部屋に来て供物を楽しんでください」。

④ 「送神」。

賛歌を歌った後、大栽立は神歌を歌って朱禄瞞尼神を神の世界に送った。

シャーマンが神帽子、腰鈴を外すと、意識を取り戻した。

（14） 賖冷泰瞞尼降臨の儀式

満州語の「賖冷泰瞞尼」（she leng tai man ni）は剣術に優れた英雄神の意味である。

① 「請神」。

栽立がシャーマンの身に神服を着させ、腰鈴をつけ、神帽子をかぶせた後、シャーマンと栽立が庭の真ん中に立って、タンバリンを叩きながら神歌を歌って賖冷泰瞞尼神を迎えた。

② 「神降臨」。

賖冷泰瞞尼神が降臨し、シャーマンの身体に憑依すると、シャーマンが2つの剣を持って絶え間なく回旋に踊り出した。

③ 「賛神」。

栽立がタンバリンを叩きながらに賛美の神歌を歌い始めた（石・劉：1992：328）。

「何のために河から降臨されたか。
修業して神となった。
ピカピカとした帽子をかぶって、剣を持って祭壇の前に跪いてタンバリンを叩き出した。
部屋に入ってください。（後略）」

④　「送神」。

　　その賛歌を歌った後、栽立は神歌を歌って賖冷泰瞞尼神を神の世界に送った。

　　シャーマンが神帽子、腰鈴を外すと、意識を回復した。

(15)　水鳥神降臨の儀式

水鳥神を祀る儀式は最後である。この儀式は儀礼のクライマックスである。

①　「請神」。

　　栽立がシャーマンの身に神服を着させ、腰鈴をつけ、神帽をかぶせた後、シャーマンと栽立が庭の祭壇の前に立って、タンバリンを叩きながら神歌を歌って水鳥神を迎えた。

②　「水鳥神降臨」。

　　水鳥神が降臨し、シャーマンの身体に憑依すると、シャーマンは突然目を閉じて、興奮した。その際、栽立は「何の神様が降臨されたか」と聞いた。シャーマンは水泳や、魚を捕まえるなどの動作をし、水鳥神であることを示した。それから、栽立がシャーマンを連れて、まず庭の祭壇から土間にきた。

　　続いて、栽立がシャーマンを土間の竈神の前に案内した。シャーマンは竈神に礼拝した後、西部屋に来た。

　　西部屋の真ん中に大きい盆がある。盆の中にきれいな水を入れた。シャーマンが三叉で水を繰り返して混ぜた。栽立たちが叩くタンバリンの音の中で、砂粒が水の中から飛んで来た。昔、その盆から数匹の生きた魚が水の中から現れて出たという。この時、シャーマンは手の中に丸い石を持っている。その石は、邪気を払い、幸運をもたらすため、氏族の人々は先を争ってその石を奪った。

③　「賛神」。

　　栽立がシャーマンを庭の祭壇につれて戻った。そうして、栽立がタンバリンを叩きながら水鳥神に賛美の神歌を歌い始めた（王2002：121-122）。

　　「白水鳥神よ！
　　高空から降臨された。
　　石、砂を持ってきた。

246 第4部 満州族のシャーマニズム儀礼

庭はやかましくなる。

庭中、石ばかり、あちこちに泥砂がいっぱいになる。

その砂は米の粒ほど小さい。

大きい石塊も飛んでくる。

土砂が飛んできて、庭のゆかは、鉄の鋤で耕されるようである。

泥砂が増え、石塊が多くなる。

アイミン（河の名）の谷を経て降臨する。

白水鳥神よ！　氷柱ばかりの氷城に住んでいる。

それは滴る水が氷となる世界である。

海に住んだとき、両翼に泥、砂がついた。

白水鳥神よ！

石の頭、金の嘴、銀の鼻、銅の首よ。

鉄の車輪のような翼は天と地を覆い、尻尾を上げれば、星と月に触る。

人々はシャーマンの跳神を見物し、議論が盛り上がる。

重い神帽が多彩で美しい。

栽立は剣を持って踊りだす。

白水鳥神よ！

数万本の河道を経ていらっしゃい、

千個の山林を経て降臨された」

　飛翔神、大英雄神、大食神、松樹神に関する神歌は現シャーマンZXができなく、学者の研究も紹介していないのでここでその紹介を省く。また、初代シャーマンである太爺神を迎える儀式は、次章の火祭で詳述する。

4.「清宅儀式」

　22柱の神霊を迎える儀式がすべて終わった後、シャーマンはタンバリンを叩き、腰の鈴を振って、庭の祭壇に跪いて、5代目シャーマンの魂に今回の儀礼の詳細を報告する。すると、第5代シャーマンの魂がシャーマンの身体に憑依し、今回の儀礼に満足したと答えた。

　それから、シャーマンはタンバリンを叩きながら、部屋から庭に出て、祭場を清めた。人々は部屋、庭をすべてきれいに掃除した。その後、シャーマンは玄関

で爆竹を点火し、邪気をはらった。

　その後、祭器、神服、タンバリンなどが箱の中に納められた。

　これで、石氏族の跳大神儀礼が終わった。

5. 跳大神儀礼に見る特徴

　石氏族のこの諸々の神を祀る儀礼には「憑依現象」がみられる。この憑依現象が存在する儀礼は、石氏族のメンバーと政府のコネクションによって政府の政治的かつ経済的な援助を受けて、復元することができた。この儀礼が石氏族の最後の召命型シャーマン宗軒によって行われたことは貴重である。

第 4 章
憑依型儀礼
― 火祭 ―

1. 本章の目的

　筆者は満州族シャーマニズム儀礼を祈祷型儀礼と憑依型儀礼に大別した。次に紹介する石氏族の「火祭」も憑依型儀礼に分類できる。

　満州族は古くから火を崇拝している。そのあらわれが「火祭」である。「火祭」とは、満州族の人々が特有の儀礼の形式を通じて、寒冷、疫病、不吉、邪気を追い払い、豊穣を祈り、氏族の平安を守るために、シャーマンを中心として行われる儀式である（富：1990：90）。しかし、火祭は現在ほとんど行わなくなっている。ただし、石氏族では、その火祭が現在まで伝えられていて、シャーマニズムの研究者に「シャーマニズムの生きた化石」と呼ばれている。

　満州族の火祭については、火祭の歴史についての富育光の研究（1990）、火祭の神歌についての石・劉の研究（1992）、火祭の舞踊についての王による研究（2002）がある。本章で報告するのは、石氏族で行われた火祭の実際の事例である。

　2004年8月22日に、石氏族のシャーマンは、長春で開催された第7回シャーマニズム世界学術大会で、各国の学者のために、火祭を行った。筆者はこの火祭について仔細に観察した。石氏族のシャーマンによって行われた火祭を取り上げ、清朝時代に記録された火祭と比較しながら、火祭の特徴を考察することが、本章の目的である。

2. 火の神話

火について、満州族の神話の中には次のような話がある。

　　大昔、地上には火がなかった。火は天にあった。毎年、秋になると、天を司る天神アブカオントリは、神々を率いて人間界を巡視した。その際、天上の火をもたらして、人間を一日だけ、楽しませた。人々は天神に火の種を人間に授けることを頼んだ。しかし、天神は、人間が火を使うと、火事が起り、すべてのものが灰燼になってしまう危険があるという理由で人間の願いを断った。

　　その後、トアという満州族の英雄が天神に天上に召された。トアは、火を人間にもたらすために、いろいろと思案をめぐらした。彼は、石に穴を開けて、天上の火種を入れた。折りよく、天神はトアに人間の世界へ行き、天神の行宮を建てるよう命令した。トアは火種の入った白い石を地上に火種を持って帰り、石で火を打ち出すことを人々に教えた。

トアとは最初の火種を天から地上へもたらした満州族のプロメテウスである。

火のふるさとは天にあるという信仰が、満州族には極めて広くみられる。この信仰によると、天は人間に光と熱を授け、食物を調理できるようにさせた。さらに火は寒冷や悪霊を追い払い、病気を退散させ、人間の平安を守った。火の獲得は、厳寒の地帯に居住している満州族の人々にとってきわめて重要なことであった。

3. 火への崇拝の歴史

火の崇拝が文献資料においてみられるのは遼時代（10世紀）からの文献である。『遼史・禮志』に、遼王朝の宮廷における火神を祀る儀式についての記述がある。

　　初夕、勅使及び夷離畢は執事郎君を率いて殿前に至り、塩及び羊羔を炉の中に置き、これを燃やした。巫及び大巫は順番に火神を賛じて祝った。これが終わっ

250 第4部 満州族のシャーマニズム儀礼

た後、闔門使贊は、「皇帝が火に向かって再び拝する」[10]

金時代（12C）の郎氏族の族譜の儀礼は次のようになる。

　　女真族は火祭を行なう時に、火の中に塩を投じ、火がびりびり鳴ったら吉の前
　兆がみられると信じている。また、新居をたてたり、新米を倉庫に運んだりする
　時に、シャーマンに頼んでタンバリンを叩き、腰の鈴を鳴らし、火を燃やして悪
　霊を駆除したという（富:1990:42）。

『 両 世罕王伝 』（16C）の中にも、女真族は火で狩猟をするという記録がある。
　 リョウ　セ カンオウデン

　　ムコンダ（満州語では「ムコンダ」という）は氏族の人々を率いて、獣がよく
　出る山を選んで、お酒を撒いて神を拝む儀式を行う。それから、人々は、石を叩
　き、大声で叫び、山で火を燃やす。獣は火が怖くて逃げていく。人々はその逃げ
　た獣を待ち伏せして狩る。狩猟が終わると、人々は火で肉を焼いて「天火肉」を
　会食する。このように火で狩猟をすることを中国語で「打火囲」（火で獣を囲む）
　　　　　　　　　　　　　　　　　　　　ダ ホウヴィ
　と呼ぶ [11]。

『清会典』によると、清朝宮廷の「堂子」で祭天儀式を行う際には、柱の天辺
に猪の喉骨が掛けられた。次回の儀礼を行う時には、新しい喉骨を付け替えて、
古いものを火中に投じたという[12]。

4. 清朝時代の火祭

　富育光は1980年代に吉林省の琿春で「庫倫七姓火祭神書」という満州族の火
祭を記録した書物を発見した。これは、清朝末期に、満州族の胡、郎などの7氏
族の火祭の様子を記載した文献であった。これによると火祭の内容は、次のとお
りである（富:1990:92-97）。

① 火祭の準備
　　満州族は火祭を「神樹火祭」とも呼ぶ。火祭は、疫病が流行ったり、狩猟
　中でのけががあったり、氏族間に紛争が起こったりした時に、氏族の人々を集
　めて行われる。火祭を行う前には、火祭をすべきか否か占う。

まず秋のある吉日の夜、シャーマンは氏族のムコンダを率い、火を燃やし、供物を捧げ、火の神などに祈祷を唱え、火祭を行う理由を述べる。火の燃え方によって火祭を挙げるかどうかを決める。もし、炎が赤ければ吉の前兆であり、神は火祭を行うことを承諾しているとみなされる。その後、ムコンダの会議で火祭の日を決め、火祭の責任者であるシャーマンとムコンダを選挙する。氏族の人々は春から火祭のために供物や器具を準備し始める。火祭の数日前からシャーマンと助手たちは、山で草の仮小屋に泊まり、香を焚いて身を清め、神歌の練習などをして、火祭の準備に取り掛かる。

② 神樹を選定する儀式

火祭の日の昼に神樹を選ぶ。ムコンダが鹿などの動物の血の入ったお酒を撒いて祈祷した後、シャーマンはスカートを身につけ、腰に鈴をかけ、タンバリンを叩き、森の中で踊り始める。タンバリンのリズムがだんだん早くなっているうちに、シャーマンはトランス状態に入って倒れる。そのシャーマンが倒れたところの柳樹を神樹とする。ここでも柳の木が重要な役割を果たす。

神樹が決まると、氏族の人々は、あちこちから馬や馬車に乗って神樹の周りに集まり、草の仮小屋を建てて、午後の火祭を待つ。火祭は3日から7日間行われる。

③ 火祭の儀式

その日の午後、シャーマンがタンバリン、腰鈴を鳴らすと、シャーマンとムコンダは氏族の人々を率いて、神樹の前にやってきて、叩頭する。鹿や豚を屠ってその血とお酒を混ぜたものを神樹の前や人々の宿泊する仮小屋の周りに撒く。

夜になると、火祭の儀式がいよいよ始まる。シャーマンは神樹の前で積み重ねられた山のような木の枝に火をつける。シャーマンは火神を迎える祈りの神歌を歌い始めると、人々も一緒に唱和する。すると、鷹の女神、次いで東海の女神、最後に托亜拉哈という火の女神が祭壇に降臨し、シャーマンは踊りや神歌でこれらの火の女神と交流する。

その間、シャーマンは火の上に木炭を敷く。火祭の場所を中国語で「火池」という。「庫倫七姓火祭神書」によれば、この池は、長さ12m、幅2mの広さに、厚さ15cmの木炭を敷きつめられるものである。その「火池」を9つ設け

252 第4部 満州族のシャーマニズム儀礼

る。1回の火祭で1tの木炭が費やされるという。

　シャーマンは、氏族の人々を裸足でその「火池」の上を通過させる。最も多くの火池を通過した人が英雄とみなされ、狩猟のリーダーとして選ばれる。

　火祭が終わると、氏族の人々は火の中にいろいろな供物を投じて拝む。また、その火を火鉢に入れて村や家に持ち帰り、燃やしつづける。次の火祭の時に、ムコンダはその火を新しい場所に持って行く。

　この火祭を行うことによって、部落間の摩擦や紛争も解消される。

　火祭は長期にわたって氷雪に閉ざされる満州族にとって重要な儀礼であった。

5. 2004年の石氏族の火祭

5.1　石氏族の神歌における火祭の伝説

　満州族では、氏族の儀礼記事、神歌などを記載したものを「シャーマンの神本」（中国語で「薩満神本」、「薩満文本」という）と呼ぶ。17世紀以前の満州族には文字がなかったので、この「シャーマンの神本」は、代々のシャーマンに口承で伝承されてきた。350年前から、満州族の氏族の神歌、神々の系譜、それぞれの神に関する神話・伝説、来歴が詳細に記載されるようになった。このような「シャーマンの神本」は、満州族のシャーマニズム研究にとって貴重な資料である。

　火祭で祀られる火神は氏族によって異なる。石氏族の火神は石氏族の初代シャーマンである。石氏族のシャーマンの神歌は、まず石氏族の起源を語り、次いで初代シャーマンの伝説を語っている。その伝説の内容は次のようである（石・劉：1992：314-319）。

　　　石氏族の初代シャーマンは敖氏族の嫁を娶った。ある日、初代シャーマンは敖氏族のシャーマンとお酒を飲んでいた。話しているうちに、石氏族のシャーマンは「私は魚に変わって川を渡ることができる」と自慢した。すると、敖氏族のシャーマンも「私はタンバリンに乗って川を渡ることができる」と挑戦して答えた。そこで、2人は川を渡る術を競い合った。

敖氏族のシャーマンは金色の三つ叉を持って、タンバリンに乗って川を渡りはじめた。石氏族のシャーマンも魚に変わって川を渡りはじめた。その途中、石氏族の初代シャーマンは敖氏族のシャーマンのタンバリンを川に沈めようと企てた。しかし、もう少しで成功するところで、失敗した。敖氏族のシャーマンは反撃し、その三つ叉で石氏族の初代シャーマンを突いた。石氏族の初代シャーマンは怪我をして死ぬことになった。

石氏族の初代シャーマンは最期に「私の遺体を川の岸辺におきなさい。そうすれば49日後、生き返ることができる」と妻に言いつけた。しかし、その妻は夫の遺言を実家の敖氏族のシャーマンに伝えた。敖氏族のシャーマンは、石氏族の初代シャーマンが生き返らないように、その棺に油をかけ、燃やした。火は3日間燃え続けた。石氏族の初代シャーマンは金の光に変わって長白山へ飛んでいった。

その後、石氏族の子孫は、初代シャーマンを祀るために火祭を行うようになった。

5.2　石氏族の火祭

2004年の火祭は、修業シャーマンZXによって行われた。

石氏族の火祭は、12年（子年のことが多い。鼠は子孫繁栄の象徴である）ごとに旧正月に1回行われることになっていて、最近では、1987年に行われたものである。ここで取り上げる火祭は、長春で開催されたシャーマニズム世界学術大会に出席した学者たちのために、特別に長春市に近郊の村（龍湾山荘）で行われた。その火祭の様子は次のとおりである。

火祭が始まる数日前から、シャーマンと栽立たちは家を出て、夫妻の生活を離れ、香をたき、身を清めなければならない。

まず机の上を赤い布で覆い、その上に線香、果物、お酒、豚頭、饅頭などを供えた。石氏族では、神霊に憑依された召命型シャーマンがいないので、修業シャーマンのZXがシャーマンの役割を担当し、80歳になるDQが栽立を担当した（写真4-4-16）。

ZXシャーマンと栽立たちはその祭壇に向かって跪いて、タンバリンを叩き、神歌を歌い、火の神に今回の火祭の理由を説明した（写真4-4-17）。

それからシャーマンは火池の前で炭に火をつけた。

254 第4部 満州族のシャーマニズム儀礼

写真4-4-16　80歳の栽立DQは靴を脱ぎ、火渡りの準備をしている

写真4-4-17　石氏族の火祭の祭壇

　ZXシャーマンと栽立たちは清水で足を清めてから、裸足になって祭壇に向かって叩頭し、満州語で神歌を歌い、タンバリンを叩き始めた。
　すると、タンバリンのリズムが早くなって、火神がZXシャーマンの身体に憑依した。彼は興奮して踊り出した。同時に、ZXシャーマンの手に持つ道具はタンバリンから、三つ叉に替わった。シャーマンはその三つ叉（写真4-4-19）を持って、火を囲んで踊りながらだんだん火の池に近づいて、火の中に入り込んで、すっと通り過ぎた。

第 4 章　憑依型儀礼 ― 火祭 ―　　255

写真 4-4-18　初代シャーマンの神霊が ZX シャーマンに憑依した

写真 4-4-19　手に三つ叉を持つ ZX シャーマン

　栽立たちも ZX シャーマンの後ろについて火の上をすばやく通り過ぎた。シャーマンたちは再び火の上を通過した。ZX シャーマンと栽立たちはタンバリンのリズムに乗せて火の池を通り過ぎるスピードも速くなってきた。こうして、彼らは 4 回にわたり火の上を通り過ぎた（写真 4-4-20）。
　ZX シャーマンと助手たちは再び祭壇に向かって跪くと、タンバリンを叩きながら神歌を歌って火の神を送る。
　こうして、この火祭の儀式が終了した。

写真4-4-20　火を渡るZXシャーマン

6. 火祭にみる特徴

　本章で取りあげた石氏族の火祭は、学者たちの研究のために行われたもので、12年ごとに1回行われた本格的な火祭とは異なる。そのため、今回の火祭は、本当の火祭の一部だけを演じたものにすぎないが、この火祭にも、シャーマニズムの幾つかの特徴が見られる。
　①　憑依現象の存在
　　石氏族の火祭において重要なのは、火神がシャーマンの身体によりつく憑依現象がみられたことである。
　　シャーマンは、裸足で熱い火の中を通過したが、少しも怪我をしなかったことである。
　②　火祭とシャーマニズムの結びつき
　　トルコの著名な学者であるI・アナンの『シャーマニズムの今昔』の中でも、「シャーマニズムの信徒がすべての儀式を行う際には、必ず火を必要とする」と記されている[13]。
　　そもそも火祭とシャーマニズムには結びつきがある。
　③　柳崇拝
　　さらに、清朝時代の火祭の前に神樹を選定する儀式において、シャーマン

が柳樹を選ぶことから、火祭においても、柳崇拝がみられる。

注
10)　『遼史・禮志』、王宏剛・関小雲、黄強・高柳信夫他訳 1999『オロチョン族のシャーマン』
　　　第一書房、164 頁を再引用。
11)　前掲書。
12)　『清会典』、王宏剛・関小雲、黄強・高柳信夫他訳 1999　『オロチョン族のシャーマン』、前
　　　掲書、166 頁を再引用。
13)　王宏剛・関小雲、前掲書、164 頁を再引用。

第 5 章

憑依型儀礼
― 漢軍八旗シャーマンの儀礼 ―

1. 本章の目的

　筆者は、遼寧省、吉林省で調査した際、瓜爾佳氏族、石氏族、羅関氏族、愛新覚羅氏族の満州族の儀礼の他、漢軍八旗に属する集団の中には独特の儀礼が存在していることを発見した。彼らはもともと漢族であったが、清朝の八旗制度に編入されたため、現在でも「満州族」として登録している。「漢族」籍に登録した者も、「満州族」と自称している場合が多い。第2部で紹介した吉林市烏拉街弓通村の ZH、韓屯村の BX、遼寧省新賓満州族自治県下営子村の DC は漢軍八旗に属するシャーマンである。

　しかし、張氏族の儀礼は、その氏族成員が行政村の村長を担当している。そして、ZH シャーマンの助手である XH は前任の村の共産党書記であった。これによって、張氏族の儀礼は村政権の支持を受け、復興したものであるといえよう。そこで、本章では、吉林市烏拉街弓通村の張氏族の ZH シャーマンが行った儀礼を紹介する。

2. 村落概況

　ZH シャーマンが居住する吉林市烏拉街弓通村は、瓜爾佳氏族が居住する韓屯村から約 10km 離れている。「弓通」という村の名前は、「弓箭通」（弓矢の流通）の略称であった。その由来は八旗制度との関連が深い。張シャーマンによると、

清朝時代にこの村は清朝の軍隊のために「弓矢」などの武器を製造した場所であった。それゆえに、この村は「弓通」と呼ばれるようになった。張シャーマンの祖先は 1652（順治 8）年に弓通村に移住してきたという。

　現在、弓通村の生業は農業である。耕作地はすべて畑であり、農産物は主にトウモロコシを中心に、粟、白菜、瓜、玉ネギ、長ネギ、にんにくなどの農産地としてよく知られている。村人の 1 人当たりの年収は、約 4,000 ～ 5,000 元（1 元 ＝約 15.5 円、2007 年 8 月のレートによる）である。野菜栽培により、この村は、トウモロコシだけを栽培する韓屯（1 人当たりの年収は約 2,500 元）村より富裕である。弓通村の総人口は約 2,000 人、世帯数は 400 戸である。ZH シャーマンが所属する張氏族の世帯数は約 100 戸である。

3. 張氏族のシャーマン

　張氏族のシャーマンは、「大神」と「二神」に分かれている。二神はシャーマンの助手である。

　張シャーマンのライフヒストリーは第 3 部で述べてある。ここで紹介したい「二神」XH は 67 歳で、助手の役を果たしている。彼は、8、9 歳の頃からシャーマンの儀礼を見物して一部の神歌を覚えるようになった。1962 年に ZH シャーマン、他の助手 4 人と一緒に老シャーマンについて儀礼を修業した。その一方、助手である ZH は 1980 年代からずっと村の役所で共産党書記を務め、2003 年に退職した。その後、姪（兄の子）である MB がその職を引き継いだ。張氏族のシャーマンの活動が復活したことは、張氏族の成員が村役所で要職を務めることとは無関係ではないだろう。

260 第4部 満州族のシャーマニズム儀礼

4. 張氏族の儀礼の構造

4.1 漢軍八旗儀礼の由来に関する伝説

　張シャーマンによると、漢軍八旗の儀礼は唐代に始まったとのことである。その儀礼に関する伝説は次のようになる。

　　　唐朝の初期に唐王李世民が東征の時、遼河の岸辺に来た。当時は6月の盛夏であったが、河には船もないし、橋もない。軍隊は河を渡ることができなくなったので、河の岸辺に泊まるしかなかった。

　　　唐王は繰り返して人を遣わして河が凍るかどうか見に行かせた。しかし、6月に河が凍ることはないので、河を見に行った人は、事実を唐王に報告した。唐王は、それに怒り、報告した人たちをすべて殺した。

　　　ある日、唐王は、また1人の兵士に河を見に行かせた。その兵士は、首を切られることを恐れて、帰ると、河が凍ったという嘘をついた。すると、6月の遼河が凍った。唐王は、たいへん喜んで、軍隊に河を渡る命令を下した。その途中、唐王は、後ろを振り向いて、河を渡る軍隊を見た。そのせいで、氷が崩れて1万人の軍隊が水死した。

　　　唐王が北京に戻ったある日、軍営の外で人声が響いている。「王様が北京にお帰りなさったら、われわれはどうすればよろしいでしょうか。われわれは異郷を遊行する魂になるでしょうか。」と叫んでいる。それは、水死した兵士たちの叫び声であった。その叫び声は、一晩中響き続けた。

　　　翌日、唐王は豚などの供物を用意して水死した兵士たちの鎮魂を行った。そして、唐王は水死した兵士たちに人々の平安を守る保護霊という諡号を賜った。その後、これらの保護霊は、四季に人々から儀礼を享受するようになった。

　以上が、漢軍八旗儀礼の由来に関する伝説である。

4.2 張氏族の儀礼の式次第

　先述した満州族石氏族などの焼香と憑依型儀礼には、天界における神霊だけを祀るものであった。しかし、漢軍八旗の儀礼は、天界の神霊の他、祖先の亡霊も祀る。

　さらに、タンバリンの造型も満州族と異なる。満州族シャーマンのタンバリ

ンには手柄がない。張氏族のタンバリンには手柄があり、9つの鉄輪がついている。漢軍八旗シャーマンのタンバリンは、「太平鼓」とも呼ばれる。

筆者は2003年、2004年に2回にわたって、ZHシャーマンを訪問した。張シャーマンと助手XHは、その儀礼の式次第を紹介し、その一部を実演してくれた。張シャーマンは政府の援助を受け、1985年2月28日、29日に儀礼を2日間行ったという。以下にZHシャーマンが行った儀礼を紹介する。

4.2.1 祭壇の設置

儀礼が行われた家屋は、三間房の西室、東室、中間の土間からなる。儀礼の前日にシャーマンが土間に祭壇を設置した（図4-5-10）。

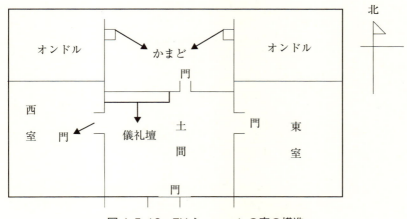

図4-5-10 ZHシャーマンの家の構造

祭壇は、瓜爾佳氏族、石氏族、羅関氏族のように西室に設置されるのではなく、土間に設けられた。祭壇の上の壁に祖先の画像が掛けられた。画像の下には、机が設けられた。机の上には豚頭、豚肉、饅頭、酒、豆腐、果物などが供えられた。2つの赤色のろうそく、2つの銅製香炉も供えられた。その香炉の中で黄色の太い線香を焚いた。張氏族の祭壇には満州族のような祖宗板がなかった。

これらの準備が終わると、張氏族の人々は、翌日の儀礼を待った。

4.2.2 儀礼の式次第

儀礼は、2日間行われた。

1日目の儀礼は、起神、接神、接亡霊、参神、領案子、安神、送神、打五路、

262 第4部 満州族のシャーマニズム儀礼

送神、請鷗翎からなる。

2日目の儀礼は、二路香起神、観家神、天神、雷神、門神、竈神、関公神、二郎、馬褥、天朝、財神、圧虎、開神、先行、虎神、太尉、豊都、犄角、鷹神、眼光、廟神、五道、唐王、司命、王子の神々を祀る儀式からなる。

張氏族の儀礼に祀られる神霊は、神、祖先の亡霊、鬼であった。張シャーマン

表 4-5-18　張氏族の儀礼に登場した神霊

分　類	神霊名称	儀　式
祖先神	亡霊	接亡霊（1日目の儀礼3）、観家神（2日目の儀礼2）
自然神	天神	天神（2日目の儀礼3）
	雷神	雷神（2日目の儀礼4）
	開神（山神）	開神（2日目の儀礼13）
動物神	圧虎	圧虎（2日目の儀礼12）
	虎神	虎神（2日目の儀礼15）
	太尉（猪神）	太尉（2日目の儀礼16）
	鷹神	鷹（2日目の儀礼19）
道教	門神	門神（2日目の儀礼5）
	関公神	関公神（2日目の儀礼7）
	竈神	竈神（2日目の儀礼6）
	財神	財神（2日目の儀礼11）
	廟神	廟神（2日目の儀礼21）
	司命（かまど王）	司命（2日目の儀礼24）
仏教	二郎神	二郎（2日目の儀礼8）
	天朝神	天朝（2日目の儀礼10）
鬼	豊都（地獄）	豊都（2日目の儀礼17）
	犄角（魂を奪う角がついた鬼）	犄角（2日目の儀礼18）
	眼光	眼光（2日目の儀礼20）
	五道	五道（2日目の儀礼22）
分類不能	王子	王子（2日目の儀礼25）
	馬褥神	馬褥（2日目の儀礼9）
	先行	先行（2日目の儀礼14）
	唐王	唐王（2日目の儀礼23）

（筆者の聞き取り調査より）

第5章　憑依型儀礼―漢軍八旗シャーマンの儀礼―　*263*

によれば、亡霊と鬼は、地獄にあり、人々に災難をもたらすとみなされている。亡霊は氏族の祖先だけであるが、鬼は、氏族の祖先の亡霊と他の亡霊を含んでいる。これに対して、神は、天界にあり、人々に幸福を守ると信じている。張氏族儀礼に登場した神霊を分類してみると、上表のようになる（表4-5-18）。

　このように、張氏族の儀礼の神霊には、地獄における祖先の亡霊だけではなく、道教、仏教、自然神、動物、分類不能な神霊が含まれていた。

4.2.2.1　一日目の儀礼の式次第

　張氏族の一日目の儀礼の式次第は次のようであった（表4-5-19）。

表4-5-19　張氏族の1日目の儀礼の式次第

儀礼順序		段取り
前日		シャーマンが供物などを供えて祭壇を配置。
一日目	1. 起神	シャーマンが神歌を唱えて神霊などを呼び出す。
	2. 接神	シャーマンが諸神を迎える。
	3. 接亡霊	シャーマンが亡霊を迎える。
	4. 参神	シャーマンが諸神に礼拝する。
	5. 領案子	シャーマンが神歌を唱えて、神を「祭壇」（案子）の前に案内する。
	6. 安神	シャーマンが神歌を唱えて神霊に安心して祭壇に泊めさせる。
	7. 送神	シャーマンが神歌を唱えて神霊を神の世界に送る。
	8. 打五路	「打五路」はシャーマンが「漢軍八旗儀礼の伝説」を神歌で歌うことである。
		神霊を神の世界に送る。
	9. 請鵰翎	シャーマンが神歌を唱えて、山神の刀術を示して山神を迎え、送る。

（筆者の聞き取り調査より）

（1）「起神」

　「起神」とはシャーマンが神歌を唱えて、神霊や祖先の亡霊を祭壇に呼び、儀礼の目的を伝える儀式である。

　張シャーマンは、タンバリンをたたきながら次の神歌を歌った。

　　「祭主は町で神、亡霊の新しい画像を描いてもらった。
　　馬を下りて、香を焚き、亡霊の像を祭壇の上に供えた。

264　第4部　満州族のシャーマニズム儀礼

冥界の祖先亡霊たちはたいへん喜んでいるが、また子孫たちに災厄をもたらして
きた。

祭主一家は町で紙を買ってきて続々と紙銭を作って供えた。

（中略）

祭主一家は、祭壇で1束の黄色の線香を焚き、外来の諸神を迎える。

外来の諸神は馬を下りて香をお受けください。

祭主一家の年々の平安、月々の太平を守ってください。

祭主一家は1頭の豚を供える。

酒を3杯ささげ、香を焚く。

口をゆすぎ、

神霊に一家の平安を佑助することを願った。

祭主一家は豚の頭、刀、饅頭、5杯の熱いおかずも供えた。

粟で作った酒を神の前にささげる。

大甕の中に粟酒を入れ、

小甕の中にも粟酒を入れた。

梨の花が咲き、

桃畑が真っ白になった。

麦を刈って神に供える。

麦を粉に作った。

紫蘇を油に作った。

麦粉で供物を作った。

その油で灯をともした。

ハシバミの花が青々と咲いた。

香を享受した神々は、このことを天神に早く伝えてください。

花を撒いた。

3柱の黄香を焚き、天神に捧げる。

玉皇（天帝）はその香りをお受けください。

祭主一家の平安を守ってください」（ZHシャーマンの聞き取りより）。

　張シャーマンの神歌の中には、祖先神、天神、雷神、門神、竈神、関公神、二
郎、馬褥、天朝、財神、圧虎、開神、先行、虎神、太尉、豊都、犄角、鷹神、眼
光、廟神、五道、唐王、司命、王子が祀られる神霊が次々と登場した。

　この神歌が終わると、「起神」儀式は終了した。

第5章　憑依型儀礼―漢軍八旗シャーマンの儀礼―　*265*

（2）接神

「接神」とは、神を迎えることである。シャーマンは土間の祭壇で香を焚いて、神歌を歌って神を迎えた。

（3）接亡霊

接神が土間の祭壇で行われるのに対して、接亡霊は、庭で行われる。紙銭を燃やして神歌を唱えて祖先の亡霊を迎えた。それは、祖先の亡霊以外の悪霊を家屋の内に入らせないためであった。

この際、ZHシャーマンがタンバリンを叩きながら神歌を歌った。神歌のなかに迎えた神霊が降臨すると、シャーマンが憑依の状態に入った。それから次の儀式に移った。

（4）参神

「参神」とは、神に参拝することである。シャーマンの助手である「二神」がシャーマンの身体に憑依する神に向かって跪いて叩頭した。

（5）領案子

「領案子」とは、シャーマンが神を「祭壇」（案子）の前に案内する儀式である。シャーマンが以下の神歌を唱える。

> 「新たにタンバリンを叩き、もう一回尋ねる。
> 焼香の祭主にちょっと尋ねてみる。
> 敬虔の心を持っているかどうか。
> 新しい神と亡霊の画像に面してください。
> 敬虔の心があれば、まず跪いてください。
> 天、地に跪き、新しい神の画像に面してください。
> 上方に秘書を開いて仰ぐ。
> 丁字、8字のコースで前へ行く」（ZHシャーマンの聞き取りより）。

（6）安神

「安神」とは、シャーマンが神歌を唱えることによって、降臨した神霊に安心してもらう儀式である。

（7）送神

送神とは、シャーマンが神歌を唱えて、祭壇に呼び出した神霊を天界に送る儀式である。その後、神歌を唱えて亡霊を冥界に送る。

266　第4部　満州族のシャーマニズム儀礼

　そしてシャーマンは「脱神帽」の神歌を唱えて、神帽とスカートを脱ぐことによって、「起神」から「送神」の一連の儀礼は昼間に終わる。

（8）打五路

　1日目の夜に「打五路」を行った。「打五路」はシャーマンが「漢軍八旗儀礼の伝説」という神歌を歌うことである。その伝説の内容は前出した。

　上の儀式が終わると、シャーマンと助手たちは神歌を歌って呼び出した神々を神の世界に送った。

（9）請鵰翎

　「請鵰翎」は山神を迎えることである。この神は剣術が上手である。そのプロセスは以下のようであった。

　①　神を迎える。

　　シャーマンが神歌を歌って「山神」を迎えた。

　②　神が降臨する。

　　山神がシャーマンの身体に憑依した。シャーマンは左腕を出し、押し切りを左腕の上に置いた。

　　それから、シャーマンは神歌を歌いながら、右手に持つ刀で左腕に置いた刀を5回ぶつけた。最後に床に置いた茶碗を右手に持つ刀で割った。その間、シャーマンの左腕に血が流れ出た。しかし、彼は苦しい表情がなかった。

　　続いて、シャーマンが神歌を唱えて山神を神の世界に送った。

　　これで1日目の儀式が終わる。

4.2.2.2　2日目の儀礼

　2日目は24種の神霊を迎える儀式をくりかえす。各儀式は、「神を迎える」、「神が儀礼壇に降臨する」、「娯神」（シャーマンと助手たちが神歌を歌い、神を賛美する）、「送神」からなる（表4-5-20）。

（1）二路香起神

　二路香起神とは、シャーマンが神歌を唱えることによって、2日目に迎える諸々の神霊を呼び出すことであり、2日目の初めの儀礼である。

（2）観家神

　家神とは、祖先神の意味である。観家神とは、祖先神を迎える儀礼である。

　シャーマンが神歌を唱えるだけで、神霊はシャーマンの身体に憑依しない。そ

第5章　憑依型儀礼 ― 漢軍八旗シャーマンの儀礼 ―　　*267*

の神歌は以下のようである。

「シャーマンの弟子は祭主の神堂を回ってきた。
日が暮れた。
弟子は祭壇の前の宴会に出た。
もう一つの宴会にも出た。
官員が馬を降りて、

表4-5-20　張氏族の2日目の儀礼の式次第

1.	二路香起神	シャーマンが神歌を唱えることによって2日目に迎える諸神を呼び出すことである。
2.	観家神	シャーマンが神歌を唱えることによって祖先の神を迎える。
3.	天神	シャーマンが助手と回答の形で神歌を唱えることによって、天神を迎える。
4.	雷神	シャーマンが神歌を唱えて雷神を迎える。神が降臨し、人間と交流。神を送る。
5.	門神	シャーマンが神歌を唱えて門神を迎える。神が降臨し、人間と交流。神を送る。
6.	竈神	シャーマンが神歌を唱えて竈神を迎える。神が降臨し、人間と交流。神を送る。
7.	関公神	シャーマンが神歌を唱えて関公神を迎える。神が降臨し、人間と交流。神を送る。
8.	二郎神	シャーマンが神歌を唱えて二郎神を迎える。神が降臨し、人間と交流。神を送る。
9.	馬褥神	シャーマンが神歌を唱えて馬褥神を迎える。神が降臨し、人間と交流。神を送る。
10.	天朝	シャーマンが神歌を唱えて天朝神を迎える。神が降臨し、人間と交流。神を送る。
11.	財神	シャーマンが神歌を唱えて財神を迎える。神が降臨し、人間と交流。神を送る。
12.	圧虎神	シャーマンが神歌を唱えて圧虎神を迎える。神が降臨し、人間と交流。神を送る。
13.	開神	シャーマンが神歌を唱えて開神を迎える。神が降臨し、人間と交流。神を送る。
14.	先行神	シャーマンが神歌を唱えて先行神を迎える。神が降臨し、人間と交流。神を送る。
15.	虎神	シャーマンが神歌を唱えて虎神を迎える。神が降臨し、人間と交流。神を送る。
16.	太尉神	シャーマンが神歌を唱えて太尉神を迎える。神が降臨し、人間と交流。神を送る。
17.	豊都神	シャーマンが神歌を唱えて豊都神を迎える。神が降臨し、人間と交流。神を送る。
18.	犄角	シャーマンが神歌を唱えて犄角神を迎える。神が降臨し、人間と交流。神を送る。
19.	鷹神	シャーマンが神歌を唱えて鷹神を迎える。神が降臨し、人間と交流。神を送る。
20.	眼光	シャーマンが神歌を唱えて眼光神を迎える。神が降臨し、人間と交流。神を送る。
21.	廟神	シャーマンが神歌を唱えて廟神を迎える。神が降臨し、人間と交流。神を送る。
22.	五道	シャーマンが神歌を唱えて五道神を迎える。神が降臨し、人間と交流。神を送る。
23.	唐王	シャーマンが神歌を唱えて唐王神を迎える。神が降臨し、人間と交流。神を送る。
24.	司命神	シャーマンが神歌を唱えて司命神を迎える。神が降臨し、人間と交流。神を送る。
25.	王子神	シャーマンが神歌を唱えて王子神を迎える。神が降臨し、人間と交流。神を送る。

（筆者の聞き取り調査より）

268　第4部　満州族のシャーマニズム儀礼

宴会に赴いてきた。
宴会が終わった。
馬に乗って早く家に帰ろう。
日が暮れた。
夜中になった」（ZH シャーマンの聞き取りより）。

（3）　天神

　シャーマンは、助手である「二神」と、応答の形で神歌を歌って、天神を賛美した。すると、天神がシャーマンの身体に憑依した。その神歌の歌詞は七字の律詩である。その神歌の内容は次のようになる。

大神：一声で天国の道が開いた。
二神：二回目で呼ぶと、地獄の門が開いた。
大神：天国へいく途中、善事を多くやってください。
二神：地獄の門の中で悪事や淫行をすることをやめてください。
大神：天国の道を馬車が動いている。
二神：地獄の小道を亡霊が遊動している。
（後略）。（ZH シャーマンの聞き取りより）。

　シャーマンは、この神歌を唱えてからタンバリンを叩きながら天神を神の世界に送った。その後、シャーマンが神帽とスカートを脱ぐと、意識を取り戻した。
　天神を迎える儀式は終わった。

（4）　雷神

①　「雷神を迎える」。
　シャーマンは、スカートと腰鈴をつけ、神帽子をかぶった後、祭壇の前で、タンバリンを叩き、神歌を歌って雷神を迎えた。
②　「雷神が降臨する」。
　だんだん激しくなるタンバリンの音の中で、雷神が祭壇に降臨し、シャーマンの身体に憑依すると、シャーマンの身体が震えた。
③　「娯神」。
　シャーマンがタンバリンで顔を隠して、「二神」と神歌のやりとりをした。

第5章　憑依型儀礼―漢軍八旗シャーマンの儀礼―　*269*

④　「送神」。

　シャーマンは、タンバリンを叩き、天神を神の世界に送った。

　シャーマンが神帽とスカートを脱ぐと、天神を迎える儀式が終わった。

（5）門　神

　門神は庭の大門を守る神霊である。門神はかまど神と同じく、道教の系譜に属する。門神を迎える儀式は次のようになる。

①　「門神を迎える」。

　シャーマンはタンバリンを叩き、神歌を歌い、門神を迎えた。

②　「門神が降臨する」。

　激しくなるタンバリンの音のなかで、門神が降臨し、シャーマンの身体に憑依した。すると、シャーマンの身体が震えた。

③　「娯神」。

　シャーマンがタンバリンで顔を隠して、助手である「二神」と神歌のやりとりをした。

④　「送神」。

　シャーマンは、タンバリンを叩いて門神を神の世界に送った。

　シャーマンが神帽とスカートを脱ぐ。

　門神を迎える儀式が終了した。

（6）竈　神

①　「竈神を迎える」。

　シャーマンは祭壇の前で、タンバリンを叩き、神歌を歌って竈神を迎えた。

②　「竈神が降臨する」。

　タンバリンを叩くスピードが速くなった。竈神が降臨してシャーマンの身体に憑依した。シャーマンの身体が震えた。

③　「娯神」。

　シャーマンがタンバリンを叩き、「二神」と神歌のやりとりをした。

④　「送神」。

　シャーマンは、この神歌を唱えてからタンバリンを叩きながら天神を神の世界に送った。その後、シャーマンが神帽とスカートを脱ぐと、意識を取り戻した。

270 第4部 満州族のシャーマニズム儀礼

以上は竈神を迎える儀式である。

（7） 関公神

関公は三国時代の関羽である。関公神は竈神である。この神は石氏族の憑依型儀礼にも祀られている。

① 「関公神を迎える」。

シャーマンはタンバリンを叩き、神歌を歌い、関公神を迎えた。

② 「関公神が降臨する」。

激しいタンバリンの音のなかで、関公神が降臨し、シャーマンの身体に憑依した。そのとき、シャーマンの身体が震えた。

③ 「娯神」。

シャーマンがタンバリンを叩き、「二神」と神歌のやりとりをする。

④ 「送神」。

シャーマンは、タンバリンを叩いて天神を神界に送った。

その後、シャーマンは神帽とスカートを脱ぐと、意識を回復した。

（8） 二郎神

「二郎」の苗字は「楊」といい、武術が高い英雄神である。

① 「二郎神を迎える」。

シャーマンは祭壇の前で、タンバリンを叩き、神歌を唱えはじめ、二郎神を迎えた。

② 「二郎神が降臨する」。

リズムが速くなるタンバリンの音のなかで、二郎神は降臨し、シャーマンの身体に憑依した。シャーマンの身体が震えた。

③ 「娯神」。

シャーマンは「二神」と神歌のやりとりをした。

④ 「送神」。

シャーマンは、タンバリンを叩いて天神を神界に送った。

シャーマンは神帽とスカートを脱ぐと、意識を取り戻した。

（9） 馬褥神

「馬褥」は、何の神か、なぜ「馬褥」と呼ばれるか分からない。

① 「神を迎える」。

　シャーマンは祭壇の前で、タンバリンを叩いて神歌を歌って馬褥神を迎えた。

② 「馬褥神が降臨する」。

　タンバリンの音とともに、馬褥神は降臨し、シャーマンの身体に憑依した。すると、シャーマンの身体が震えた。

③ 「娯神」。

　シャーマンはタンバリンを叩いて、「二神」と神歌のやりとりをした。

④ 「送神」。

　シャーマンは、タンバリンを叩いて、天神を神界に送った。その後、シャーマンが神帽とスカートを脱ぎ、トランス状態から意識を回復した。

(10) 天　朝

① 「天朝神を迎える」。

　シャーマンはタンバリンを叩いて、神歌を歌って、天朝神を迎えた。

② 「天朝神が降臨する」。

　タンバリンの音とともに、天朝神が降臨し、シャーマンの身体に憑依する。すると、シャーマンの身体が震えた。

③ 「娯神」。

　シャーマンは「二神」と神歌を歌った。

④ 「送神」。

　シャーマンは、タンバリンを叩いて天神を神界に送った。その後、シャーマンが神帽とスカートを脱ぐと、意識を取り戻した。

(11) 財　神

① 「財神を迎える」。

　シャーマンは祭壇の前で、タンバリンを叩き、神歌を歌って財神を迎えた。

② 「財神が降臨する」。

　シャーマンがタンバリンを叩いているうちに、財神は降臨し、シャーマンの身体に憑依する。シャーマンの身体が揺れ動いた。

③ 「娯神」。

　シャーマンは「二神」と神歌の贈答をした。

272 第4部 満州族のシャーマニズム儀礼

④ 「送神」。

シャーマンは、タンバリンを叩いて財神を神界に送った。その後、シャーマンが神帽とスカートを脱ぐと意識を回復した。

以下の儀式は次のようである。

(12) 圧虎神、(13) 開神、(14) 先行神、(15) 虎神、(16) 太尉神、(17) 豊都(「地獄」の意)神、(18) 犄角(鬼)、(19) 鷹神、(20) 眼光(鬼)、(21) 廟神、(22) 五道(鬼)、(23) 唐王(唐代皇帝李世民)、(24) 司命神(竈神)、(25) 王子神。

これらの神霊のなかで、先行神、王子神に関する縁起が分からないという。

12から25までの儀式の式次第は、①神を迎える、②神が降臨する、③娯神、④送神からなるので、祀る神霊だけが異なる。そのため、その式次第の紹介を省く。

5. 漢軍八旗シャーマンの儀礼の特徴

このように、張氏族の儀礼には、「憑依型」が基本的な特徴である。

張氏族の儀礼は、祖先神、道教、仏教などの神を祀ることによって、漢族の儀礼の特徴がみられる。同時に、動物神や天神などの自然神を祀ることより、満州族シャーマニズムの特徴を析出できる。そのため、張氏族の儀礼は、漢族の祖先儀礼と満州族シャーマニズム儀礼、道教、仏教信仰が融合したものであることを指摘できるだろう。

結　　論

　本書は、現代満州族シャーマニズムの全体像を満州族の神話、シャーマンの成巫過程、氏族儀礼の3つの角度から解明しようとしたものである。

1.　問題の所在 ── 現代中国におけるシャーマニズム研究のむずかしさ ──

　現代において、満州族シャーマニズムを研究することには大きな問題があった。満州族シャーマニズムは、中国の歴史展開のなかでさまざまな変容を蒙ってきたからである。どんな伝統文化、伝統宗教も歴史的変化を蒙って現在に至っていることはむしろ当然であるが、シャーマニズムの場合は特殊な問題があった。それはシャーマニズムがシャーマンの脱魂・憑依といった意識的変化を伴う宗教であったからである。このような宗教現象は社会的コントロールが困難で、現代でもしばしばカルト視されて社会的には危険視されている。

　そのような満州族シャーマニズムの変容は、まず満州族が清朝の建国者となることによって、もたらされた。女真族を統一して清朝の基礎をつくったヌルハチは、敵対する氏族を征服すると、そのシャーマンを殺害したり、神器を破壊し、その氏族の儀礼を破壊してしまったという。清朝初代皇帝のホンタイジも、動物供儀を禁止するなどして、シャーマニズムの統制をはかった。そして第2代順治帝の時代から清朝は北京を都とした。これによって清朝満州族の間には漢族文化が急速にひろがってゆく。漢族文化というのは単に漢族固有の文化を意味するのではなく、漢族が古くからとりいれていた仏教文化なども含む。しかし、満州族シャーマニズムにおいて最も重大な変革は、1747年に発布された『欽定満

州祭神祭天典礼』によってもたらされたと言ってよいであろう。これは清朝皇族の愛親覚羅一族の祭式にのっとってシャーマニズム儀礼の統一をはかったものであるが、何よりも重要なのは、これにより儀礼における憑依が禁止されたことである。この禁止がどれだけの広がりを持っていたかは不明であるが、北京を遠く離れた現在の東北地方においては、それほど厳しくは適用されなかったようである。

　次に、中華民国時代（1912-1949）が到来する。清朝を倒して成立した中華民国時代は、そもそも満州族とその文化に対する否定運動がたかまった。しかし、シャーマニズムの本質としての「脱魂」・「憑依」が容易に消失することができない。

　そして日本政府の支持のもとに建設された満州国時代が東北地区に到来する（1932-1945）。満州国では清朝最後の皇帝溥儀が皇帝にすえられたこともあり、満州族への風あたりは弱まり、宮廷を中心にシャーマニズム復興の兆しもみえた。事実大山（1941:16）は1939年に調査した依爾根覚羅氏族の「背灯（ベイデン）」儀式においては、神懸かりと神託の「憑依現象」がみられた。

　1949年の社会主義政権中華人民共和国が建国されると、迷信撲滅をはかる社会主義政策とあいまって、満州国時代（1932-1945）や弱まった満州族と満州族シャーマニズムに対する弾圧は再び激化した。シャーマニズム修業のための烏雲の禁止が特に重要である。そして文化革命時代、シャーマンの活動は完全に途絶えた。シャーマンだったものも時に批判の矢面に立ち、シャーマニズムに必要な衣装や祭具、満州族氏族の族譜なども破壊された。

　文化革命終息後の1980年代から、中国では改革開放政策がはじまった。文化面で重要なのは、1つには宗教開放政策でいくつかの宗教は公認されるようになった。しかし、シャーマニズムのような、憑依や脱魂をともなう伝統宗教はまだ公認されていない。ただし、中国の開放政策には民族自治やこれに関連した民族文化の擁護政策がある。中国は公称56の民族からなる多民族国家である。中国政府はこれらの民族自治を認める自治州自治区自治県などの制度を制定している。これにともない民族文化の擁護もうちだしたのである。この文脈の中で、満州族のシャーマニズムの復活も可能となり、事実シャーマニズム儀礼のいくつかが公的機関の援助のもとに復活されている。筆者が調査観察できたシャーマニズ

ム儀礼のほとんどはこうした公的機関の援助の下に復活されたシャーマニズム儀礼である。

しかし、こうした復活されたシャーマニズムは大きく2つの問題を抱えている。1つは、民族文化としてのシャーマニズムの復活は容認されているが、宗教としてのシャーマニズムの復活は、かならずしも容認されていないこと。つまり、シャーマニズムに伴う憑依や脱魂は禁止されている。満州族文化の研究者たちの努力によって、長春でひらかれた国際シャーマニズム学会を借りて、憑依をともなう儀礼の復活もこころみられたが、それはやはり管理されたかたちでの憑依儀礼であった。こうした政府の管理下におかれたシャーマニズの観察を通じて、どの程度シャーマニズムの本質があきらかにできるかはこころもとなかった。

もうひとつの問題は、シャーマニズム儀礼の復活には資金の裏づけが必要であったことだ。資金は本来氏族が供出するものであるが、氏族組織は社会主義政策のもとでかなり解体しており、資金を供給するほどの経済的基盤は欠如していた。そのため、資金の大半は公的資金にたよるということになり、この面においても復活された儀礼は管理されたものにならざるをえなかった。

筆者が調査観察できたシャーマニズム儀礼のほとんどはこうした公的機関の援助の下に復活されたシャーマニズム儀礼であり、それゆえの限界を大きく受けている。その1は憑依や脱魂がどうしても押さえられること。もうひとつは、満州族のシャーマニズムは基本的に氏族を単位としておこなわれてきたが、復活した儀礼では必ずしもそうではなくなっている。瓜爾佳氏族の儀礼の事例では、儀礼運営の運営委員会の中枢部が共産党書記や村長によって占められ、現在の満州族の氏族組織自体が、満洲族固有の血縁中心の氏族組織ではなくなっていることが示された。そして、行政村に生活している満州族は村の共産党書記、村長などの権力者の支持を得ないと、シャーマニズム儀礼の復興が困難であったことも愛新覚羅氏族の儀礼の事例によって示された。

この限界を克服するために、本書では、シャーマンの儀礼のみならず、満州族神話の分析、シャーマンのライフヒストリーの採集を含めたシャーマン成巫過程の分析、シャーマニズム儀礼の分析という3つの角度からおこなうという多元的にアプローチすることによって、管理下されたシャーマニズム儀礼からはみえにくかったシャーマニズムの全体像を以下のように明らかにした。

2. 結　　論

2.1　柳崇拝とシャーマニズム

　本書はこうした条件化におかれた満州族シャーマニズムの研究であったが、その限界を克服するために、いくつかの方法的な工夫をこらした。そのひとつが、シャーマニズムの解明を、満州族神話の分析、シャーマンのライフヒストリーの採集を含めたシャーマン成巫過程の分析、それにシャーマニズム儀礼の分析という3つの角度からおこなうという方法であった。こうした多元的なアプローチによって、管理下でおこなわれるシャーマニズム儀礼からはみえにくかったシャーマニズムの全体像がかなりあきらかになったのではないかとおもわれる。

　その1は柳崇拝である。これは満州族神話の研究によってクローズアップされたテーマである。満州族神話には、柳の葉に象徴される天母神によって世界が創造されたという創世神話がある。それは天宮大戦という長編神話にみられるように、光と闇、熱と氷、を象徴する天神と悪神の壮絶な戦いをともなう。そこには長く寒い冬と短い夏の繰り返しの中で生きる北方狩猟民族であった満州族の生活が反映されているが、そのなかで柳が実に重要な役割をはたす。そしてその柳が、満州族の諸儀礼においてもきわめて重要な役割をはたしていることがあきらかになったのである。エリアーデもシャーマニズムにおける柳の重要さを指摘しているが、満州族神話を背景に考察した結果や諸儀礼にみられる柳は、宇宙樹としてシャーマンと天界とのつながりを示唆している。

2.2　召命型シャーマンから修業型シャーマンへの移行と修業型シャーマンに残る召命型シャーマンの痕跡

　シャーマンとは何かに注目すると、満州族の氏族シャーマンには、神霊に憑依された召命型シャーマンと、烏雲や攬神儀式を経る修業型シャーマンがあった。しかし現在では、存在しうるシャーマンは修業型シャーマンしかありえなくなった。

　本書では満州族のシャーマニズム儀礼の事例研究にくわえて、シャーマンのライフヒストリーを収集することによって、シャーマンの生まれ育ちからシャー

マンとなる契機、それにシャーマンになるための修業、シャーマンとして氏族に認められるための擡神儀式その詳細を明らかにした。このことより明らかになったことは、まず第1に、かつて満州族の氏族シャーマンには神霊に憑依されてシャーマンになり、シャーマンの術も教えられることなく、マスターした召命型シャーマンと、なんらかの学習を経てシャーマンとなる修業型シャーマンが存在していたことであった。修業型シャーマンの特徴は、烏雲と呼ばれる修業を経た後、擡神儀式によって氏族のシャーマンとして認められることであった。烏雲とは天や地をめぐる技術である。修業型シャーマンでも、エリアーデがシャーマニズムの特徴とした脱魂技術を習得しなければならなかった。すでに紹介した成巫過程をふくめたシャーマンの分類の図式を、確認のために、ここでも示す。

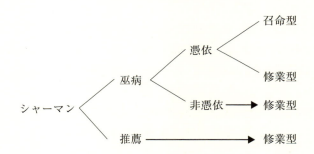

しかし、中華人民共和国が成立した1949年以降、中国政府は「迷信」活動を取り締まる政策をうちだし、シャーマン修業のための烏雲や擡神儀式の禁止に乗り出した。この政策は文革命時代さらに強まった。その結果、召命型シャーマンの存在は公的に困難になり、修業型シャーマンの烏雲修業もほとんどおこなわれなくなった。文化大革命が終焉下1980年代以降ふたたび、烏雲やシャーマンを認知する擡神儀式は復活しはじめたが、烏雲や擡神儀式を経ずに氏族シャーマンの役割を果たすシャーマンも登場するようになった。烏雲がおこなわれても、その中心は、神歌の学習や儀礼の形式的な学習にかぎられるようになった。

そのため、シャーマンの役割に大きな変化がもたらされた。すなわちシャーマンの役割は、病気治療、卜占、儀礼の執行など複合型から、現在の儀礼の執行のみの単一型へと変化した。

それにもかかわらず、修業シャーマンがシャーマンとなる契機や「擡神」儀式

には召命型シャーマンの痕跡がいくつかみられた。

その1つはシャーマンとなる契機に巫病が多いことであった。召命型シャーマンは神霊に憑依されることによって、シャーマンとなったが、その憑依は巫病現象であった。しかし、修業シャーマンの場合でも神霊に憑依されないにせよ、原因不明の病気にかかり、シャーマンになるという願かけによって病気が治った後にシャーマンとなったケースが多い。ここには神霊に憑依されてシャーマンになる召命型シャーマンの痕跡がみられる。

第2は、「撂神」儀式にみられるシャーマン候補者の意識喪失である。「撂神」儀式はシャーマン候補者が氏族のシャーマンとして氏族に認知される儀礼であるが、シャーマン候補者が脱魂状態に陥ったことを示唆する意識喪失があってはじめてシャーマンとして認知される。

もうひとつは儀礼に柳の柱や柳の木槌が登場することである。ここにはシャーマン候補者が柳の柱や木槌を用いることによって、天にいく魂の旅行という要素が析出される。この要素は召命型シャーマンの典型的な特徴である。

2.3 氏族儀礼の憑依型儀礼から祈祷型儀礼への移行

氏族のシャーマニズム儀礼は憑依型から祈祷型へと変化してきた。黄（2000:42）が指摘したように、1747年の清王朝の『欽定満州祭神祭天典礼』の頒布によって、満州族の儀礼が規範化されて以降、「憑依現象」は次第に儀礼から消え、「祈祷型儀礼」が中心となった。この変化はさらに1949年中華人民共和国成立以降の憑依や脱魂の禁止政策によって強化された。

1980年代以降シャーマニズム儀礼もするようになるが、それは政治的な支援や許可を得るために、憑依という要素をなくした形で復興せざるを得なかったと推測できる。本書で取り上げたシャーマニズム儀礼には憑依型と祈祷型の計7例があった。そのうち、祈祷型は4例で、憑依型は2例のみである。憑依型儀礼のなかの一例は、長春の国際シャーマニズム学会で披露された儀礼であり、その憑依が演じられた。そのため、それは本当の憑依型儀礼の性格づけができないといえよう。第7例は満州族、漢族融合の張氏族の儀礼で、憑依の要素が析出された。このように、満州族のシャーマニズム儀礼は祈祷型儀礼へと変化してきた。しかし、4例の祈祷型儀礼においても、憑依型の痕跡が残されていることが本研

究を通じて明らかになった。

　第1に、祈祷型儀礼でも夜間に行われた「背灯」儀式などにおいて、憑依の存在を示唆する。

　第2に、祈祷型儀礼においても、柳が重要な役割を果たした。「換索」儀式は5歳以下の子供のために行われる儀式で、祭壇と柳の木の間を子孫縄によって結び、柳女神の祭壇への降臨を祈る意味が込められている。

　天神を祀る祭天儀式でも、柳の幹は宇宙樹で、神が昇降する道とみなしうる。

　第3に、祈祷型儀礼の神歌においても、神が降臨するという表現がある。この点に注目すると、憑依型の痕跡がみられる。

引用文献 (50 音順)

〈日本語文献〉

秋葉隆　1933「満州族と朝鮮の薩満教について」『満蒙』14:4。

赤松智城・秋葉隆　1941『満蒙の民族と宗教』大阪屋号書店。

赤松智城　1935「満州旗人の家祭」『民族学研究』1-2。

愛新覚羅顕琦・江守五夫　1996『満族の家族と社会』第一書房。

アドリフ・フリートリッヒ・田中克彦訳　1972「ツングース族の世界像 ―― 生活と生命の起源に関する一自然民族の意識 ―― 」大林太良『神話・社会・世界観』。

アン．ビレル・丸山和江訳　2003『中国の神話』丸善ブックス。

池内宏　1979『満鮮史研究』1-5 巻、吉川弘文館。

烏丙安　1996「満族発祥の揺籃の地 ―― 新賓」愛新覚羅・江守編『満族の家族と社会』第一書房 pp.3-44。

石橋丑雄　1934『北平の薩満教について』外務省文化事業部。

伊藤清司　1996『中国の神話・伝説』株式会社東方書店。

稲葉岩吉・矢野仁一　1940『朝鮮史・満州史』平凡社。

于暁飛　2005『消滅の危機に瀕した中国少数民族の言語と文化 ―― ホジェン族の「イマカン（英雄叙事詩）」をめぐって』明石書店。

内田吟風・田村実造他訳注　1997『騎馬民族史 ―― 正史北狄伝』1-3　平凡社。

ウノ・ハルヴァ　田中克彦訳　1989『シャーマニズムーアルタイ系譜民族の世界像』三省堂。

闔海英　2002「満族の佛托媽媽信仰と柳枝崇拝及び子孫の繁栄祈願との関係」、神戸学院大学人文学部『人間文化』101-105。

江帆　1996「満族における"祈子"風俗の文化的背景及びその形態」愛新覚羅・江守編『満族の家族と社会』第一書房 197-240。

江守五夫・大林太良・烏丙安・金啓孮　1993『日本家族と北方文化』第一書房。

王宏剛・楠木賢道・鈴木真訳　1999「中国における満族シャーマニズムの現状」『満族史研究通信』族史研究会〔編〕通号 8:26-37。

王宏剛・関小雲、黄強など訳　1999『オロチョン族のシャーマン』第一書房。

王宏剛・楊紅　2005「マンシュー・ツングース系民族の柳崇拝」『東アジア研究』大阪経済法科大学アジア研究所 3-16。

汪立珍　2002「満州族のシャーマニズム文化の変遷」煎本孝編『東北アジアの諸民族の文化動態』147-282。

―― 2007「中国満族のアイデンティティ ―― 清朝時代と中国成立以降」煎本孝・山田孝子編著『北の民の人類学：強国に生きる民族性と帰属性』京都大学学術出版会　191-208。

引用文献　*281*

大間知篤三　1982『満州の習俗』『大間知篤三著作集』6 未来社。

大山彦一　1941「薩満教と満州族の家族制度」『研究報告』建国大学研究所 9-2：1-33。

── 1998「中国東北地区のシャーマニズム調査報告 ─ M・エリアーデの脱魂説は正しいか ─」
　　『日本民俗学』212 号、105-124。

可児弘明・国分良成・鈴木正崇・関根政美　1998『民族で読む中国』朝日新聞社。

貝塚茂樹　1971『中国の神話 ─ 神々の誕生 ─』筑摩教養選 10。

河内良宏　1987「ニシャン・サマン伝訳注」京都大学大学院文学研究科・文学部 26：141-230。

── 1992『明代女真史の研究』同朋社。

神田信夫　1992『清朝と東アジア』神田信夫先生古稀記念論集　山川出版社。

── 1992『満学五十年』刀水書房。

黄　強　2000「満州族のシャーマニズムの儀礼 ─ シャーマンの"家祭"を中心として」『中部
　　大学国際関係学部紀要』25。

── 2001「神々のパフォーマンス─満州族シャーマンの"野神祭"を中心として」『中部大学国
　　際関係学部紀要』27。

小堀厳　1949「満州族の薩満の儀礼を見て」日本民族学会『民族学研究』14（1）：26-32。

── 1949「璦琿附近の満州族の言語について ─ 附ダタール語資料」日本民族学会『民族学研究』
　　14（2）：59-64。

桜井徳太郎　1987『東アジアの民俗宗教』吉川弘文館。

── 2000『シャーマニズムとその周辺』第一書房。

佐々木宏幹　1985『シャーマニズム ─ エクスタシーと憑霊の文化』中公新書。

佐々木伸一　2003「漢族のシャーマン」『アジア遊学』58：121-131。

佐々木信彰　2001『現代中国の民族と経済』世界思想社。

白鳥庫吉　1970-1971『アジア史論』岩波書店。

白鳥庫吉監修　箭内亙・稲葉岩吉・松井等　1913『満州歴史地理』1-2　南満洲鉄道株式会社。

シロコゴロフ著、大間知篤三・戸田茂喜訳　1967『満州族の社会組織』刀江書院。

シロコゴロフ著、川久保悌朗・田中克己訳　1931『北方ツングースの社会構成』。

拓殖大学創立百年史編纂室　2003『満州開発論 ─ 拓殖大学出身者による』学校法人　拓殖大学。

譚光広・王汝瀾編、伊藤清司監訳　1993『中国少数民族の信仰と習俗』第一書房。

瀧澤俊亮　1982『満洲の街村信仰』第一書房。

田中克己　1941『東亜諸民族の盛衰 ─ 満州族の勃興と清の興隆 ─』河出書房。

田畑久夫・金丸良子・新免康・松岡正子・索文清　1992『中国少数民族事典』東京堂。

崔吉城　1984『韓国のシャーマニズム ─ 社会人類学的研究 ─』弘文堂。

津曲敏郎　1980「Nisan Saman I Bithe における満州語詩の分析」北海道大学文学部紀要：28：63-
　　104。

辻康吾・中野謙二・武吉次朗　1992『中国省別ガイド 3 ─ 遼寧省』弘文堂。

鳥居龍藏　1975-1977『鳥居龍藏全集』10　朝日新聞社。

中嶋幹起等　1999『清代中国語満州語辞典』東京外国語大学国立亜非語言文化研究所。

中村治兵衛　1992『中国シャーマニズムの研究』刀水書房。

中村生雄　2001『儀礼と供犠：日本人の自然観・動物観』京都：法藏館。

西川長夫・山口幸二・渡辺公三　1998『アジアの多文化社会と国民国家』人文書院。

畑中幸子・原山煌　1991『東北アジアの歴史と社会』名古屋大学出版会。

萩原秀三郎　2001『神樹：東アジアの柱立て』小学館。

原島春雄　1993「シャーマニズムの墓標 ― 清朝の堂子祭」学習院大学文学部研究年報 40：283-
　310。

松本ますみ　1999『中国民族政策の研究』多賀出版。

マルセル・モース・アンリ・ユベール著、小関藤一郎訳　1990『供犠』法政大学出版局。

三上次男［ほか］編　1957-1958『東アジア』　世界史大系 3、8、14　誠文堂新光社。

三上次男　1966『古代東北アジア史研究』吉川弘文館。

三上次男・神田信夫編　1989『東北アジアの民族と歴史』山川出版社。

三田村泰助　1965『清朝前史の研究』同朋舎。

── 1960「明末清初の満洲氏族とその源流」東洋史研究 19（2）：174-211。

── 1969『世界の歴史 14　明と清』河出書房新社。

── 1958「満洲シャーマニズムの祭神と祝詞」石濱先生古稀記念『東洋学論叢』関西大学文学
　部東洋史研究室　石濱先生古稀記念会。

ミルチア・エリアーデ著、堀一郎訳　2004『シャーマニズム ― 古代的エクスタシー技術』ちく
　ま学芸文庫。

毛里和子　1998『周縁からの中国 ― 民族問題と国家』東京大学出版会。

── 2004『現代中国政治』名古屋大学出版会 。

箭内亙 ・ほか］撰、白鳥庫吉監修　1913『満州歴史地理』東京：南満州鉄道。

矢野仁一　1941『満州近代史』弘文堂書房。

楊　紅　2003a「満州族女性における伝統習俗の研究」名古屋大学文学研究科研究報告

── 2003b「満州族のシャーマニズムについて ― 新賓満族自治県の事例を中心に」古屋大学文
　学研究科研究年報 1：103-119。

── 2003c「満州族の創世神話『天宮大戦』にみられるシャーマニズム的特徴」篠田知和基編
　『神話・象徴・文学Ⅲ』楽浪書院：107-128。

── 2004「満州族の味覚」『沙漠誌ノート』1：8-10。

── 2005a「マンシュー・ツングース系民族の柳崇拝」『東アジア研究』大阪経済法科大学アジ
　ア研究所 3-16。

── 2005b「火祭に見る満州族のシャーマニズム的特徴」『アジア文化研究』国際アジア文化学
　会：1-14。

── 2005c「薩満教中満族与沖縄女性形象的研究」（中国語）（シャーマニズムにおける満州族と
　沖縄の女性像の比較研究）『北方民族』2：60-70。

引用文献　*283*

──2005d「満州族のシャーマニズムの研究現状」『沙漠誌ノート』2:15-17。

──2006a「満州族シャーマニズム儀礼における黒豚」『沙漠誌ノート』4:25-27。

──2006b「満州族におけるシャーマニズムと女性 ── 愛新覚羅王族の後裔たる村の事例研究から ──」富士ゼロックス出版社1-22。

──2007a「満州族の経済生活」名古屋大学大学院文学研究科『人文科学研究』36:19-35。

──2007b「満州族シャーマンの家祭 ── 瓜爾佳氏族の事例より ──」『東アジア研究』48:47-63。

横山廣子　1989「多民族国家への道」宇野重昭編『岩波講座現代中国3　静かな社会変動』岩波書店:263-283。

──2001『中国における民族文化の動態と国家をめぐる人類学的研究』国立民族学博物館。

──2004『少数民族の文化と社会の動態:東アジアからの視点』国立民族学博物館。

I.M ルイス・平沼孝之訳　1985『エクスタシーの人類学 ── 憑依とシャーマニズム』法政大学出版局。

郎櫻2005「中国少数民族のシャーマン ── どのようにシャーマンは誕生するのか ──」国学院大学21世紀COEプログラム『神と神を祀る者 ── 東アジアの神観念 ──』出版社:42-51。

劉正愛　2006『民族生成の歴史人類学 ── 満洲・旗人・満族 ──』風響社。

渡邊欣雄　2003「解説・路地裏の宗教 ── 中国民俗宗教の営み ──」『アジア遊学』出版社58:4-13。

〈中国語文献〉

〈古書〉

阿桂・于敏中編　1969『欽定満洲祭神祭天典禮』［臺北］文海出版社。

〈一般書〉

于暁飛・黄任遠2001『赫哲族与阿伊努文化比較研究』黒龍江人民出版社。

余梓東　2003『清代民族政策研究』遼寧人民出版社。

閻崇年　1993「正的興起的国際学科」『満学論集』1-47。

──2000『満学研究』第5輯　北京社会科学院満学研究所。

王宏剛・金基浩1983『満族民俗文化論』吉林人民出版社。

王宏剛　2002『薩満教舞蹈及其特徴』遼寧大学出版社。

──2002『満族与薩満教』中央民族大学出版社。

汪玢玲「論満族水神及洪水神話」、『民間文学論壇』:1986（4）:56-57。

王春霞　2005『"排満" 与民族主義』社会科学文献出版社。

郭淑雲・王宏剛　2001『活着的薩満 ── 中国薩満教』遼寧人民出版社。

郭淑雲　2001『原始活態文化 ── 薩満教透視』上海人民出版社。

国家統計局:2003『2000年人口普査中国民族人口資料』民族出版社:2-3。

姜相順　1995『神秘的清宮薩満儀礼』遼寧人民出版社。

吉林省民族研究所　1988『薩満教文化研究』第1輯　吉林人民出版社。

吉林省民族研究所　1990『薩満教文化研究』第2輯　天津古籍出版社。

色　音　1998『東北亜的薩満教』中国社会科学出版社。

新賓満族自治県概況編集グループ編集　1986『新賓満族自治県概況』遼寧大学出版社。

石光偉・劉厚生　1992『満族薩満跳神研究』吉林文史出版社。

関雲聰　1999『羅族関氏宗譜誌』黒龍江省農懇日報社。

2004「九台満族呼倫瓜爾佳氏羅関家族儀礼活動」九台文史資料編集委員会『九台文史資料』第6輯。

関嘉禄・佟永功　2002『簡明満文文法』遼寧民族出版社。

国家統計局人口和社会科技統計司　2003『2000年人口普查中国民族人口資料』中国人口出版社。

逢増玉　2005「偽満洲国時期東北薩満教状況述略」『東北文化研究』81-85。

曹文奇　2003『啓運的伝説』遼寧民族出版社。

宋和平・孟慧英　1997『満族薩満文本研究』五南図書。

宋和平　1993『満族薩満神歌訳注』社会科学文献出版。

1998『尼山薩満研究』社会科学文献出版社。

孫英・啓坤　2003『罕王伝説』遼寧民族出版社。

孫英　1999『新賓満族民舞集錦』新賓満族自治県文化局。

張暁椋・何暁芳　2004『満族 — 遼寧新賓県腰站村調査』雲南大学出版社。

秋　浦　1985『薩満教研究』上海人民出版社。

『東北交通旅遊図冊』　2002　成都地図出版社。

納日碧力戈　2003「作為操演的民間口述和作為行動的社会記憶」『広西民族学院学報』（哲学社会科学版）：25：3：6-9。

莫東寅　「清初満族的薩満教」1958『満族史論叢』農業出版社。

白庚勝・郎櫻　2003『薩満文化解読』吉林出版社。

赫瑞　2000（Stevan Harrell 巴莫阿依、曲木鉄西訳）『田野中的族群関係与民族認同 — 中国西南彝族社区考察研究』（Field studies of Ethnic Identity：Yi Communities of southwest China）広西人民出版社。

富育光・孟慧英　1991『満族薩満教研究』北京大学出版社。

富育光　1990『薩満教与神話』遼寧大学出版社。

富育光・王宏剛　1995『薩満教女神』遼寧人民出版社。

富育光・郭淑雲　2000『薩満論』遼寧人民出版社。

──2005『薩満文化論』台湾学生書局。

撫順市政協文史資料委員会編集　2003『撫順覧勝』吉林撮影出版社。

傅波等　2001『満族経済と文化』遼寧民族出版社。

傅波　2005『赫図阿拉与満族姓氏家譜研究』遼寧民族出版社。

傅英仁　1985『満族神話故事』北方文学出版社。

撫順市社会科学界連合会・撫順市社会科学院　1999『撫順清前史暨満族文化国際学術検討会論文集』遼寧民族出版社。

撫順市政協文史委員会・撫順市民族宗教事務委員会　2001『撫順 — 少数民族・宗教 — 』宗教文化出版社。

松本真澄著、魯忠慧訳　2003『中国民族政策之研究』民族出版社。

万依・王樹卿・劉潞　2004『清代宮廷史』百苑文芸出版社。

満史編集委員会　1979『満族簡史』中華書局。

牟鐘鑑・張践　2000『中国宗教通史』社会科学文献出版社。

――2004『尋找神秘的薩満世界』西苑出版社。

孟慧英　2000『中国北方民族薩満教』社会科学文献出版社。

莫東寅　1958「清初満族的薩満教」『満族論叢』人民出版社。

劉小萌・定宜庄　1990『薩満教輿東北民族』吉林教育出版社。

劉小萌　2001『満族从部落到国家的発展』遼寧民族出版社。

李燕光・関捷　2003『満族通史』遼寧民族出版社。

李尚英　1994『中国清代宗教史』人民出版社。

李自然　2002『生態文化与人 — 満族伝統飲食文化研究 — 』民族出版社。

呂大吉・何耀華編、満都尔図・富育光・王宏剛・郭淑雲　1999『中国各民族原始宗教（満族巻)』中国社会科学出版社。

〈英文献〉

J.A.MacCullock: 1920 Shamanism, ERE, XI.

E.B.Harper 1957 Shamanism in South India, Southwestern Journal of Anthropology, Vol.13.

■ 著者紹介

楊　　紅（Yang　Hong）

中国・嶺南師範学院外国語学院准教授
2008.3 名古屋大学文学研究科博士課程修了
2008.4 ～ 2014.2 大連大学日本言語文化学院准教授。文化人類学、国文学専攻。シャーマニズム文化や日本女性文学などを研究している。教科書を15部著す。論文を30本余り発表。

現代満州族シャーマニズムに関する文化人類学的研究
― シャーマンの神話・成巫過程・儀礼を中心として ―

2016 年 8 月 30 日　初版第 1 刷発行

■ 編　　者 ──── 楊　　紅
■ 発 行 者 ──── 佐藤　守
■ 発 行 所 ──── 株式会社 大学教育出版
〒 700-0953　岡山市南区西市 855-4
電話 (086) 244-1268　FAX (086) 246-0294
■ 印刷製本 ──── モリモト印刷㈱

Ⓒ Yang Hong 2016, Printed in Japan
検印省略　　落丁・乱丁本はお取り替えいたします。
本書のコピー・スキャン・デジタル化等の無断複製は著作権法上での例外を除き禁じられています。
本書を代行業者等の第三者に依頼してスキャンやデジタル化することは、たとえ個人や家庭内での利用でも著作権法違反です。
ISBN978 － 4 － 86429 － 402 － 7